江苏省研究生教育发展年度报告

Annual Report on Graduate Education
Development in Jiangsu

主　编　袁靖宇　汪　霞
副主编　李国荣　汪雅霜
　　　　孙俊华　周　寅

2023

南京大学出版社

图书在版编目(CIP)数据

江苏省研究生教育发展年度报告. 2023 / 袁靖宇，汪霞主编. —— 南京：南京大学出版社，2023.12
ISBN 978-7-305-27565-4

Ⅰ. ①江… Ⅱ. ①袁… ②汪… Ⅲ. ①研究生教育－研究报告－江苏－2023 Ⅳ. ①G643

中国国家版本馆 CIP 数据核字(2024)第 010638 号

出版发行	南京大学出版社		
社　　址	南京市汉口路 22 号	邮　编	210093

书　　名　江苏省研究生教育发展年度报告 2023
　　　　　JIANGSUSHENG YANJIUSHENG JIAOYU FAZHAN NIANDU BAOGAO 2023
主　　编　袁靖宇　汪　霞
责任编辑　余凯莉
照　　排　南京南琳图文制作有限公司
印　　刷　南京凯德印刷有限公司
开　　本　718 mm×1000 mm　1/16　印张 14.5　字数 253 千
版　　次　2023 年 12 月第 1 版　印次　2023 年 12 月第 1 次印刷
ISBN 978-7-305-27565-4
定　　价　65.00 元

网　　址　http://www.njupco.com
官方微博　http://weibo.com/njupco
官方微信　njupress
销售热线　025-83594756

* 版权所有，侵权必究
* 凡购买南大版图书，如有印装质量问题，请与所购图书销售部门联系调换

编 委 会

主　编　袁靖宇　汪　霞

副主编　李国荣　汪雅霜　孙俊华　周　寅

编　委　李拥军　周　明　胡建平　贾同红
　　　　　刘江涛　孙慧明　毛晓翔　吴立平
　　　　　张　璐　周正源　刘天宇　沈　春
　　　　　董书剑　王欣蕊　黄蓓蓓　师　悦
　　　　　郑　毅　何家琪

前　言
江苏研究生教育这一年

2022年10月,中国共产党第二十次全国代表大会胜利召开。这次大会是在全党全国各族人民向着全面建设社会主义现代化国家新征程迈进、向第二个百年奋斗目标进军的关键时刻召开的一次十分重要的大会。党的二十大擘画了以中国式现代化推进中华民族伟大复兴的宏伟蓝图,发出了为全面建设社会主义现代化国家、全面推进中华民族伟大复兴而团结奋斗的伟大号召。党的二十大报告指出:"教育、科技、人才是全面建设社会主义现代化国家的基础性、战略性支撑。"研究生教育作为国民教育体系中的最高层次,是实现中国式现代化的重要动力。在这一时代背景下,江苏省在2022年全面贯彻落实二十大会议精神,扎实推进全省研究生教育高质量发展。

这一年,研究生教育规模持续扩大。江苏省普通高校共招收研究生99 199人,较2021年增长5.14%。其中,招收博士研究生10 548人,较2021增长10.36%;招收硕士研究生88 651人,较2021年增长4.55%。在校研究生总数已达298 659人。

这一年,研究生教育结构更加合理。江苏省共有博士学位授予单位27个、硕士学位授予单位15个。通过自主审核和动态调整,江苏省共有学位授权点1 379个,其中博士学位授权点383个,硕士学位授权点996个。在校研究生中,学术学位与专业学位比例约为4.5∶5.5,而在硕士研究生中两者比例已达3.75∶6.25。

这一年,高水平大学进一步提升研究生教育水平。16所"双一流"建设高校加强科学谋划和顶层设计,认真落实五大建设任务和五大改革任务,为全面推进中华民族伟大复兴提供有力支撑。18所江苏高水平大学建设高峰计划建设高校聚焦内涵建设，培养高层次急需人才，建设高素质师资队伍，强化高水平科技支撑，提供高效能社会服务，铸牢高品位优秀文化，推动高品质国际合作，提升现代化治理水平，向形成高等教育强省建设新格局奋力迈进。

这一年，高峰高原学科建设持续赋能研究生培养。江苏高校优势学科建设工程已累计建设优势学科 266 个，"十四五"江苏省重点学科建设共遴选立项学科 327 个，立项学科在人才培养、队伍建设、科学研究、社会服务等方面均取得了重要进展和成效。江苏省入选的 48 个"双一流"建设学科均来自江苏高校优势学科建设工程和江苏省重点学科建设项目。

这一年，研究生培养综合改革彰显新特色。在立德树人工作方面，各校实施思政教育工程，创新人才培养体系；发挥党建引领示范作用，培养服务社会急需人才；坚持价值引领文化育人，健全特色育人长效机制。在优质教学资源建设工作方面，各校汇聚特色资源，贯通本博培养；信息数字赋能，推进科教协同和产教融合；强化顶层设计，实施资源闭环管理。全省共评选出研究生优秀课程 100 门，优质教材 50 部，优质教学案例 100 个。在科教产教融合方面，全省新增研究生工作站 300 个，新聘研究生导师类产业教授 200 名，各校促进校企所资源深度融合，搭建校内外协同育人平台；围绕学科体系，完善产教融合育人模式；发挥学科优势，推动产教融合提质增效。在科研创新实践方面，2022 年全省立项研究生科研与实践创新计划 5 880 项；举办研究生科研创新实践大赛 22 场、暑期学校 38 项、学术创新论坛 56 个。在高质量导师队伍建设方面，分别有 10 位研究生导师和 10 个研究生导师团队获评江苏省"十佳研究生导师"和"十佳研究生导师团队"。

这一年，研究生学位论文质量稳中有升。硕士学位论文抽检的总体合格率为 98.58%，较上一学年提升 2.98%；学术学位硕士学位论文总体合格率为 99.27%，较上一学年提升 1.55%；专业学位硕士学位论文总体合格率为 98.12%，较上一学年提升 4.08%。全省研究生培养单位共报送参评博士、硕士学位论文 1 957 篇，最终评选出优秀博士、硕士学位论文 400 篇。

这一年，研究生就业状况保持稳定。研究生去向落实率为 96.19%，其中，协议和合同就业占比为 86.20%，升学占比为 5.76%，创业占比为 0.12%，灵活就业占比为 4.11%。总体上，全省研究生就业呈现出与专业相关度较高、就业稳定性较强、就业回报(薪酬)稳步提升等特征。

这一年,江苏省紧抓"提高质量,追求卓越"主线,切实有效地贯彻落实高层次人才培养。一方面,江苏高校切实有效地推进拔尖创新人才自主培养,对生源选拔、课程建设、导师队伍、科研与实践、协同培养、国际联合培养和评价改革等培养过程全要素进行积极探索。创新举措的推进落实取得了较好的成效,获得研究生的广泛认可(平均认可度为70%)。另一方面,江苏高校通过完备规范的学位论文管理机制巩固研究生培养质量的"最终防线",从选题开题、过程检查、预答辩、送审评议、正式答辩等关键环节对学位论文实施全过程高要求的质量管理,充分帮助研究生完成高质量的学位论文(各环节认可度为90%)。

研究生教育的高质量发展是推进教育、科技、人才一体化进程的重要路径之一,为中国式现代化建设提供强有力的人才支撑。江苏作为研究生教育大省,多年来持续深入践行"争当表率、争做示范、走在前列"的光荣使命,充分发挥科教资源丰富的优势,坚持教育优先发展、科技自立自强、人才驱动创新,促进教育链、创新链、人才链与产业链的深度融合。面对当前国际环境日趋复杂、不确定性明显增加的新时代特征,为适应党和国家事业发展的需求,江苏省研究生教育立足新发展阶段,贯彻新发展理念,将持续提速江苏高水平大学和学科建设,进一步优化完善学位授权体系,全面深化研究生教育改革,构筑更多教育赋能、创新驱动的新优势,开创卓越有为的学位与研究生教育发展新局面。

目 录

第一章 学位与研究生教育概况 ……………………………… 1
第一节 学位授予单位与授权点 …………………………… 2
一、学位授予单位 …………………………………………… 2
二、学位授权点 ……………………………………………… 2
第二节 研究生基本情况 …………………………………… 3
一、招生与生源 ……………………………………………… 3
二、在校生 …………………………………………………… 11
三、毕业与学位授予 ………………………………………… 14
第三节 导师队伍情况 ……………………………………… 18
一、基本情况 ………………………………………………… 18
二、队伍结构 ………………………………………………… 18

第二章 高水平大学和学科建设情况 ………………………… 20
第一节 "双一流"建设 …………………………………… 21
一、总体情况 ………………………………………………… 21
二、建设举措 ………………………………………………… 22
第二节 江苏高水平大学建设高峰计划 ………………… 50
一、总体情况 ………………………………………………… 50
二、建设举措 ………………………………………………… 52
第三节 优势学科和重点学科 …………………………… 65
一、江苏高校优势学科建设工程 …………………………… 65
二、江苏省重点学科建设 …………………………………… 68

第三章 研究生培养特色举措 72

第一节 研究生教育立德树人工作 73
一、特色举措 73
二、典型案例 75

第二节 研究生优质教学资源建设 78
一、特色举措 78
二、典型案例 81
三、实施成效 83

第三节 研究生教育科教产教融合 85
一、品牌项目 85
二、特色举措 89
三、典型案例 91

第四节 研究生科研创新实践项目 94
一、研究生科研与实践创新计划 94
二、研究生科研创新实践大赛 98
三、研究生暑期学校 101
四、研究生学术创新论坛 103

第五节 "十佳研究生导师"和"十佳研究生导师团队" 107
一、"十佳研究生导师" 107
二、"十佳研究生导师团队" 111

第四章 研究生学位论文质量评估 116

第一节 硕士学位论文抽检评议 116
一、抽评方法 116
二、结果分析 117

第二节 江苏省优秀博士硕士学位论文评选 122
一、参评情况 122

二、结果分析 …… 124

第五章 研究生就业状况 127
第一节 毕业去向 127
一、不同学位研究生毕业去向 …… 128
二、不同学科研究生毕业去向 …… 128
三、不同培养单位研究生毕业去向 …… 129
第二节 就业评价 130
一、就业适配 …… 131
二、就业稳定 …… 135
三、就业公平 …… 138
四、就业导向 …… 140
五、就业回报 …… 142

第六章 研究生教育发展专项调查 146
第一节 拔尖创新人才自主培养 147
一、现状调查 …… 147
二、特色举措 …… 153
第二节 学位论文过程管理 162
一、现状调查 …… 163
二、特色举措 …… 175

第七章 研究生教育改革国际经验借鉴 182
第一节 学术道德与规范 183
一、明责:研究生学术道德与规范的政策制度 …… 183
二、知责:研究生学术道德与规范的教育培训 …… 187
三、察责:研究生学术道德与规范的管理体系 …… 190

四、追责：研究生学术道德与规范的问题处理……………………… 194

　　五、经验借鉴………………………………………………………… 199

第二节　学位论文质量保障………………………………………………… 202

　　一、各司其职——多元化的质量保障主体………………………… 203

　　二、刚柔并济——多途径的质量保障制度………………………… 206

　　三、有始有终——全过程的质量保障流程………………………… 208

　　四、经验借鉴………………………………………………………… 210

江苏省研究生教育重要事件纪要……………………………………… 215

后　记………………………………………………………………………… 218

第一章
学位与研究生教育概况

学位授权点结构持续优化。2022年,江苏省共有博士学位授予单位27个,硕士学位授予单位15个。江苏省共有博士学位授权学科344个(含二级学科3个),硕士学位授权学科473个(含二级学科14个);博士专业学位授权点39个,硕士专业学位授权点523个。通过自主审核和动态调整,江苏省普通高校共增列14个学位点,撤销3个学位点。

研究生教育规模继续扩大。2022年,江苏普通高校共招收研究生99 199人,较2021年增加4 852人,增幅为5.14%。其中,招收博士研究生10 548人,较2021年增加990人,增幅为10.36%;招收硕士研究生88 651人,较2021年增加3 862人,增幅为4.55%。江苏省普通高校在校研究生298 659人,较2021年增加28 012人,增幅为10.35%。其中,在校博士研究生44 064人,较2021年增加3 470人,增幅为8.55%;在校硕士研究生254 595人,较2021年增加24 542人,增幅为10.67%。江苏省普通高校研究生毕业66 778人,获得学位67 709人。其中,博士研究生毕业6 176人,获得博士学位6 330人;硕士研究生毕业60 602人,获得硕士学位61 379人。

研究生导师队伍结构进一步优化。2022年,江苏省普通高校研究生学位授予单位共有研究生导师45 333人。其中,博士研究生导师11 379人,硕士研究生导师33 954人。职称结构方面,具有正高职称的共计19 869人,占43.83%;具有副高职称的共计21 042人,占46.42%。年龄结构方面,年龄在34岁及以下、35—49岁、50—59岁和60岁及以上的博士研究生导师所占比例分别为2.48%、44.78%、37.96%和14.78%,年龄在34岁及以下、35—49岁、50—59岁和60岁及以上的硕士研究生导师所占比例分别为13.15%、56.54%、26.68%和3.63%。

第一节　学位授予单位与授权点

一、学位授予单位

2022 年,江苏省共有 27 个博士学位授予单位,15 个硕士学位授予单位。其中,南京大学和东南大学为学位授权自主审核单位。

二、学位授权点

(一) 总体情况

2022 年,江苏省共有博士学位授权一级学科 341 个,另有博士学位授权二级学科 3 个。其中,部属高校共有博士学位授权一级学科 184 个,博士学位授权二级学科 2 个;省属高校共有博士学位授权一级学科 155 个,博士学位授权二级学科 1 个;科研院所有博士学位授权一级学科 2 个。

江苏省共有硕士学位授权一级学科 459 个,另有硕士学位授权二级学科 14 个。其中,部属高校共有硕士学位授权一级学科 129 个,硕士学位授权二级学科 8 个;省属高校共有硕士学位授权一级学科 321 个,硕士学位授权二级学科 2 个;省委党校和科研院所共有硕士学位授权一级学科 9 个,硕士学位授权二级学科 4 个。

江苏省共有博士专业学位授权点 39 个。其中,部属高校共有博士专业学位授权点 27 个,省属高校共有博士专业学位授权点 11 个,科研院所有博士专业学位授权点 1 个。

江苏省共有硕士专业学位授权点 523 个,覆盖了除军事硕士之外的 46 个专业学位类别。其中,部属高校共有硕士专业学位授权点 170 个,省属高校共有硕士专业学位授权点 349 个,省委党校和科研院所共有硕士专业学位授权点 4 个。

(二) 变化情况

2022 年,江苏省普通高校通过自主审核和动态调整对学科布局进行优化调整。其中,自主审核增列 4 个博士学位授权一级学科、2 个博士专业学位授权点,动态调整撤销 2 个博士学位授权一级学科、1 个硕士学位授权一级学科,动态调整增列 1 个博士学位授权一级学科、1 个博士专业学位授权点、5 个硕士学位授权一级学科、1个硕士专业学位授权点(表1-1)。

表1-1 2022年江苏省普通高校学位点变化情况

高校	学位点	类型	变化情况
南京大学	化学工程与技术	博士学位授权一级学科	自主审核增列
	矿业工程	博士学位授权一级学科	自主审核增列
苏州大学	集成电路科学与工程	硕士学位授权一级学科	动态调整增列
东南大学	系统科学	博士学位授权一级学科	自主审核增列
	公共管理	博士学位授权一级学科	自主审核增列
	资源与环境	博士专业学位授权类别	自主审核增列
	土木水利	博士专业学位授权类别	自主审核增列
南京航空航天大学	集成电路科学与工程	硕士学位授权一级学科	动态调整增列
南京林业大学	软件工程	硕士学位授权一级学科	动态调整撤销
	计算机科学与技术	硕士学位授权一级学科	动态调整增列
盐城工学院	会计	硕士专业学位授权类别	动态调整增列
南京农业大学	法学	硕士学位授权一级学科	动态调整增列
徐州医科大学	生物学	博士学位授权一级学科	动态调整撤销
	临床医学	博士学位授权一级学科	动态调整撤销
	基础医学	博士学位授权一级学科	动态调整增列
	临床医学	博士专业学位授权类别	动态调整增列
南京师范大学	集成电路科学与工程	硕士学位授权一级学科	动态调整增列

第二节 研究生基本情况

一、招生与生源

(一)招生规模

1. 博士研究生

2022年,江苏省博士研究生总招生数为10 548人,较2021年增加990人,增长10.36%。其中,学术学位博士研究生8 905人,较2021年增加469人,增长5.56%;专业学位博士研究生1 643人,较2021年增加521人,增长

46.43%(图1-1)。

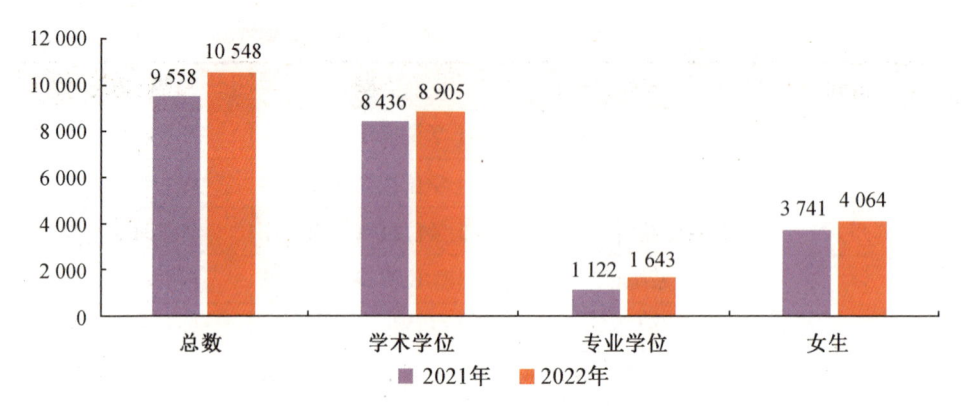

图1-1 2021—2022年江苏省博士研究生招生情况(人)

注：图内数据根据高等教育学校(机构)统计报表整理，截止时间为2022年9月1日。本章后同。

从高校类型来看，部属高校博士研究生招生数为7 478人，占全省70.89%；省属高校博士研究生招生数为3 070人，占全省29.11%(图1-2)。

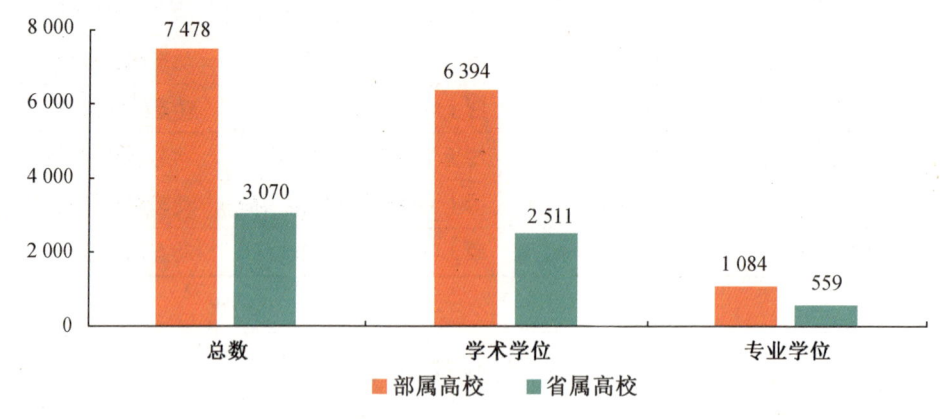

图1-2 2022年江苏省不同类型高校博士研究生招生情况(人)

从学科门类分布来看，工学博士研究生招生规模最大(5 194人)，之后依次是医学(1 632人)、理学(1 450人)、农学(664人)、管理学(447人)、法学(362人)、文学(206人)、教育学(168人)、艺术学(147人)、经济学(126人)、历史学(73人)、哲学(70人)和交叉学科(9人)(图1-3)。

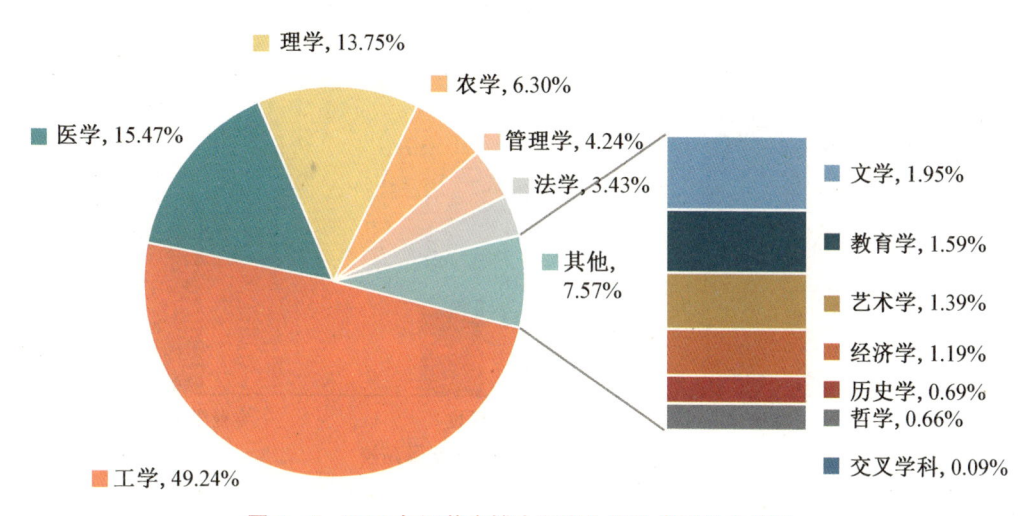

图 1-3　2022 年江苏省博士研究生招生学科分布情况

注：因取值过程中存在四舍五入，故总和存在一定合理误差。下同。

2. 硕士研究生

2022 年，江苏省硕士研究生招生数为 88 651 人，较 2021 年增加 3 862 人，增长 4.55%。其中，学术学位硕士研究生 32 428 人，较 2021 年增加 897 人，增长 2.84%；专业学位硕士研究生 56 223 人，较 2021 年增加 2 965 人，增长 5.57%。硕士研究生招生数量的增长主要集中在专业学位研究生招生数量上（图 1-4）。

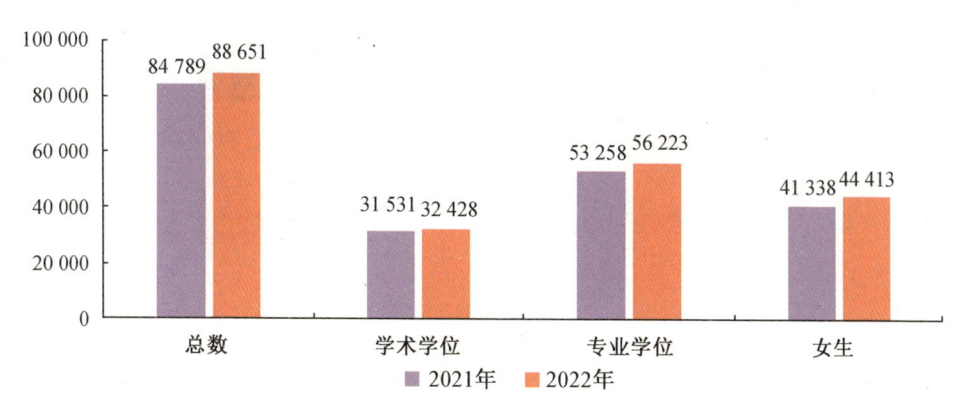

图 1-4　2021—2022 年江苏省硕士研究生招生情况（人）

从高校类型来看，部属高校硕士研究生招生数为 38 264 人，占全省 43.16%；省属高校硕士研究生招生数为 50 387 人，占全省 56.84%（图 1-5）。

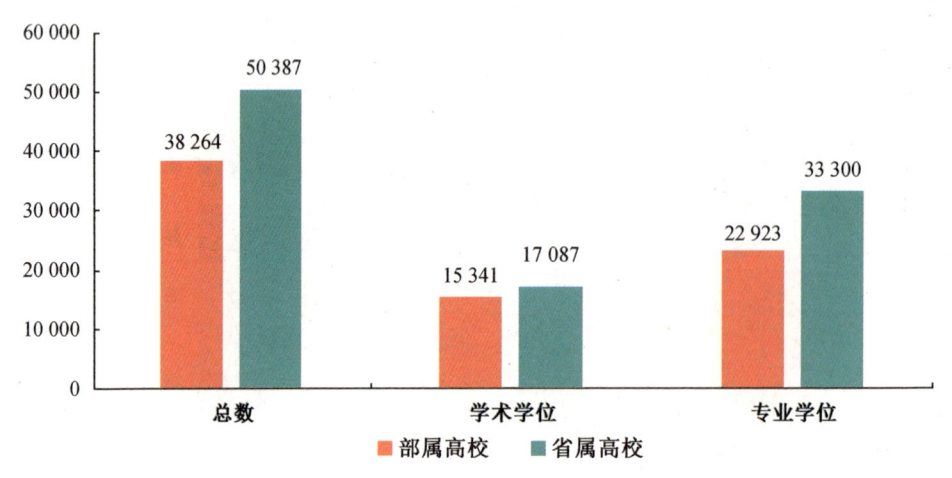

图 1-5　2022 年江苏省不同类型高校硕士研究生招生情况（人）

从学科门类分布来看，工学硕士研究生招生规模最大（39 748 人），之后依次是医学（11 852 人）、管理学（11 208 人）、理学（5 287 人）、教育学（4 586 人）、农学（3 769 人）、法学（3 457 人）、艺术学（3 074 人）、文学（2 594 人）、经济学（2 570 人）、历史学（310 人）和哲学（196 人）（图 1-6）。

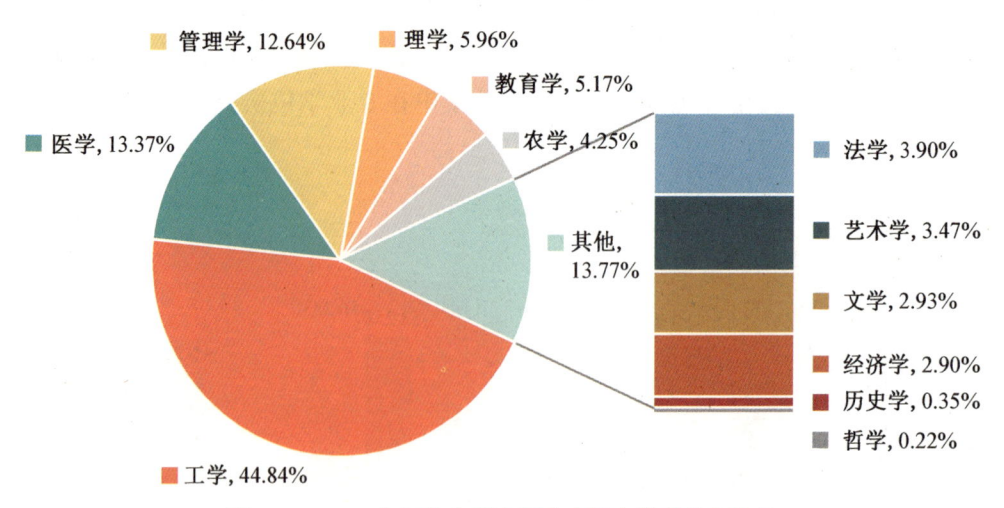

图 1-6　2022 年江苏省硕士研究生招生学科分布情况

（二）招生学科/专业结构

2022 年，江苏省有 14 个一级学科的学术学位硕士研究生招生数增幅超过 10.00%（表 1-2）：地球物理学（42.86%）、风景园林学（28.00%）、艺术学理论(25.71%)、特种医学(24.24%)、护理学(20.41%)、草学(17.86%)、兵器科学与技术(16.08%)、冶金工程(15.79%)、政治学(15.70%)、社会学(13.97%)、科学技术史(12.82%)、测绘科学与技术(11.89%)、音乐与舞蹈学(10.31%)和海洋科学(10.29%)。

表1-2 2021—2022年江苏省硕士研究生(学术学位)招生一级学科分布情况

序	一级学科	2021年/人	2022年/人	序	一级学科	2021年/人	2022年/人
1	哲学	205	196	25	地质学	80	81
2	理论经济学	120	125	26	生物学	1 156	1 184
3	应用经济学	699	728	27	科学技术史	39	44
4	法学	570	598	28	生态学	148	154
5	政治学	121	140	29	统计学	134	126
6	社会学	179	204	30	力学	312	328
7	马克思主义理论	757	830	31	机械工程	996	985
8	教育学	492	512	32	光学工程	404	406
9	心理学	128	133	33	仪器科学与技术	176	166
10	体育学	231	245	34	材料科学与工程	1 151	1 173
11	中国语言文学	654	658	35	冶金工程	19	22
12	外国语言文学	578	559	36	动力工程及工程热物理	566	541
13	新闻传播学	171	165	37	电气工程	497	518
14	考古学	25	26	38	电子科学与技术	596	608
15	中国史	161	166	39	信息与通信工程	883	902
16	世界史	57	61	40	控制科学与工程	799	835
17	数学	657	699	41	计算机科学与技术	935	977
18	物理学	685	693	42	建筑学	129	125
19	化学	1 282	1 311	43	土木工程	698	717
20	天文学	22	21	44	水利工程	433	454
21	地理学	405	403	45	测绘科学与技术	185	207
22	大气科学	415	411	46	化学工程与技术	636	675
23	海洋科学	136	150	47	地质资源与地质工程	142	132
24	地球物理学	7	10	48	矿业工程	131	138

(续表)

序	一级学科	2021年/人	2022年/人	序	一级学科	2021年/人	2022年/人
49	石油与天然气工程	33	32	74	林学	166	177
50	纺织科学与工程	138	140	75	水产	60	54
51	轻工技术与工程	145	152	76	草学	28	33
52	交通运输工程	326	322	77	基础医学	451	486
53	船舶与海洋工程	74	80	78	临床医学	1 159	1 255
54	航空宇航科学与技术	275	286	79	口腔医学	24	26
55	兵器科学与技术	143	166	80	公共卫生与预防医学	318	332
56	核科学与技术	20	19	81	中医学	134	145
57	农业工程	174	181	82	中西医结合	29	30
58	林业工程	112	111	83	药学	1 188	1 248
59	环境科学与工程	538	530	84	中药学	311	272
60	生物医学工程	225	224	85	特种医学	33	41
61	食品科学与工程	471	467	86	医学技术	40	39
62	城乡规划学	129	132	87	护理学	49	59
63	风景园林学	50	64	88	管理科学与工程	589	624
64	软件工程	365	374	89	工商管理	824	833
65	生物工程	21	22	90	农林经济管理	52	52
66	安全科学与工程	135	145	91	公共管理	606	606
67	网络空间安全	208	222	92	图书情报与档案管理	128	136
68	作物学	276	276	93	艺术学理论	105	132
69	园艺学	141	144	94	音乐与舞蹈学	97	107
70	农业资源与环境	111	120	95	戏剧与影视学	129	87
71	植物保护	158	158	96	美术学	141	138
72	畜牧学	149	147	97	设计学	233	245
73	兽医学	218	215		总计	31 531	32 428

2022年,江苏省有13个专业领域的专业学位硕士研究生招生数增幅达到或超过10.00%(表1-3):审计(34.25%)、出版(32.81%)、保险(29.17%)、资

产评估(27.87％)、农业(26.55％)、会计(24.85％)、城市规划(22.15％)、护理(18.74％)、公共卫生(15.07％)、中医(14.17％)、兽医(12.26％)、建筑学(11.87％)和应用心理(10.00％)。

表1-3 2021—2022年江苏省硕士研究生(专业学位)招生专业领域分布表

序	专业领域	2021年/人	2022年/人	序	专业领域	2021年/人	2022年/人
1	金融	595	569	21	农业	1 356	1 716
2	应用统计	375	366	22	兽医	212	238
3	税务	43	39	23	风景园林	280	294
4	国际商务	323	340	24	林业	190	197
5	保险	24	31	25	临床医学	3 767	3 995
6	资产评估	61	78	26	口腔医学	167	174
7	审计	219	294	27	公共卫生	345	397
8	法律	1 512	1 263	28	护理	427	507
9	社会工作	414	422	29	药学	1 524	1 670
10	教育	2 762	2 858	30	中药学	420	362
11	体育	494	516	31	中医	713	814
12	汉语国际教育	147	124	32	工商管理	3 392	2 908
13	应用心理	180	198	33	公共管理	2 288	2 265
14	翻译	691	646	34	会计	1 722	2 150
15	新闻与传播	440	481	35	旅游管理	89	79
16	出版	64	85	36	图书情报	365	329
17	文物与博物馆	59	57	37	工程管理	1 570	1 226
18	建筑学	337	377	38	艺术	2 205	2 365
19	工程	23 337	25 611		合计	53 258	56 223
20	城市规划	149	182				

(三) 生源构成

1. 博士研究生

2022年,江苏省直博生共有800人,占博士研究生招生总数的7.58％,较2021年增加226人,增长39.37％(图1-7)。

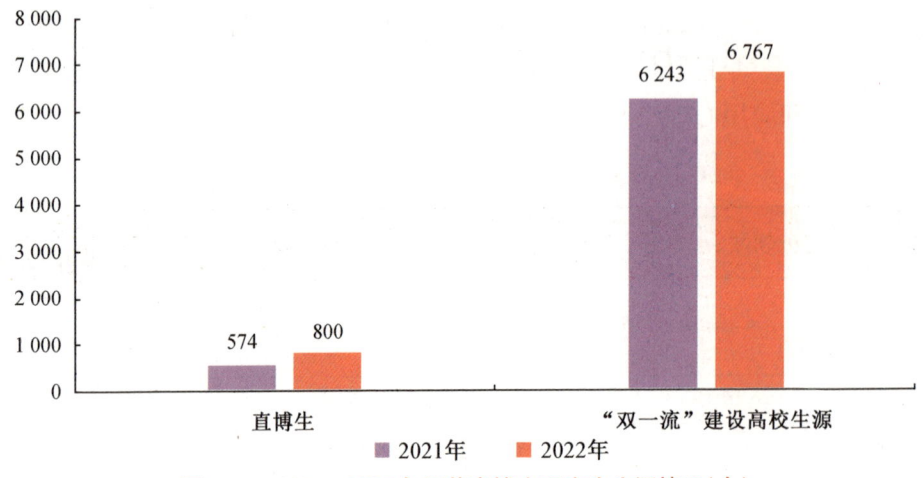

图 1-7 2021—2022 年江苏省博士研究生生源情况（人）

"双一流"建设高校生源数为 6 767 人，占博士研究生招生总数的 64.16%，较 2021 年增加 524 人，增长 8.39%。

2. 硕士研究生

2022 年，江苏省推免生 13 318 人，占硕士研究生招生总数的 15.02%，较 2021 年增加 976 人，增长 7.91%（图 1-8）。

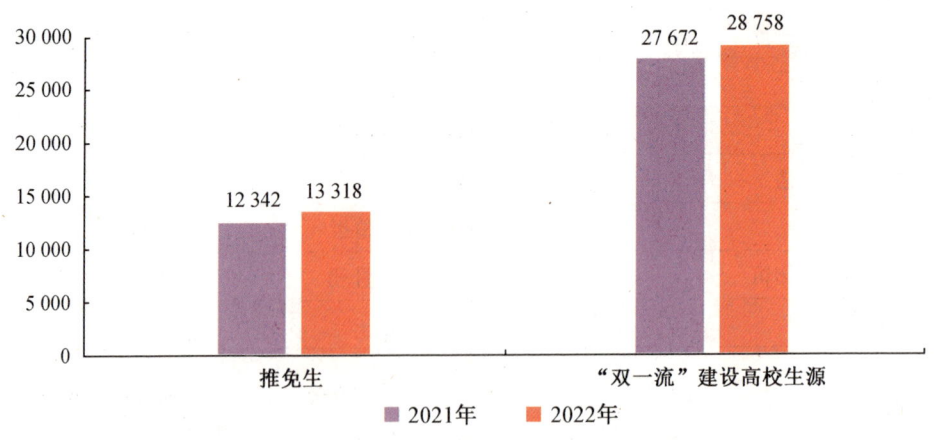

图 1-8 2021—2022 年江苏省硕士研究生生源情况（人）

"双一流"建设高校生源数为 28 758 人，占硕士研究生招生总数的 32.44%，较 2021 年增加 1 086 人，增长 3.92%。

2022 年，江苏省硕士研究生的报录比为 4.72∶1，较 2021 年提高 0.43。

二、在校生

（一）博士研究生

2022年，江苏省在校博士研究生44 064人，较2021年增加3 470人，增长8.55%。其中，在校学术学位博士研究生39 601人，较2021年增加2 134人，增长5.70%；在校专业学位博士研究生4 463人，较2021年增加1 336人，增长42.72%（图1-9）。

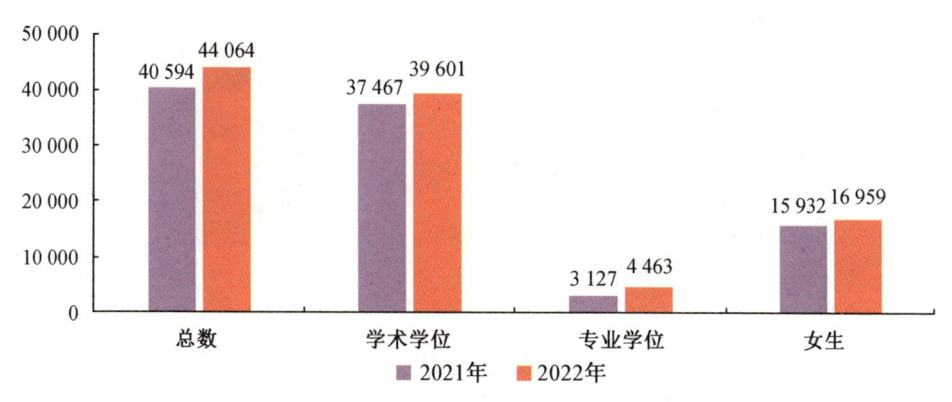

图1-9　2022年江苏省普通高校博士研究生在校情况（人）

从高校类型来看，部属高校在校博士研究生31 723人，占全省71.99%；省属高校在校博士研究生12 341人，占全省28.01%（图1-10）。

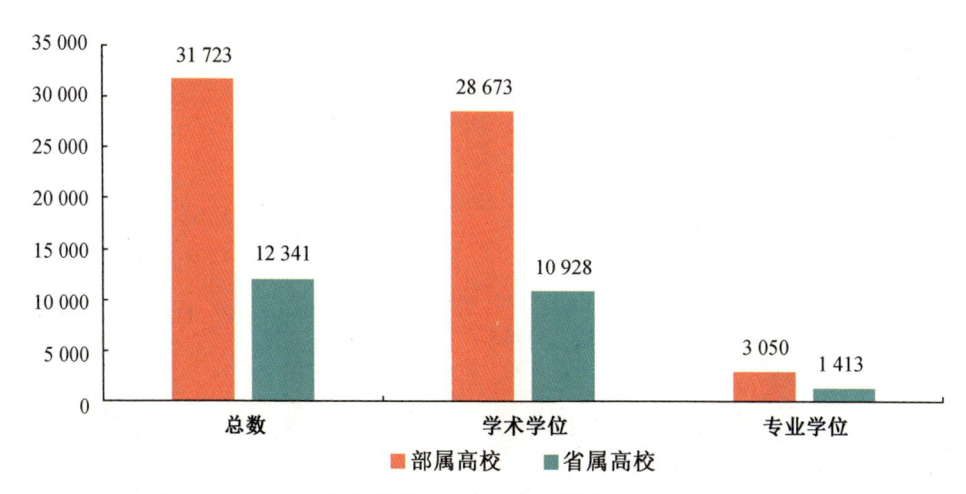

图1-10　2022年江苏省不同类型高校博士研究生在校情况（人）

从学科门类分布来看,江苏省工学在校博士研究生规模最大(21 483 人),之后依次是理学(5 969 人)、医学(5 611 人)、农学(2 730 人)、管理学(2 446 人)、法学(1 808 人)、文学(1 220 人)、教育学(705 人)、艺术学(656 人)、经济学(579 人)、历史学(446 人)、哲学(402 人)和交叉学科(9 人)(图 1-11)。

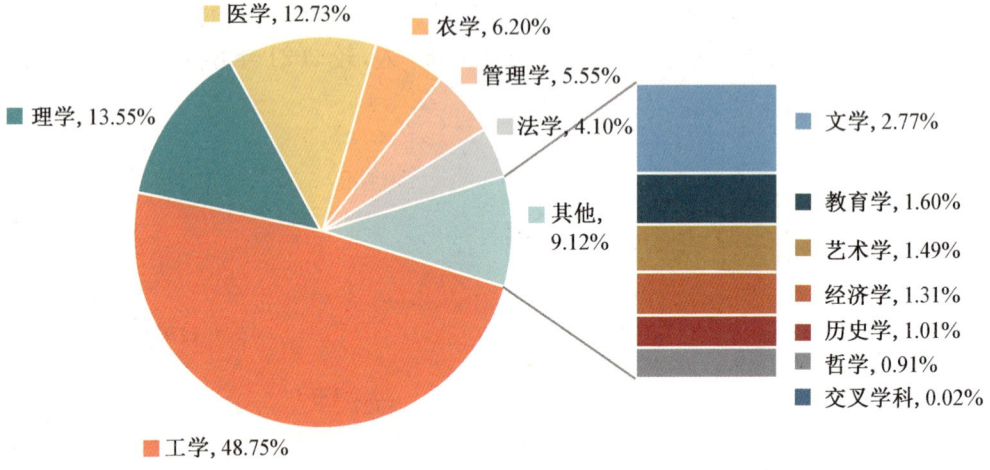

图 1-11 2022 年江苏省在校博士研究生学科门类分布情况

(二)硕士研究生

2022 年,江苏省在校硕士研究生 254 595 人,较 2021 年增加 24 542 人,增长 10.67%。其中,在校学术学位硕士研究生 95 425 人,较 2021 年增加 6 361 人,增长 7.14%;在校专业学位硕士研究生 159 170 人,较 2021 年增加 18 181 人,增长 12.90%(图 1-12)。

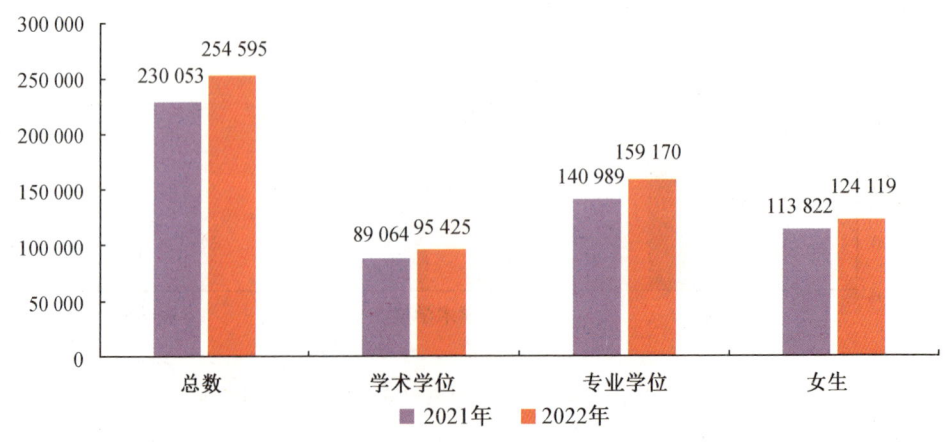

图 1-12 2021—2022 年江苏省普通高校硕士研究生在校情况(人)

从学校类型来看,部属高校在校硕士研究生 112 550 人,占全省 44.21%；省属高校在校硕士研究生 142 045 人,占全省 55.79%(图 1-13)。

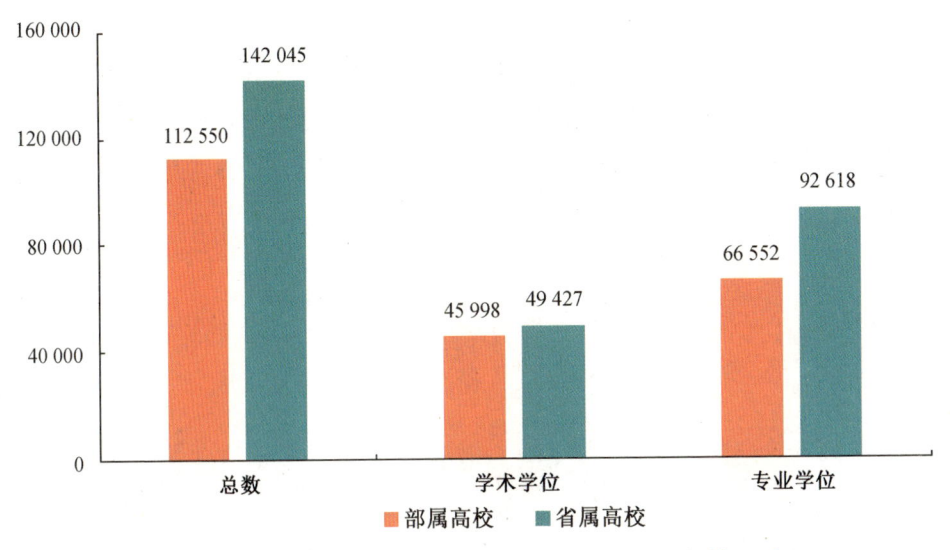

图 1-13　2022 年江苏省不同类型高校硕士研究生在校情况(人)

从学科门类分布来看,工学在校硕士研究生规模最大(111 313 人),之后依次是管理学(38 159 人)、医学(33 056 人)、理学(15 554 人)、教育学(12 478 人)、农学(10 005 人)、法学(9 955 人)、艺术学(8 845 人)、文学(7 233 人)、经济学(6 489 人)、历史学(878 人)和哲学(630 人)(图 1-14)。

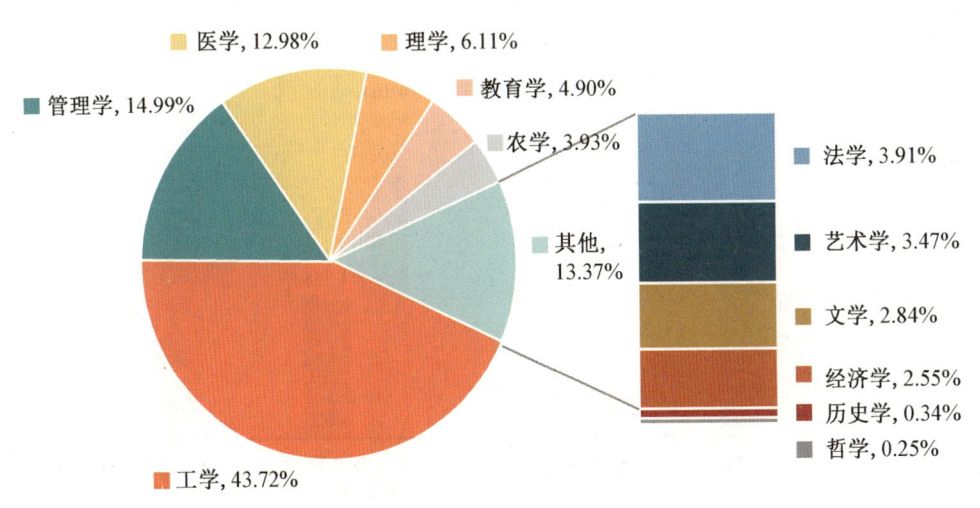

图 1-14　2022 年江苏省在校硕士研究生学科分布情况

三、毕业与学位授予

（一）博士研究生

2022年,江苏省普通高校博士研究生毕业6 176人,获得博士学位6 330人。其中,学术学位博士研究生毕业5 952人,获得博士学位6 113人;专业学位博士研究生毕业224人,获得博士学位217人(图1-15)。

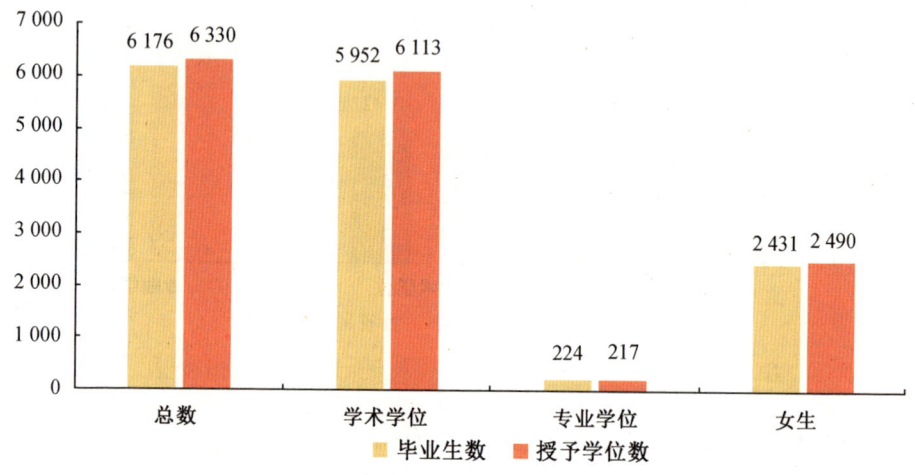

图1-15 2022年江苏省博士研究生毕业与授予学位情况(人)

从高校类型来看,部属高校博士研究生毕业4 218人,获得博士学位4 337人。省属高校博士研究生毕业1 958人,获得博士学位1 993人(图1-16)。

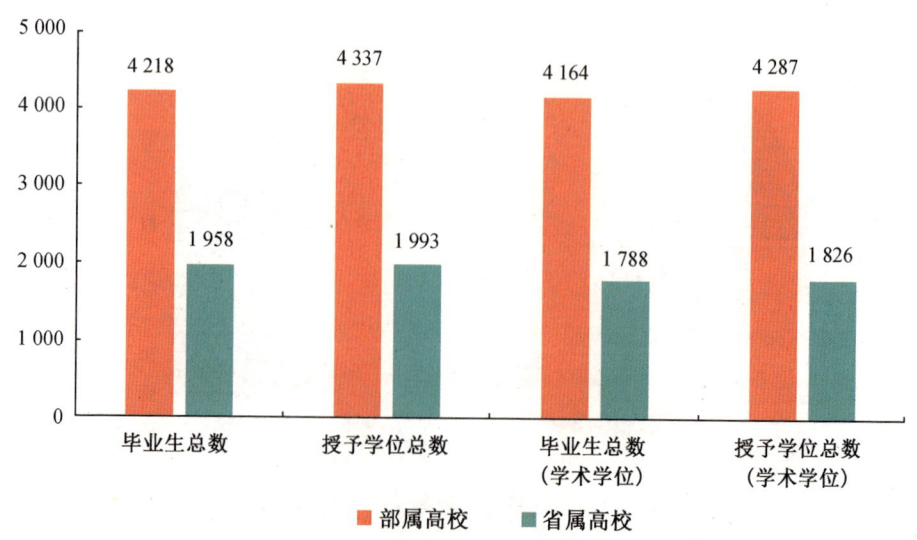

图1-16 2022年江苏省不同类型高校博士研究生毕业与授予学位情况(人)

从学科门类分布来看,工学博士研究生毕业人数最多(2 719 人),之后依次是医学(1 053 人)、理学(1 010 人)、农学(379 人)、管理学(274 人)、法学(234 人)、文学(173 人)、艺术学(86 人)、经济学(75 人)、教育学(67 人)、哲学(54 人)和历史学(52 人)(图 1-17)。

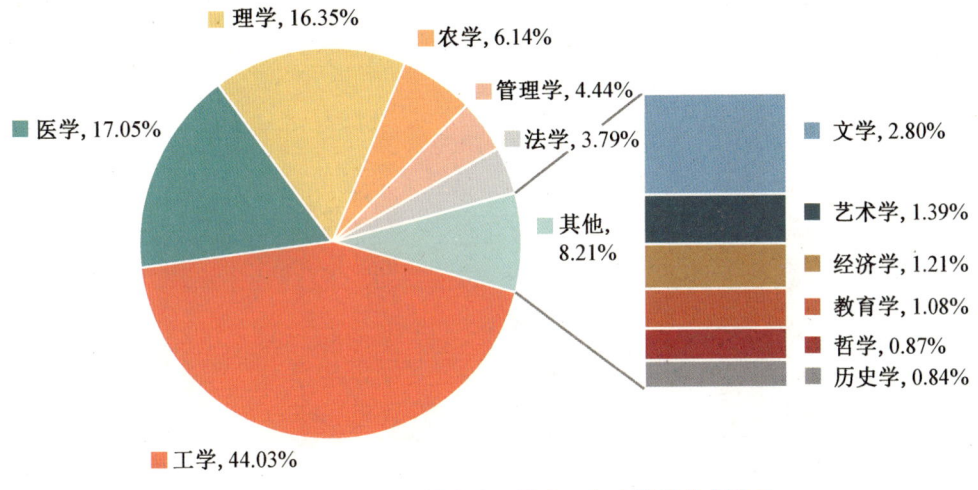

图 1-17　2022 年江苏省毕业博士研究生学科分布情况

从学科门类分布来看,工学博士研究生授予学位数最多(2 821 人),之后依次是医学(1 090 人)、理学(1 021 人)、农学(385 人)、管理学(292 人)、法学(218 人)、文学(175 人)、艺术学(84 人)、经济学(74 人)、教育学(61 人)、哲学(59 人)和历史学(50 人)(图 1-18)。

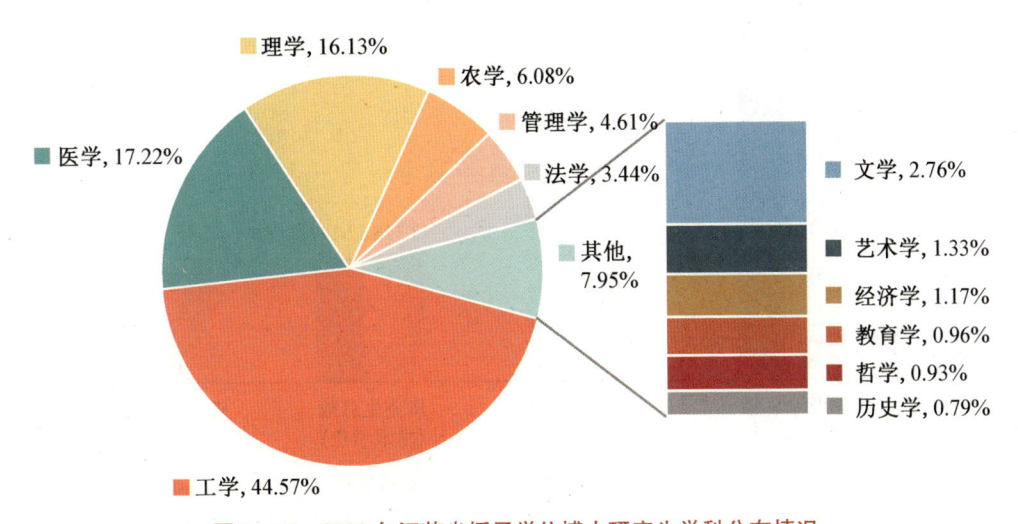

图 1-18　2022 年江苏省授予学位博士研究生学科分布情况

（二）硕士研究生

2022年，江苏省普通高校硕士研究生毕业人数为60 602人，获得硕士学位61 379人。其中，学术学位硕士研究生毕业人数为24 503人，获得硕士学位24 480人；专业学位硕士研究生毕业人数为36 099人，获得硕士学位36 899人（图1-19）。

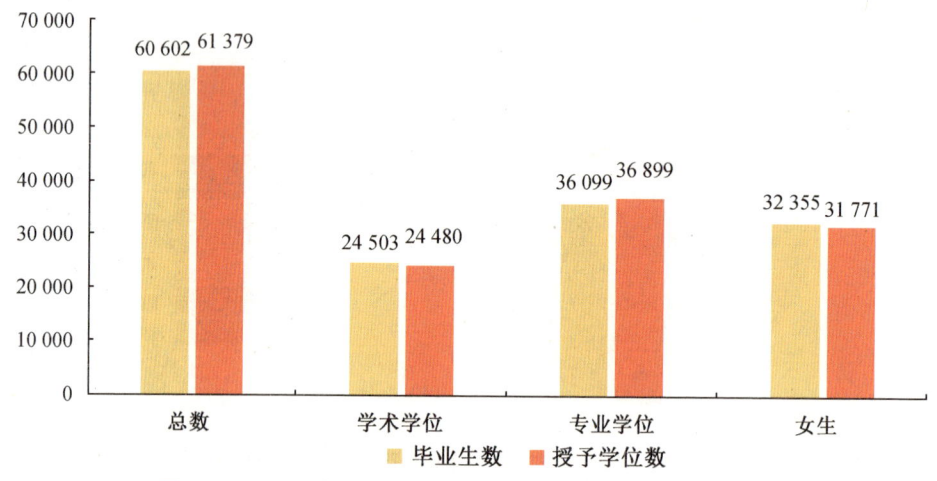

图1-19　2022年江苏省硕士研究生毕业和授予学位情况（人）

从不同类型高校来看，部属高校硕士研究生毕业28 779人，获得硕士学位29 754人；省属高校硕士研究生毕业31 823人，获得硕士学位31 625人（图1-20）。

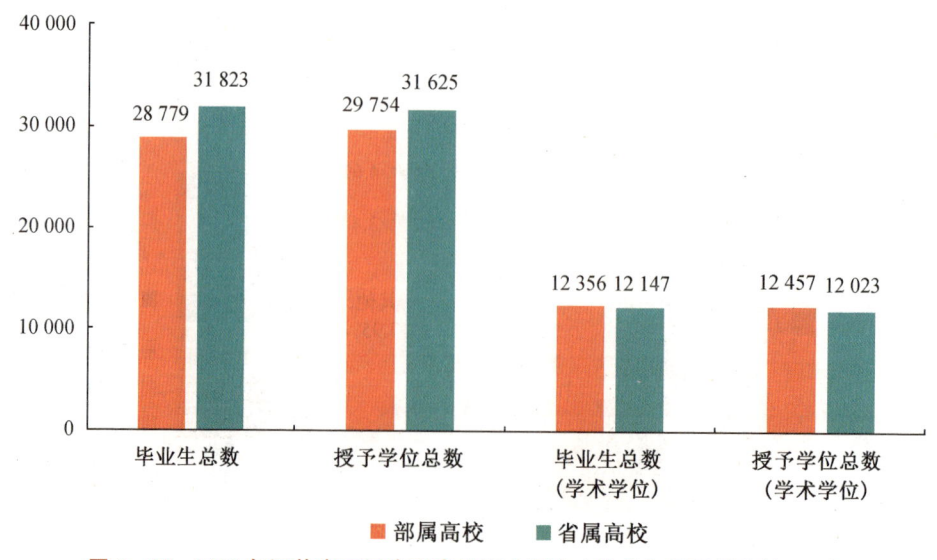

图1-20　2022年江苏省不同类型高校硕士研究生毕业和授予学位情况（人）

从学科门类分布来看，工学硕士研究生毕业人数最多(26 016 人)，之后依次是管理学(8 326 人)、医学(6 884 人)、理学(3 594 人)、教育学(3 307 人)、法学(2 727 人)、农学(2 550 人)、艺术学(2 286 人)、文学(2 272 人)、经济学(2 170 人)、历史学(265 人)和哲学(205 人)(图 1-21)。

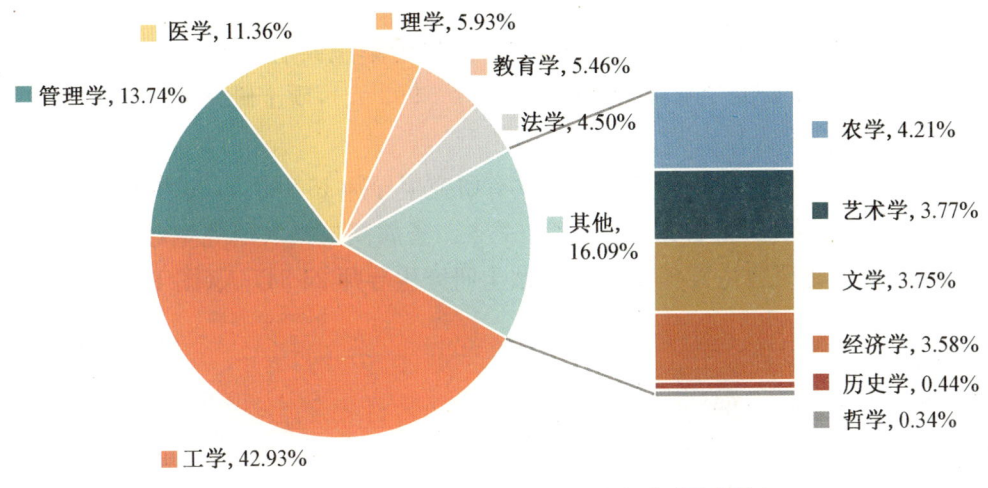

图 1-21　2022 年江苏省毕业硕士研究生学科分布情况

从学科门类分布来看，工学硕士研究生授予学位数最多(26 623 人)，之后依次是管理学(8 498 人)、医学(6 912 人)、理学(3 601 人)、教育学(3 270 人)、法学(2 695 人)、农学(2 590 人)、艺术学(2 278 人)、文学(2 257 人)、经济学(2 191 人)、历史学(263 人)和哲学(201 人)(图 1-22)。

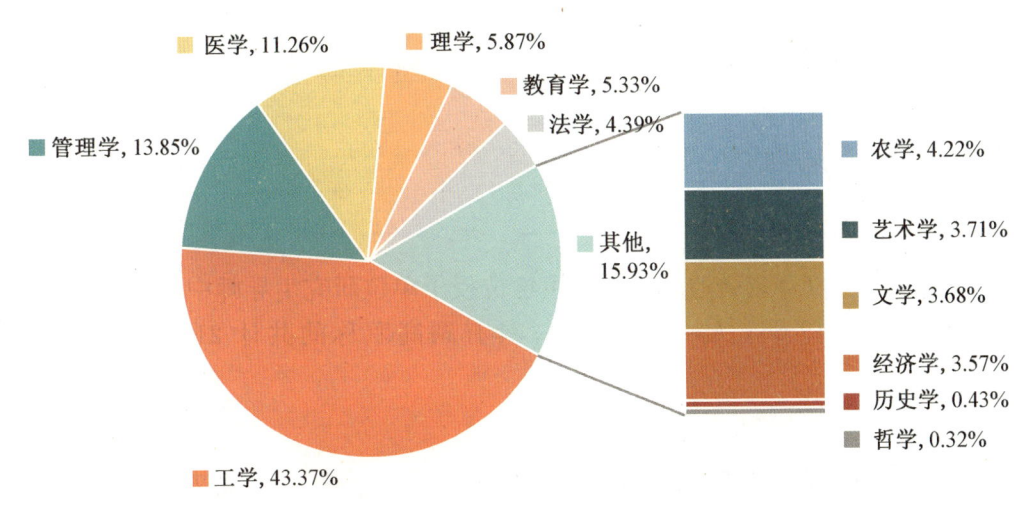

图 1-22　2022 年江苏省授予学位硕士研究生学科分布情况

第三节 导师队伍情况

一、基本情况

2022年,江苏省普通高校研究生学位授予单位共有研究生导师45 333人。其中,博士研究生导师11 379人(女性1 992人),硕士研究生导师33 954人(女性10 902人)。

从不同类型高校来看,部属高校共有研究生导师15 671人,其中,博士研究生导师6 564人,硕士研究生导师9 107人。省属高校共有研究生导师29 662人,其中,博士研究生导师4 815人,硕士研究生导师24 847人(图1-23)。

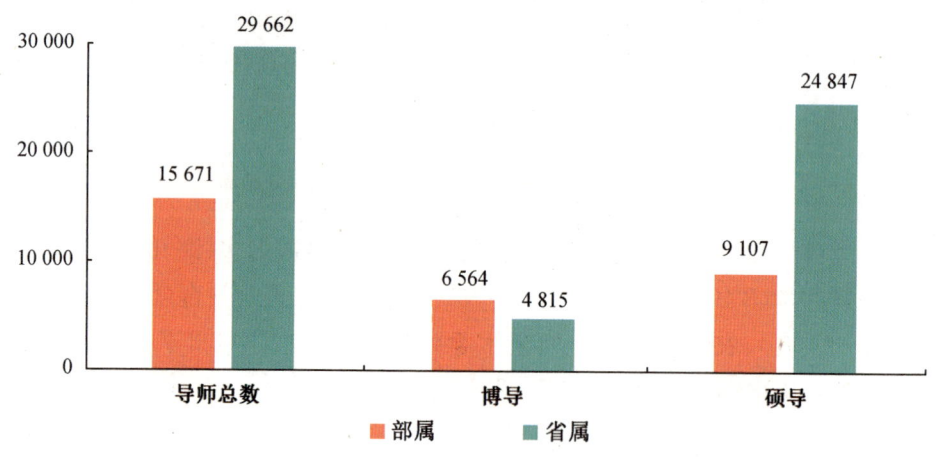

图1-23 2021—2022年江苏省不同类型高校研究生导师数(人)

二、队伍结构

(一)职称结构

2022年,江苏省普通高校研究生学位授予单位研究生导师中,具有正高职称的共计19 869人,占43.83%;具有副高职称的共计21 042人,占46.42%。

(二)年龄结构

2022年,江苏省普通高校博士研究生导师中,年龄在34岁及以下、35—

49岁、50—59岁和60岁及以上所占比例分别为2.48%、44.78%、37.96%和14.78%(图1-24)。

图1-24　2021—2022年江苏省普通高校博士研究生导师年龄结构

2022年,江苏省普通高校硕士研究生导师中,年龄在34岁及以下、35—49岁、50—59岁和60岁及以上所占比例分别为13.15%、56.54%、26.68%和3.63%(图1-25)。

图1-25　2021—2022年江苏省普通高校硕士研究生导师年龄结构

第二章
高水平大学和学科建设情况

"双一流"建设高校加强科学谋划和顶层设计,为全面推进中华民族伟大复兴提供强劲支撑。16所"双一流"建设高校强调思想政治引领,强化基层组织建设,坚持党的全面领导;加强思想政治教育,优化育人体系生态,培养拔尖创新人才;完善师德师风建设,推进引育深化改革,打造一流师资队伍;主动服务国家战略,加强关键科技攻关,助推科技自立自强;深化校地校企合作,打造高端咨政智库,对接实际发展需求;传承红色精神文化,赓续优秀传统文化,筑基特色校园文化;拓展国际合作网络,增进国际对话交流,肩负国际责任担当。

江苏高水平大学建设高峰计划建设高校聚焦内涵建设,向形成高等教育强省建设新格局奋力迈进。18所江苏高水平大学建设高峰计划建设高校积极加强党建引领,机制设施同时升级,提高现代化治理水平;靶向瞄准国家需求,模式资源并行优化,培养高层次急需人才;持续优化发展环境,吸引培育共同发力,建设高素质师资队伍;深入推进协同创新,平台项目联合攻关,强化高水平科技支撑;助推产业转型升级,成果谏言双重增进,提供高效能社会服务;努力营造育人环境,传承创新并举融合,铸牢高品位优秀文化;拓展伙伴互联互通,本土海外双向开放,推动高品质国际合作。

两项学科建设系统性工程有效促进全省高峰高原学科建设。江苏高校优势学科建设工程和江苏省重点学科建设两个项目的组织实施是优化全省学科建设体系、提升学科建设水平的重要举措。江苏高校优势学科建设工程前三期项目已累计建设优势学科266个,"十四五"江苏省重点学科建设共遴选立项学科327个。目前江苏高校入选的48个"双一流"建设学科均来自江苏高校优势学科建设工程和江苏省重点学科建设。

第一节 "双一流"建设

江苏省 16 所"双一流"建设高校对标加快建设教育强国、科技强国、人才强国、文化强国的战略部署，以中国特色世界一流为目标，全面落实立德树人根本任务，以一流学科建设为牵引，加强科学谋划和顶层设计，精准服务国家战略新需求，构建人才培养新体系、队伍建设新机制、科学研究新模式、文化传创新路径、成果转化新局面、开放办学新格局，为以中国式现代化全面推进中华民族伟大复兴提供强劲支撑。

一、总体情况

江苏省共有 16 所"双一流"建设高校、48 个"双一流"建设学科，入选高校数和学科数分别位列全国第二、第三，而入选"双一流"建设的地方高校数量位列全国第一（表 2-1）。

表 2-1 江苏"双一流"建设高校的学科分布

学校	学科名称
南京大学	哲学、理论经济学、中国语言文学、外国语言文学、物理学、化学、天文学、大气科学、地质学、生物学、材料科学与工程、计算机科学与技术、化学工程与技术、矿业工程、环境科学与工程、图书情报与档案管理
苏州大学	材料科学与工程
东南大学	机械工程、材料科学与工程、电子科学与技术、信息与通信工程、控制科学与工程、计算机科学与技术、建筑学、土木工程、交通运输工程、生物医学工程、风景园林学、艺术学理论
南京航空航天大学	力学、控制科学与工程、航空宇航科学与技术
南京理工大学	兵器科学与技术
中国矿业大学	矿业工程、安全科学与工程
南京邮电大学	电子科学与技术
河海大学	水利工程、环境科学与工程
江南大学	轻工技术与工程、食品科学与工程
南京林业大学	林业工程
南京信息工程大学	大气科学
南京农业大学	作物学、农业资源与环境

(续表)

学校	学科名称
南京医科大学	公共卫生与预防医学
南京中医药大学	中药学
中国药科大学	中药学
南京师范大学	地理学

注：高校按学校代码排序，本章同。

48个学科分布在8个学科门类（表2-1）。其中，工学28个（58.33%），理学8个（16.67%），农学和医学各3个（6.25%），文学2个（4.17%），哲学、经济学、管理学和艺术学各1个（2.08%），见图2-1。

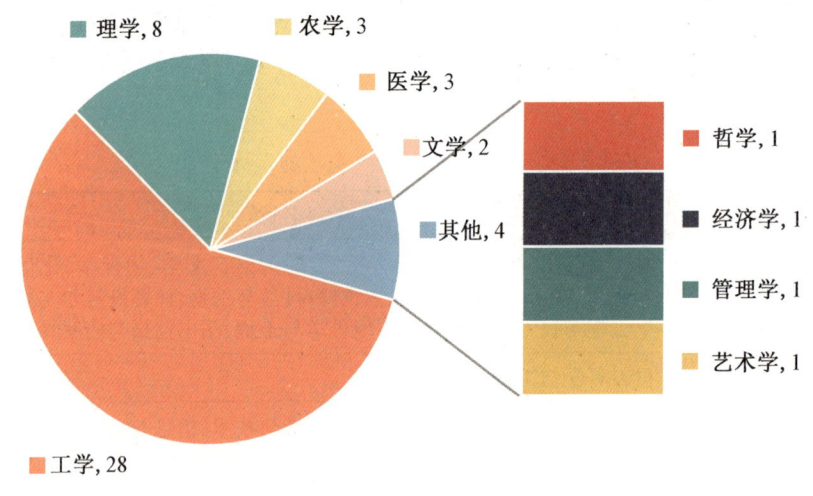

图2-1 江苏新一轮"双一流"建设学科名单的学科门类分布（个）

二、建设举措

（一）南京大学

全面实施"奋进行动"计划，以一流学科建设为牵引，在人才培养新体系、队伍建设新机制、科学研究新模式、文化传创新路径、成果转化新局面、开放办学新格局、学科建设新生态等方面取得阶段性成果，建设"红色、厚重、朝气、卓越"的"第一个南大"，进一步强化服务国家战略需求和经济社会发展的能力（表2-2）。

表 2-2 南京大学"双一流"建设过程中的推进方向和特色举措选列

建设重点	推进方向	特色举措选列
加强党建引领	★ 强化思想引领	▶ 制定出台《中共南京大学委员会关于深入贯彻落实习近平总书记重要回信精神的实施意见》，加强理论学习 ▶ 严格落实党委理论中心组学习制度
	★ 强化政治担当	▶ 推进校级议事决策会议体制机制建设，严格执行党委常委会、校长办公会和书记校长专题会议事规则，建立和完善调研准备等八项机制
	★ 强化基层党建	▶ 开展院系级党组织书记"铸魂项目" ▶ 持续深化教师党支部书记"双带头人"培育工程
优化学科布局	★ 专项分类推动	实施一流学科培优行动、基础学科深化建设行动、学科亮点工程等
	★ 注重学科交叉	▶ 成立人工智能学院、集成电路学院、智能科学与技术学院、数字经济与管理学院等多个交叉学科人才培养平台 ▶ 成立化学和生物医药创新研究院、健康医疗大数据国家研究院、全球人文研究院等学科交叉研究平台
培养拔尖创新人才	★ 加强思政教育	▶ 成立南京大学"三全育人"工作委员会，加强大学生思想政治工作整体规划和顶层设计
	★ 创新培养体系	▶ 初步构建"三元四维"人才培养新体系，即将"德、知、行"三元作为全面落实立德树人根本任务的切入点，在"学习维度、成长维度、育人维度和环境维度"四维上下功夫，在高度、宽度、广度、长度上全面拓展育人空间，培养新时代拔尖创新人才 ▶ 积极推进博士学位质量标准改革评价，加强跨学科博士项目建设，积极推进大院名企联合培养博士项目
	★ 优化育人生态	▶ 开启新生学院入驻鼓楼校区的"寻根性办学"，为新生打造一流的育人环境 ▶ 打造"一站式"学生社区育人共同体，统筹"全员育人"专业力量入驻学生社区
打造一流师资队伍	★ 完善师德师风建设	▶ 建立健全学校党委、院（系）党组织、教师党支部三级联动工作机制
	★ 推进引育深化改革	▶ 打造以"擎天计划""腾飞计划""跨越计划""毓秀计划"为主体的全方位、全过程、全链条人才成长激励体系，全面深入推进准聘长聘体系改革
推动科技自立自强	★ 提升原始创新水平	▶ 推动"科技创新十百千工程"升级，推进"卓越研究计划"
	★ 构建高质量科创平台	▶ 面向科学前沿和国家需求，新建 14 个部省级科技创新平台 ▶ 组织大地学领域交叉研究团队探索全球变化研究创新路径，推进"关键地球物质循环前沿科学中心"建设

(续表)

建设重点	推进方向	特色举措选列
	★ 促进国际科技合作	▶ 发起并参与"深时数字地球"国际大科学计划,成为我国第一个国际大科学计划 ▶ 获批政府间国际科技创新合作专项5项,国家自然科学基金国际(地区)合作研究项目18项
传承创新优秀文化	★ 研究党的创新理论	▶ 设立江苏省习近平新时代中国特色社会主义思想研究中心南京大学理论研究基地,成立全国高校首家习近平经济思想研究院
	★ 加强社会科学研究	▶ 率先召开新时代文科发展大会 ▶ 制定《南京大学新时代哲学社会科学行动计划(2022—2025)》 ▶ 实施《南京大学自主知识体系建构和咨政服务能力提升行动方案》
	★ 推动新型智库建设	▶ 数据智能与交叉创新实验室入选首批教育部哲学社会科学实验室(培育),民族与边疆研究中心入选"四部委"铸牢中华民族共同体意识研究基地
推动科技成果转化	★ 加强产学研用协同创新	▶ 建设23家政产学研平台,构建大环保产业和生物医药大健康产业2个科技成果转化载体群 ▶ 赋予科研人员成果长期使用权,支持科研人员团队与地方政府共建企业型新型研发机构
	★ 增加"双创"资源供给	▶ 优化"创业紫金班"课程体系,打造创业通识型、专业型、实践型、发展型课程
服务地方发展需求	★ 汇聚高层次人才	▶ 约50%毕业生选择留在江苏,为江苏社会经济建设输送优秀创新型人才
	★ 积极谏言献策	▶ 举办江苏发展高层论坛第38次会议,向各级政府部门提交咨政报告100余篇
	★ 吸引产能入住	▶ 苏州校区持续推动以前沿技术牵引的政产学研全链条创新,一批南大系企业落户苏州
优化内部治理	★ 完善议事决策体系	▶ 加强党委会议制度和校级议事决策会议之间的统筹衔接和审核把关 ▶ 研究出台《南京大学议事协调机构管理办法》,加强学校议事协调机构的规范管理
	★ 深化管理体系改革	▶ 健全以学术委员会为核心的学术管理体系和师生员工参与民主管理与监督的工作机制 ▶ 成立由校党委书记、校长担任主任的依法治校工作委员会 ▶ 成立南京大学安全事故处理委员会,建立健全学校风险防控机制,完善应急处置体系

(续表)

建设重点	推进方向	特色举措选列
提升国际化办学水平	★ 加强中外合作办学	▶ 获批国际办学机构"南京大学南京赫尔辛基大气与地球系统科学学院" ▶ 联合香港理工大学、澳门大学等苏港澳三地38所高校成立"苏港澳高校合作联盟" ▶ 深入实施"南京大学战略合作伙伴推进计划",重点支持与斯坦福大学、剑桥大学等一批高水平大学的合作
	★ 推进全球融合学习	▶ 深入实施"引进人文社科类资深海外专家重点支持计划"与"海外院士大讲堂"品牌项目 ▶ 持续实施国际化课程倍增计划,新增课程28门 ▶ 举办"2022中外大学校长论坛""东亚大学校长论坛""苏港创新科技合作论坛""全球视野周"等活动

(二) 苏州大学

学校坚持和加强党对高校的全面领导,推动学校党建和事业高质量融合发展。落实立德树人根本任务,全面提高人才自主培养质量,着力造就一大批拔尖创新人才;不断完善引才机制与育才环境,打造新时代高水平人才集聚高地;聚焦服务国家重大战略,为加快实现高水平科技自立自强贡献力量(表2-3)。

表2-3 苏州大学"双一流"建设过程中的推进方向和特色举措选列

建设重点	推进方向	特色举措选列
坚持党的全面领导	★ 加强政治引领	▶ 实施举旗定向工程、固本强基工程、正风肃纪工程
培养拔尖创新人才	★ 推进"三全育人"改革	▶ 实施"1+N"领航计划,强化辅导员育人能力建设 ▶ 精心打磨"敬文花红""习法逐梦"等一批思政工作品牌,持续开展"劳动践于行,美德润于心"等主题教育活动 ▶ 组建科学道德与学风建设宣讲团,发挥朋辈引领作用,传承优良学风
	★ 打造一流本科教育	▶ 以《苏州大学未来精英(Fe)计划实施方案》为指引,试点2个文理科基础科学研究和教学人才培养基地、3个省级基础学科拔尖学生基地、3个省级卓越工程师计划2.0基地 ▶ 构建有苏大特色的π型课程体系,试点实行本研课程一体化 ▶ 立项一批"系统性+精准性"的本科教育教学改革创新项目
	★ 推进卓越研究生教育	▶ 依托上市公司完整的产学研链条及高端研发平台,鼓励引导研究生参与行业共性难题和企业核心产品等课题的研发

(续表)

建设重点	推进方向	特色举措选列
建设一流师资队伍	★加强教师思政工作	▶出台"铸魂润心"强师行动计划、师德考核评价实施办法
	★健全分类评价机制	▶形成了包含5个岗位类型、17个学科评价标准的教师综合评价体系
	★加强导师队伍建设	▶与国(境)外高水平高校共建"双导师"制合作指导模式 ▶分类制定学术学位与专业学位研究生指导教师上岗招生申请制的规定 ▶构建政治素质、育人能力、培养条件三维立体考核标准
提升科学研究水平	★提升自然科学原创能力	▶成立国基前沿科技创新研究院,积极参与多项国家重点任务
	★繁荣哲学社会科学	▶成立学校哲学社会科学联合会,系统推进社科评价改革
	★推进科研体制改革	▶组建基础与应用、医工、理工交叉的科研联盟,探索科研新范式,形成大平台,组建大团队,培育大项目
传承创新优秀文化	★构建大学文化建设机制	▶围绕制度、实践、环境和创新"四大体系",形成上下互通、齐抓共管、内外联动、线上线下的一体化文化育人新格局
着力推进成果转化	★主动对接国家战略	▶与中国BQGY集团相关研究所签订了战略合作框架协议 ▶加强与JS科学院和JS医学研究院、HTKG研究院等单位的合作
	★打造联合创新体集群	▶组建未来信息通信与人工智能技术研究院,打破关键元器件、零部件、原材料的"卡脖子"难题 ▶组建医工交叉的创新联合体,加快推动人工智能技术与医疗器械深度融合发展
完善内部治理结构	★健全制度支撑	▶陆续出台系列预算管理文件,建立健全预算绩效管理领导机制、责任机制和协同机制 ▶推进项目库建设,实行动态管控
	★逐步下放权力	▶发布《关于深化苏州医学院体制机制改革的若干意见》,授权苏州医学院自行组织专任教师职称评审工作
服务社会发展	★加强校地共建	▶与江苏省教育厅、江苏省卫生健康委员会、苏州市人民政府四方共建苏州大学苏州医学院 ▶与江苏省财政厅、江苏省教育厅签订支持苏州大学建设高水平特色商学院协议 ▶与苏州市人民政府签订《共建"苏州大学江苏师范学院"合作协议》

(续表)

建设重点	推进方向	特色举措选列
推进国际交流合作	★ 加强国际科研合作	▶ 与巴基斯坦国立科技大学等"一带一路"沿线国家知名高校签署合作协议 ▶ 中国-葡萄牙文化遗产保护科学"一带一路"联合实验室牵头获批国家重点研发计划项目
	★ 培养国际化人才	▶ 开设第一期国际胜任力课程,遴选50名学生参与

(三) 东南大学

学校按照"强势工科、优势理科、精品文科、特色医科、提升新兴、强化交叉"的学科布局,深入推进落实五大建设任务和五大改革任务,加快建设"有使命、有情怀、有格局、有品质"的中国特色世界一流大学(表2-4)。

表2-4　东南大学"双一流"建设过程中的推进方向和特色举措选列

建设重点	推进方向	特色举措选列
加强党的全面领导	★ 完善从严治党体系	▶ 持续完善党委常委会、校长办公会会议制度和督查督办机制 ▶ 落实全面从严治党"责任清单",深化纪检监察体制改革,完善内设机构设置
	★ 强化基层党建工作	▶ 实施三级党组织"强基创优"计划,创新基层组织生活方式 ▶ 落实党员领导干部和党员学术带头人直接联系培养教师入党积极分子制度
建设一流师资队伍	★ 开展专项培训	▶ 开展教师专项能力提升、专题性培训、国际化交流和培训工作
	★ 打造储备队伍	▶ 实施博士后队伍与专职科研序列一体化建设 ▶ 出台《东南大学关于加强新时代辅导员队伍建设的实施方案(试行)》,加强新时代辅导员队伍内涵建设
培养拔尖创新人才	★ 强化思政教育	▶ 构建"贯通·联通·融通"一体化思政教育教学体系,深化课程思政和思政课程建设 ▶ 推出"至善课堂"和"至善成长"系列改革举措 ▶ 实施"十大育人计划",内融教学、科研、管理、服务各条线,外联著名专家学者、业界精英、杰出校友等,构建多元集成的"思政育人共同体" ▶ 依托书院和生活教育学园,实施"书院导师＋学术导师"特色制度
	★ 培养急需紧缺高层次人才	▶ 深入实施"六卓越一拔尖"计划2.0 ▶ 增设交叉学科新专业6个,双学士学位复合型人才培养项目6个 ▶ 与9家企业在6个关键领域开展高层次人才联合培养

(续表)

建设重点	推进方向	特色举措选列
提升科学研究水平	★加强重大平台建设	▶全面开展全国重点实验室的重组与新建工作，牵头3家与共建3家实验室均顺利通过重组 ▶获批国家集成电路设计自动化技术创新中心、国家建筑绿色低碳技术创新中心（共建）、国家医学攻关产教融合创新平台、教育部影像介入医药基础研究创新中心
	★主动服务国家战略	▶精准谋划、体系布局，在未来通信、集成电路、数字医学等国际重大前沿领域实现原创新突破
传承创新优秀文化	★提升大学精神和文化	▶成功申报梅庵为江苏省爱国主义教育基地、江苏省党史教育基地，与雨花台共建红色文化实践教学基地 ▶利用地质博物馆、亚洲建筑档案中心、钟山书院等文化场馆，营造浓厚学术氛围
	★建设哲学社会科学体系	▶发起"卓越大学智库联盟"，深入探索理工科特色高校智库合作机制，充分发挥中国特色新型智库作用
着力推进成果转化	★构建成果转化平台	▶牵头组建国家集成电路设计自动化技术创新中心，支撑江苏引进近70%的集成电路设计自动化行业龙头企业落户 ▶与华为技术、中国移动等行业领军企业共建国家级创新平台，获批科技部未来网络未来产业科技园
完善内部治理结构	★完善规章制度体系	▶修订完善院（系）党组织会议、院（系）党政联席会议议事规则 ▶出台《东南大学规章制度制定办法（试行）》
	★优化职能组织架构	▶成立机构编制工作领导小组，推进学校内设机构调整、职能配置优化 ▶成立独立设置的学术委员会秘书处，理顺行政权力和学术权力的权责关系 ▶出台《东南大学学部设置方案》，成立医学与生命科学部、交叉学部
构建社会参与机制	★深化校地校企联动	▶成立东南大学长三角碳中和战略发展研究院，服务长三角一体化发展和长江经济带发展 ▶与海南省在智慧海洋国家重大战略领域开展全方位合作 ▶与大型企业签订战略合作协议，形成一大批以国际知名企业为核心的生态圈，构建校企/校地合作战略图谱
	★落实联合培养机制	▶邀请近40家头部科技企业参与本科教学内容和课程体系改革，构建智能建造等新工科专业虚实结合的实验教学课程体系 ▶与行业龙头企业合作，联合制定研究生培养方案，共建课程、教材与案例库体系

(续表)

建设重点	推进方向	特色举措选列
推进国际合作交流	★ 深化国际合作网络	▶ 深入推进"卓越大学(院系)伙伴"计划,与剑桥大学、新加坡国立大学、蒙纳士大学签署合作备忘录 ▶ 与耶鲁大学、帝国理工学院、多伦多大学、慕尼黑工业大学等世界一流大学签署或续签合作协议 ▶ 发起成立碳中和世界大学联盟,举办2022国际"碳中和"大学学术会议

(四)南京航空航天大学

学校围绕高等教育高质量发展的时代主题,紧密结合国家"双一流"建设要求,聚焦全面提高拔尖创新人才自主培养质量、服务国家重大战略需求两条主线,加强和拓展基础学科、交叉学科建设,有效提升整体办学水平,加快推进学校治理体系和治理能力现代化(表2-5)。

表2-5 南京航空航天大学"双一流"建设过程中的推进方向和特色举措选列

建设重点	推进方向	特色举措选列
坚持党的全面领导	★ 优化工作体制机制	▶ 修订完善了《关于贯彻落实党委领导下的校长负责制的实施办法》《党委常务委员会会议议事规则》《校长办公会议事规则》
	★ 深入推进基层党建	▶ 以强基创优工程为牵引,创新开展党建工作"揭榜挂帅"
	★ 加强创新理论学习	▶ 发布《学习宣传贯彻党的二十大精神工作方案》,推进"常委会专题跟学、中心组集体研学、专家授课领学、校院上下联动学、校地校企联合学、成果展示分享学"学习模式
打造一流师资队伍	★ 坚持引培双轮驱动	▶ 实施"五十百千人才工程",培育十名战略科学家预备人选、百强创新团队、千名优秀青年教师和千名专职科研人员 ▶ 推进"领航""长空""牧星"三大人才计划
	★ 优化人才发展机制	▶ 制订出台《关于加强新时代高水平人才队伍建设的实施意见》等23份制度文件 ▶ 综合实施"岗位预聘制"、"学院高聘制"、"6+2"非升即走制度、"绿色通道"直聘制度等多项聘任制度 ▶ 构建A轨与B轨并行、准聘与长聘结合的多元人才发展通道
	★ 营造人才发展生态	▶ 实施校领导联系服务高层次人才制度,建立校长办公会听取人才工作情况专项议题制度,创新落实"百名教师校长助航团"等机制

(续表)

建设重点	推进方向	特色举措选列
培养拔尖创新人才	★ 推进创新团队建设	▶ 遴选出46支"百强创新团队"纳入培养支持体系,培育一批战略科学家和一流科技领军人才,努力建设百支具有较高自主创新能力、能解决重大科技问题的优秀创新团队
	★ 夯实本科培养基础	▶ 制定"南航金课"建设方案,加大课程信息资源建设力度,重点打造了"强国逐梦·大师引航"系列前沿课程、"强国逐梦·总师助航"系列产教融合课程,以及"空天艺海·大师引航"美育课程 ▶ 建设"明理论教课程思政论坛",举办首届全国航空航天类课程思政教学改革论坛等活动 ▶ 建设"航空航宇航制造大数据"等主题创新区77个,实施本研一体、迭代递进的大学生创新实践
	★ 深化研究生教育改革	▶ 制定差异化培养方案78个,开设研究生企业课程46门 ▶ 实施优质教学资源建设行动计划,举办全校首届研究生课程教学创新竞赛 ▶ 建立研究生培养全过程预警分流机制,完善研究生创新成果评价标准 ▶ 实施本博贯通培养计划,推进工程硕博士培养改革专项、卓越工程师培养专项、急需紧缺高层次人才培养专项实施
	★ 强化思想政治教育	▶ 创新性设立"百名学生校长领航团""百名学生校长续航团",建设"一站式"学生教育服务中心,广泛开展"五好"导学团队建设,扎实推进领导干部深入基层联系学生工作 ▶ 持续开展"国防企业面对面"活动、"军工记忆"专项社会实践,开设"青春接力、强国有我"军工大讲堂、信仰公开课等思政工作品牌
提升科学研究水平	★ 持续强化基础研究	▶ 不断加强"从0到1"基础研究,取得一系列重要的创新性研究成果
	★ 加强关键技术攻关	▶ 坚持主动服务国家战略急需和"三航"行业高质量发展需求,相关成果在航空航天重大型号工程中得到应用
	★ 优化科研平台建设	▶ 重组新增国家级创新平台7个
传承创新优秀文化	★ 加强思想主题教育	▶ 开创性推出"校地联建、校院联办、院院联合、院部联学"的"四联"学习形式 ▶ 推出"爱国奋斗·南航担当"系列思政公开课、"文化传承·南航行动"文化大讲堂、"科技报国·南航力量"科技思政公开课
	★ 夯实"三航"特色文化	▶ 制定"十四五"文化建设专项规划,发布《文明集体创建管理办法》《宣传思想阵地管理办法》等规划制度文件 ▶ 打造以"御风园"航空航天教育教学实践基地、航天博物馆、校史馆等为主体的"三航"特色文化场馆

(续表)

建设重点	推进方向	特色举措选列
着力推进成果转化	★ 深化校企战略合作	▶ 按照"学科—行业"的总体布局,与35家龙头骨干企业建立了战略合作关系
	★ 强化校地平台共建	▶ 推进与南京市政府、六合区政府共建南航国际创新港 ▶ 通过开放式、网络化、集聚型的多种形式在江苏、广东等地持续推进6个校地研究院建设
持续深化内部治理	★ 积极推进制度建设	▶ 新制定各类制度187项,修订制度10项,持续完善以章程为核心的现代大学制度体系 ▶ 修订出台《学术委员会章程》,健全以学术委员会为核心的学术管理体系与组织架构
构建多元共建机制	★ 推动校友融入治校	▶ 充分发挥基金会、校友会理事会的协商审议功能,形成校友、社会人士参与学校发展规划和政策制定的常态化工作机制
	★ 推动产学研用深度融合	▶ 共建先进复合材料技术与装备创新联盟、江苏省无人机产业创新联盟等创新合作体、长三角碳纤维及复合材料技术创新中心,建设"智能航空器设计与制造"长江教育创新带合作体
推进国际交流合作	★ 开拓全球合作网络	▶ 建立一级学科国际对标体系,与8所国际知名高校签署战略合作伙伴关系协议 ▶ 新增国际化人才培养协议、国际合作联合实验室协议31份
	★ 打造国际合作平台	▶ 牵头成立"国际直升机教育联盟"、"一带一路"智能无人机国际产教联盟等一批高水平国际合作联盟

(五) 南京理工大学

学校以支撑国家重大战略需求为导向,以"兵器智能+"一流学科体系建设为牵引,落实立德树人根本任务,在拔尖创新人才培养、高素质师资队伍建设、科学研究与社会服务、优秀文化传承创新、国际合作与交流、体制创新与治理能力提升等方面深化改革,扎实推进"双一流"建设(表2-6)。

表2-6 南京理工大学"双一流"建设过程中的推进方向和特色举措选列

建设重点	推进方向	特色举措选列
坚持党的全面领导	★ 保证决策贯彻落实	▶ 实施《南京理工大学党委领导下的校长负责制实施细则》《南京理工大学党委常委会学习制度》《南京理工大学党委理论学习中心组学习规则》,修订《南京理工大学党委常委会议事规则》《南京理工大学校长办公会议事规则》
	★ 推动基层党建增效	▶ 建立"组织体系'三级联建'、党建示范'三级联创'、融合发展'三级联动'"党建工作模式,形成"上下贯通联动,横向协同互动"党建工作格局

(续表)

建设重点	推进方向	特色举措选列
建设一流师资队伍	★全面提升师德素养	▶完善一类奖励体系,设立"泽山育才基金教学奖"
	★精准引育高端人才	▶聚焦"海外优青"等国家引才项目,丰富海外青年学者"紫金论坛"组织模式,实施博士后"志道计划",做大人才"蓄水池" ▶修订出台《南京理工大学"紫金人才"体系实施意见》
培养拔尖创新人才	★强化思想政治教育	▶校党委书记、校长带头讲"开学第一课""毕业生思政课" ▶构建"一贯通三融入"军工文化育人体系,推进以军工文化为精神内核的课程思政与思政课程建设
	★打造"高端化"教学资源	▶组建以国家级教学名师领衔的"耕耘坊""知新坊""勤思坊""至善坊""凝志堂"名师工作室,发挥名师的"传帮带"和示范辐射效应
	★探索"多样化"培养模式	▶完善大类分流制度,着力探索"书院＋学院"制协同发展的教学运行管理机制 ▶推进"鼎新班"建设,实行由院士团队指导、重大项目牵引的本博贯通培养模式,培养引领未来发展的科技创新领军人才 ▶创建"南京理工大学—门捷列夫化工大学"国际创新实验班,首届22名学生整班派出赴俄留学,强强联合培养具有国际视野的高分子材料领域拔尖创新人才
	★加强创新创业教育	▶建设"开放共享—实践创新"的双创平台支撑,丰富"创新引领、创业服务"的"双创"活动内容,强化"政策引领"的"双创"支持体系
提升科学研究水平	★推进科研平台建设	▶联合共建国家级科技创新平台9个,新增省部级平台11个
	★聚焦重大战略需求	▶发挥多学科优势,加快重大装备、前沿颠覆性技术领域布局
传承创新优秀文化	★培育凝练文化品牌	▶编创《献身》《炮工将星孔从洲》等话剧,开展南理工精神大讨论 ▶开展"二月兰和平文化节""军工文化节"等精品活动,持续实施校园文化精品建设工程,打造了独具特色的南理工文化体系
着力推进成果转化	★优化成果转化政策	▶修订出台《南京理工大学促进科技成果转化管理办法》,包含明确转化成果绩效认定、提高成果转化收益奖励等举措
	★完善成果转化工作机制	▶优化科技成果转移转化工作领导小组构成,加强高水平成果的培育产出和市场化运营管理

(续表)

建设重点	推进方向	特色举措选列
完善内部治校体制机制	★ 完善治校体制机制	▶ 印发《南京理工大学领导班子"三重一大"决策制度实施办法》《南京理工大学议事协调机构管理办法》，修订《南京理工大学章程》
完善内部治理结构	★ 提升学术治理水平	▶ 建立以学术委员会为中心、4个专委会为骨干、17个学术分委员会为基础的校院两级学术治理架构，完善学术审议机制和流程
构建社会参与机制	★ 深化政产学研合作	▶ 与中国兵器工业集团共建国家级科研平台，与中国电科共建微电子学院 ▶ 与南京市共建长三角智能制造与装备创新港，与厦门市政府共建厦门数字信息研究院
推进国际交流合作	★ 加强国际联合培养	▶ 与俄罗斯门捷列夫化工大学新建"1+4"本科双学位项目，与英国布里斯托大学新建"3+1"本硕联培项目 ▶ 试点建设"纳米材料与技术国际实验班""电子信息工程国际实验班"，开设全球胜任力培训课程
	★ 深化国际学术交流	▶ 牵头联合20所境外大学成立国际机械系统动力学学会，创办英文国际期刊《国际机械系统动力学学报》 ▶ 整合3个国别区域研究中心成立欧亚研究院

（六）中国矿业大学

学校服务国家战略和行业重大需求，围绕"双碳"目标，按照"强工、厚理、兴文、拓医、育新"的学科布局，以矿业工程、安全科学与工程两个"双一流"学科群为核心，深化工工交叉、理工结合、文工渗透，固本强优拓新，推进转型发展，更加突出培养一流人才、服务国家战略需求、争创世界一流的导向（表2-7）。

表2-7　中国矿业大学"双一流"建设过程中的推进方向和特色举措选列

建设重点	推进方向	特色举措选列
加强党的全面领导	★ 促进党建治校融合	▶ 出台实施基层党建与事业发展一体化年度综合考核实施办法 ▶ 深入实施"对标争先"建设计划，指导督促二级单位党组织做到"五个到位"，基层党支部做到"七个有力"
一流创新人才培养	★ 加强思想政治教育	▶ 开展驻苏9所部属高校爱国主义与革命文化教育思政大课 ▶ 构建"五纵六横"的"动力中国·课程思政"教学体系，创新书院制与社区党工委相结合的学生综合管理模式，成立行健书院

33

(续表)

建设重点	推进方向	特色举措选列
	★完善拔尖创新人才培养	▶加强矿业、安全国际班和智能采矿班建设,新组建"钱七虎班",完善本硕博贯通式创新人才培养模式 ▶筹建未来技术学院,加强多学科交叉融合,打造智慧矿山与安全、深地科学与工程领域科技创新领军人才培养特区
	★深化教育教学改革	▶重构专业课程体系和知识体系,实施混合式、探究式、研讨式、小班化教学方式改革,高标准构建"4+3+X"课程体系
	★融入创新创业教育	▶试点创业学院和创业班改革,构建面向"工业4.0"的双创教育平台 ▶建立"一专业一赛事"的学科竞赛资助体系
一流师资队伍建设	★加强师德师风建设	▶严格落实新聘教师"六把关"措施,创建评选师德师风建设示范学院、示范党支部及优秀教学科研育人团队 ▶大力推进"强化青年教师思政工作,夯实高校立德树人基础"书记开局项目建设
	★优化高层次人才引培	▶实施滚动制的分类分层次高端人才培养计划,采用"大师+团队"的模式,精准引培一流学科领军人才 ▶开展青年教师海外研修力行计划和启航计划,实施青年拔尖人才教学名师培育英才工程
科学研究创新突破	★打造创新平台高地	▶推进"深部岩土力学与地下工程"国家重点实验室和"煤基温室气体减排与资源化利用"江苏省重点实验室的重组 ▶获批"深地工程智能建造与健康运维""煤炭精细勘探与智能开发""智能采矿装备技术"等5个全国重点实验室,"矿区深部零碳负碳技术"教育部工程研究中心等13个省部级科研平台
	★突破重大科技难题	▶围绕煤炭绿色智能开发与清洁低碳利用、矿山重大灾害风险监测预警与精准防控等方向有效对接国家重大项目
	★改革重大项目组织模式	▶探索以平台为核心的科研组织模式,有组织实施平台、人才和项目一体化培育,以任务为牵引组建多学科交叉团队
传承创新优秀文化	★发掘传承矿大精神	▶完成建党100周年献礼工程《中国工业史·煤炭卷》的编纂,出版《中国矿业大学简史》
	★传承弘扬红色文化	▶联合驻苏9所部属高校共建爱国主义与革命文化教育基地
	★丰富充实校园文化	▶推进矿业工程学科史研究,重点打造"镜湖大讲堂"等文化品牌高地,形成具有矿大特色的学科文化体系

(续表)

建设重点	推进方向	特色举措选列
构建社会参与机制	★ 对接地方企业发展需求	▶ 与22家地方政府和企事业单位签订合作协议，深化与大型行业企业的全面合作关系 ▶ 全面推进落实与徐州市的战略合作协议，加大与徐工集团等企业深度融合，助力江苏打造应急、新能源、工程机械3个千亿级产业集群
推进国际交流合作	★ 加强国际合作网络	▶ 加入国际矿业工程教育能力中心全球矿业与矿物资源工程师能力体系建设工作组，深度参与工程师能力体系国际标准制定 ▶ 加入中国—中东欧国家联合会和苏港澳高校合作联盟，成为"碳中和世界大学联盟"创始成员单位

（七）南京邮电大学

学校以"电子科学与技术"世界一流建设学科为核心，以信息与通信工程、集成电路科学与工程和光学工程等三个优势学科为骨干，以网络空间安全、控制科学与工程、数学、物理学和电子信息等五个相关学科专业领域为支撑，全面构建了"一三五"学校"双一流"建设学科布局，奋力担当网络强国、数字中国的历史使命和重大责任，服务电子信息科技与产业自立自强（表2-8）。

表2-8 南京邮电大学"双一流"建设过程中的推进方向和特色举措选列

建设重点	推进方向	特色举措选列
加强党的全面领导	★ 夯实党建组织基础	▶ 开展基层党组织"五聚焦五落实"三年行动计划，推进"强基创优"五年计划
培养拔尖创新人才	★ 完善思政育人体系	▶ 推进红色校史"十个一"建设工程，实施"修身—固本—育心—助航—平安—领雁"铸魂育人六大工程
培养拔尖创新人才	★ 优化信息特色人才培养	▶ 不断优化信息特色专业及课程体系，实施"三层四类+X"本研贯通创新人才培养模式改革 ▶ 构建"学科交叉—贯通培养—多元协同"研究生培养新模式，深入推进"大院名企"研究生联培工程和"一技一企一平台"研究生工作站建设工程
建设一流师资队伍	★ 人才引育聚用并举	▶ 实施人才强校2.0战略，加快推进高层次人才、高层次师资"双高"人才倍增工程 ▶ 出台"海外优青十条政策"，设立美国、欧洲、新加坡等海外引才工作站，建立电子信息领域海内外专家人才库
建设一流师资队伍	★ 优化评价管理制度	▶ 新增社会服务型教师职称系列，单列思政教师职称评审，健全职称评审绿色通道机制，形成"1+3+5"的完整职称文件体系

(续表)

建设重点	推进方向	特色举措选列
提升科学研究水平	★ 锚定前沿精准培育	▶ 聚焦"柔性电子与信息显示""新一代集成电路与通信系统"等方向,深入实施重大标志性成果培育工程
	★ 整合优势科研资源	▶ 深入实施国家级重大科研平台内涵建设工程,有组织地培育关键技术攻关平台,成立空天地海通信技术一体化研究院、碳中和先进技术研究院
传承创新传统文化	★ 弘扬红色文化	▶ 设立专项经费,实施红色校史育人"十个一"工程,融入育才全过程
	★ 浸润传统文化	▶ 构建文化教育传播体系,打造"课程化""立体化""多样化"的"三课堂",开设省内唯一的龙狮舞一流课程
着力推进成果转化	★ 优化成果转化制度	▶ 设立知识产权管理和运营基金,实施"百校千项"高价值专利培育转化行动 ▶ 设立服务社会型职称系列,在职称晋升、岗位聘用上,激励科研人员积极从事科技成果转化工作
	★ 推进转化平台建设	▶ 持续实施"一市一院"校地特色化合作战略、"一技一企"校企协同创新战略和"三大对接"计划 ▶ 新增国家级企业孵化器和工信部集成电路封测领域人才培训基地
	★ 打造高端咨政智库	▶ 实施特色智库建设工程,打造"2+N"智库服务体系,建成江苏省高质量发展评价第三方数据库
完善内部治理结构	★ 提升法治化水平	▶ 成立法制办公室,配备专职工作人员,构建学校法律风险防控体系 ▶ 坚持教授治学,充分发挥学术委员会、学位委员会和教学指导委员会等在办学治校上的关键作用
	★ 加强信息化建设	▶ 全国首家高校实现 EPON 全光网络和双域 5G 专网,搭建"云网端"教育新基建建设体系 ▶ 建成全校数据综合平台,实现 36 个业务系统对接,提供 188 个数据交换接口
构建社会参与机制	★ 深化多元协同培养	▶ 与浦口区政府签订"浦芯精英"研究生定向培养协议,每年单列 50 名研究生专项招生计划 ▶ 与国科大南京学院签订本硕博联培协议,打造高层次拔尖创新人才联培模式
推进国际交流合作	★ 强化国际合作网络	▶ 加强与国际电信联盟(ITU)等国际组织的合作交流,参与"一带一路"国际化人才培养工作,牵头承担起草 ITU 标准 1 项

（八）河海大学

学校对标 2025 年建成以"水"为特色、全面协调发展的高水平研究型大学目标，充分发挥一流学科的辐射带动作用，统筹学校整体建设和一流学科建设，持续开展人才培养模式改革，建设高素质师资队伍，推进高水平科研平台和重大科研设施建设，开展高水平国际合作交流，主动对接服务国家战略需求（表 2‑9）。

表 2‑9　河海大学"双一流"建设过程中的推进方向和特色举措选列

建设重点	推进方向	特色举措选列
建设一流师资队伍	★ 强化师德师风养成	▶ 建立"思想铸魂、价值导向、党建引领、师德为先"四位一体的教师思想政治工作框架 ▶ 健全师德"教育、宣传、考核、监督、激励、惩处"六位一体的师德建设长效机制
	★ 强化青年人才培育	▶ 实施"大禹学者""大禹团队"计划，健全人才传帮带机制，发挥人才孵化效应和创新协同效应 ▶ 设置"青年教授"和"青年副教授"岗位，助力优秀人才脱颖而出
培养拔尖创新人才	★ 健全思政育人体制	▶ 开展思政课教师与专业学院"四结对"工程，实施课程思政建设"五大工程"，主持编制全国水利类专业课程思政教学指南
	★ 推进协同融合育人	▶ 持续健全"2+X"创新创业工作机制，施行校企双导师指导制度，建立高水平实习实训基地
提升科学研究水平	★ 前瞻布局科技平台	▶ 建立我国水利领域唯一的"全国重点实验室＋国家工程研究中心＋国际联合实验室"一体化创新平台 ▶ 建成"上游河源区—中游河湖联通区—下游平原区—河口海岸区"水文野外综合实验观测网络
	★ 优化组建创新团队	▶ 成立五大流域研究中心，推进"学校布点—学院建点—团队驻点"的有组织科研新范式，形成"基础研究—技术研发—成果转化—智库建言"全链条创新集群
	★ 完善科技创新支撑体系	▶ 设立"种子基金"，实施"揭榜挂帅""赛马制"攻关体系，培育优质项目，开展前沿科研攻关
传承创新优秀文化	★ 弘扬特色水文化	▶ 开展张謇水利思想研究，建设张謇文化研究数字资源平台 ▶ 挖掘河海精神脉络，发布水文化主题招生宣传片《星河大海》《润·泽》等 ▶ 加强水文化研究所建设，出版《中国河湖的红色记忆》《中国水利风景区故事·黄河篇》《百年百工》《百年百禹》《长江保护与绿色发展研究系列》等著作

(续表)

建设重点	推进方向	特色举措选列
着力推进成果转化	★创新成果转化组织机制	▶加快国家知识产权试点高校、水利科技成果交易平台建设,打造"重大基础设施安全保障技术"等高价值专利培育中心2个
	★打造科技成果转化高地	▶落实"千校万企"协同创新伙伴行动计划,联合行业龙头单位,围绕项目承接、研发基地设立开展合作
完善内部治理结构	★完善内部管理机制	▶成立校长学生事务助理团,深化学生组织改革,健全学生参与学校决策机制,拓宽民主管理监督渠道 ▶建立学术委员会年度报告制度,强化学术委员会在发展规划、学科建设、学术决策等重大事项中的学术引领作用
构建社会参与机制	★健全合作发展体系	▶聚焦重点领域、重大工程,与大型央企、地方政府、流域机构和水利厅局签署战略合作协议
	★深化协同育人改革	▶建立研究生培养基地网络,实行学情调查制度,提高教学服务质量和学生学习质量 ▶深入开展"访企拓岗"行动,了解行业企业对人才培养的需求
	★完善校友组织网络	▶构建"校友+"多方联动机制,形成"招生—培养—就业—校友"联动模式,聘任校友导师、毕业生校友联络员
推进国际交流合作	★强化国际合作网络	▶发起成立国际水利与环境学科联盟 ▶成立"澜湄江—湄公河学院",打造"澜湄教育命运共同体" ▶成立"巴—中智慧水管理国际研究与培训中心",提高服务"一带一路"沿线国家与相关地区水资源治理的科技能力

(九) 江南大学

学校聚焦重点领域和关键项目突破,根据未来十年发展的战略目标、实施路径和重要指标,推进实施八个"奋进计划"。从学科布局、人才培养、师资队伍建设、科学研究突破、社会参与、内部治理等方面有序推进"双一流"建设工作(表2-10)。

表2-10 江南大学"双一流"建设过程中的推进方向和特色举措选列

建设重点	推进方向	特色举措选列
加强党的全面领导	★持续推进政治监督	▶实施启智润心、明规守纪、清风润廉"三大工程",加强新时代廉洁文化建设
建设一流师资队伍	★夯实人才队伍基础	▶召开全校人才工作会议,推进"学校指导—学院规划—团队谋划"三级联动,强化以才引才、以平台引才、以团队引才模式

(续表)

建设重点	推进方向	特色举措选列
培养拔尖创新人才	★ 全面强化五育并举	▶ 实施课程思政行动计划,加强美育优质教学资源建设,构建"一二三课堂联动"的劳动育人体系,推进五育并举融入人才培养全过程
	★ 完善"双创"教育体系	▶ 加强"双创"与专业教育深度融合,持续完善"课程—讲堂—竞赛—训练—成果孵化"五位一体的创新创业教育体系
	★ 优化贯通培养模式	▶ 依托"国家生命科学与技术人才培养基地",采用本—硕—博连续学业修读方式 ▶ 推动研究生课程面向优秀本科生开放,探索本硕联合培养有效途径
提升科学研究水平	★ 加快高端平台建设	▶ 推动食品科学与技术国家重点实验室和粮食发酵工艺与技术国家工程实验室完成优化重组 ▶ 新增国内首批粮油国际标准研究中心、肠道微生态与慢性疾病医药基础研究创新中心、康养智能化技术教育部工程研究中心等
	★ 持续打造一流智库	▶ 牵头完成科技部《面向2035年的食品专题中长期战略研究报告》《国家"十四五"食品领域科技发展规划战略研究报告》 ▶ 牵头"十四五"国家重点研发计划食品营养与安全专项、全国重点实验室食品制造领域指南的编写 ▶ 与国家卫健委共建食品安全与健康营养智库
传承创新优秀文化	★ 开展文明校园建设	▶ 制定《关于文明校园常态化建设的实施意见》《争创全国文明校园"十大专项"(334)行动计划安排表》
	★ 发挥展馆育人功能	▶ 依托校史馆、食品学科史馆、酒科技馆、设计馆等校内七大文化展馆文化资源,建成全国普通高校中华优秀传统文化传承基地
着力推进成果转化	★ 创新转化体制机制	▶ 实现"技术转移—地方科技载体—新型研发机构—金融赋能"的全方位立体式技术服务模式
	★ 搭建成果转化平台	▶ 建立江南大学知识产权运营中心、江南大学无锡市知识产权研究院,形成了国家、省、校级知识产权平台集群
构建社会参与机制	★ 融入区域产业发展	▶ 共建"国家市场监管技术创新中心(特殊食品)"等6个创新平台 ▶ 校院两级董事会多措并举推进就业实习工作,助力学校"访企拓岗促就业"专项行动
推进国际合作交流	★ 开展中外合作办学	▶ 统筹经费设立"江南大学中外合作办学专项",拓展与世界高水平大学的"3+X""3+1+X"等联合培养项目
	★ 推进区域教育合作	▶ 设立"江南大学校群合作学术专项",牵头"江苏—韩国高校合作联盟"建设,深化中韩教育科技合作

（十）南京林业大学

学校以立德树人为根本，以林业工程一流学科建设为引领，聚焦国家重大战略和区域社会经济发展需求，在拔尖创新人才培养、高素质教师队伍建设、科学研究和社会服务、传承创新优秀文化、国际合作与交流方面稳步推进，持续提升学校支撑国家高水平科技自立自强，以及服务国家生态文明、"双碳"目标、乡村振兴战略的能力（表2-11）。

表2-11 南京林业大学"双一流"建设过程中的推进方向和特色举措选列

建设重点	推进方向	特色举措选列
坚持党的全面领导	★党建推动学校发展	▶制定实施《以高质量党建推进学校事业高质量发展工作方案》，构建实施"目标—路径—保障—考核—运用—反馈"闭环式综合考核运行机制
建设一流师资队伍	★打造一流创新团队	▶在林业工程、林学高峰学科，持续打造院士领衔、一流科学家担纲、青年科学家为主的具有国际影响力的5个高端创新团队
	★构建教师榜样队伍	▶构建三级师德楷模培养体系，持续强化教师为学、为事、为人的示范引领作用
培养拔尖创新人才	★推进思政教育改革	▶推进思政理论课"五在金课"建设，构建"思想引领、知识传授、能力提升"三位一体课程体系
	★夯实本科教育基础	▶面向"四新"专业教育教学需求，聚焦生态文明＋、智能＋、碳中和＋、创新创业＋，部署建设富有校本特色的高水平教材 ▶依托国家级实验教学示范中心、虚拟仿真实验中心和虚拟仿真实验项目等资源，构建"三衔接三协同三贯通"实验实践教学体系
	★建设内部质量控制体系	▶对标《专业质量国家标准》，制定实施《南京林业大学专业建设标准》
	★深化双创教育改革	▶创新"生态＋"人才培养模式，健全"五融三共"大学生创新创业培养体系
	★深化研究生协同培养机制	▶贯通思政育人、课程育人、科研育人、国际联培育人、产教育人五大育人维度，形成"高精尖缺"林科创新人才培养模式
提升科学研究水平	★拓展顶尖科研平台	▶新增"林木遗传育种全国重点实验室"，共建"林木生物质低碳高效利用国家工程研究中心" ▶与中国林科院、江苏省林业局、南京国家农高区等共建"林草碳中和研究院"，设立4个研究中心

(续表)

建设重点	推进方向	特色举措选列
	★ 加强交叉科学研究	▶ 设置"碳中和科学与技术"交叉学科,开展重大基础理论和共性关键技术研究 ▶ 设立"人工智能学院",推动"人工智能+林业"特色学科方向建设 ▶ 设立"智能制造研究院",推动林业装备、木竹加工和家具制造产业转型升级 ▶ 设立"竹业研究院",服务国家竹产业创新发展和云贵川竹产区乡村振兴
深化社会服务和成果转化	★ 优化科技服务平台	▶ 构建"技术转移中心—技术创新战略联盟—产业技术研究院—协同创新中心—企业技术联合创新中心"多元协同科技服务新模式
	★ 深度融入环境建设	▶ 支撑国家公园体系建设、长江经济带生态修复、江苏绿美城乡建设、江苏沿海生态圈建设
传承创新优秀文化	★ 筑基优秀传统文化	▶ 探索与名家、大师、传承人共建工作室等形式,建立集教学、研究、传承等功能于一体的传统文化育人模式
	★ 弘扬学校特色文化	▶ 深化打造梁希文化和水杉文化品牌,新建中国林业史博物馆
完善内部治理结构	★ 优化学院组织布局	▶ 推进学院调整,组建成立林草学院、生命科学学院、人工智能学院、水土保持学院
构建社会参与机制	★ 深化校地校企合作	▶ 与行业头部企业共建创新创业学院、智能制造产业学院和现代林业智能产业学院,与溧水区政府共建白马农业科技创新港
	★ 发挥校友网络作用	▶ 构建校友"智库外脑"和"助学财团"战略资源库,筑牢校友支持办学和助学促学的长期支持机制
	★ 推动多元主体参与	▶ 制定实施《南京林业大学本科人才培养质量毕业生跟踪反馈及社会评价工作实施办法》 ▶ 建立由国内外知名专家及企业家、家长代表等利益相关方组成的人才培养与社会评价主体成员库,实施社会评价主体常态化参与办学质量评价机制
推进国际交流合作	★ 拓展国际合作网络	▶ 与国家林草局共建"国际林业科技培训中心",举办面向"一带一路"和发展中国家的商务部林业科技培训项目研修班 ▶ 牵头成立家具设计与工程国际联盟

(十一)南京信息工程大学

学校对标世界一流大学和一流学科,面向国家重大战略需求、面向行业、面向地方、面向国际,创新拔尖人才培养模式,深化科研体制机制改革,完善与区域和行业的密切合作与资源共享,加大领军人才引培力度,稳步推进一流特色研究型大学建设(表 2-12)。

表 2-12 南京信息工程大学"双一流"建设过程中的推进方向和特色举措选列

建设重点	推进方向	特色举措选列
培养拔尖创新人才	★ 深化多方联合培养	▶ 联合华为、腾讯、京东、奇安信、海康威视、国电南自等行业头部企业共建 6 个实验班 ▶ 与中国科学院大学、中国社会科学院大学开设电子科学与技术、金融工程等 18 个联培班 ▶ 新增数学与应用数学拔尖班、计算机科学与技术(邬江兴实验班)2 个拔尖基地班
	★ 创新教育教学改革	▶ 重构"气象+"交叉课程体系,引入地球系统、信息技术、计算科学等学科知识,建成大气科学一流课程群 ▶ 创新"多元进阶"大气科学拔尖人才培养模式,围绕"思想—知识—能力"三维进阶设计拔尖学生培养方案
	★ 加强"双创"教育	▶ 实施"一院一品牌""6000 工程"等"双创"竞赛计划
建设一流师资队伍	★ 创新多元引才形式	▶ 创新"校长面对面""一站式招聘""国际会议招聘""智荟江北"人才工程等引才形式 ▶ 实施同行专家"举荐制",为有突出成就的专业人才开辟职称"绿色通道"和"快车道"
	★ 完善人才发展评价体系	▶ 落实"多元分类"考核机制,编制"综合贡献积分体系"作为业绩评价标准
提升科学研究水平	★ 创新科研体制机制	▶ 项目管理实施首席专家负责制,赋予学术带头人更大的人财物支配权和学术研究决策权 ▶ 出台服务大项目、大奖项、大平台培育的科技创新提升工程,通过多项特权政策进行重点培育
	★ 建设高端科研平台	▶ 建设气象与水文大气环境交叉研究重大平台
推进国际交流合作	★ 强化国际科研合作	▶ 牵头成立国际气象教育与科学研究协会(IAMES),创建世界气候研究计划(WCRP)——全球极端天气气候平台南京中心(GEP-SU)
	★ 加强中外合作办学	▶ 成立南京信息工程大学沃特福德学院
	★ 落实国际专业培训	▶ 建成世界气象组织"全球校园(中国)",举办国际在线培训项目 38 期

(十二)南京农业大学

学校以强农兴农为己任,按照"强农、拓工、实理、兴文"的学科发展思路,加快推进农科与理、工、文、医科的深度交叉融合。在拔尖创新人才培养、师资队伍建设、科学研究与社会服务、文化传承创新、国际交流合作、内部治理体系改革等方面有序推进建设任务,服务国家战略需求,积极推进农业特色世界一流大学建设(表2-13)。

表2-13 南京农业大学"双一流"建设过程中的推进方向和特色举措选列

建设重点	推进方向	特色举措选列
培养拔尖创新人才	★优化思政育人体系	▶通过理论主课堂、社会大课堂、网络新课堂"三堂融合"立体化教学,构建"一体十系"育人载体"秾华课堂" ▶建设"秾味"思政系列课程,推出"大国三农"教育系列课程 ▶依托中华农业文明博物馆打造农耕教育情景式教学,将耕读教育纳入人才培养方案
	★深化教育教学改革	▶重构农业特色通识教育课程,建立"南农八门课",为农林高校通识教育改革提供"南农方案" ▶实施新农科自然资源与环境生态类系列"101计划" ▶开展"三段"("3+1+X"的本、硕、博三学段)、"三制"(书院制、学分制、导师制)、"三化"(小班化、个性化、国际化)培养模式改革,深入推进本研贯通培养
	★加强双创教育改革	▶构建"创新实验、双创竞赛、成果对接、实践孵化"的"四位一体"创新创业实践体制机制
打造一流师资队伍	★坚持人才引培并举	▶持续加强"钟山学者"引育体系品牌建设,加强钟山青年研究员队伍建设,实施定岗定编、精准引才
推进科技自立自强	★聚力重大平台建设	▶新增自科类国家级科研平台4个、社科类国家级平台1个、部省级科研平台19个 ▶深度参与南繁硅谷建设,持续推进作物表型组学研究重大科技基础设施建设
深化社会服务	★共建协同创新平台	▶牵头成立长江经济带农业人工智能科技创新与人才培养合作联盟、长三角乡村振兴战略研究院(联盟)
传承创新优秀文化	★赓续南农特色文化	▶创作校庆宣传片"耕寻百廿",编修《南京农业大学发展史》《南京农业大学人物志》,编写《图说南农120》简明校史读本
推进国际合作交流	★搭建国际合作平台	▶牵头"一带一路"科技创新院10个,成立国际联合实验室2个,重点建设"中肯作物分子生物一带一路联合实验室"等国际合作平台
	★拓展国际合作网络	▶实施"大豆南下计划",加速老挝国大豆产业发展 ▶与世界粮食计划署、国际马铃薯中心亚太中心正式建立合作伙伴关系 ▶与联合国粮农组织合作开发线上课程《了解农村贫困》 ▶发起成立中国—中东欧国家高校联合会农业与生命科学合作共同体

(续表)

建设重点	推进方向	特色举措选列
推动学科交叉融合	★ 搭建交叉研究平台	▶ 成立前沿交叉研究院，着力培育新的学科生长点 ▶ 围绕农业领域智能化、智造化、数字化等方向，打造"AI＋Agriculture 校企创智联合实验室"
	★ 创新交叉学科管理方式	▶ 设立"前沿交叉创新孵化基金"，研究制定《关于推进学科交叉融合的指导意见》

（十三）南京医科大学

学校立足高等医学教育、卫生健康事业两大领域，主动融入服务国家战略和区域经济社会发展，在人才培养、科学研究、师资建设、社会服务、文化传承创新、国际交流合作方面稳步推进，探索构建高质量教育体系，持续推进教育教学综合改革，提高人才自主培养质量（表 2-14）。

表 2-14　南京医科大学"双一流"建设过程中的推进方向和特色举措选列

建设重点	推进方向	特色举措选列
加强党的全面领导	★ 优化工作体制机制	▶ 建立健全"素质培养、知事识人、选拔任用、从严管理、正向激励"干部工作机制，构建"三训两结合"干部培训体系
培养拔尖创新人才	★ 创新人才培养模式	▶ 成立天元书院，探索实践"本硕博一体化"拔尖创新医学人才培养新路径（天元卓越班、天元创新班） ▶ 实施"优秀博士生拔尖创新能力培养计划" ▶ 设立智能医学工程、医疗保险等新兴交叉医学专业，大力培养全科、儿科、精神卫生等国家急需专业人才和康复、养老护理等医养融合型人才
建设一流师资队伍	★ 优化人才引培策略	▶ 实施"天元师资博士后培育计划"，完善"博士—博士后—青年师资"长效培养机制，加强青年拔尖人才培养与储备 ▶ 在人才激励计划中增设天元首席教授和天元青年拔尖人才计划，打通"高端领军人才、领军后备人才、青年拔尖人才"的人才培养全链条
加强科技原始创新	★ 布局科研平台	▶ 实施校级科研平台培育计划，在脑科学研究、医工交叉研究等领域进行精心培育 ▶ 牵头组建"生殖医学与子代健康全国重点实验室" ▶ 与以岭药业、山东大学合作建设"络病理论创新转化"全国重点实验室 ▶ 新建"国家医学攻关产教融合疫苗研发创新平台"
	★ 设立研究专项	▶ 设立"高层次人才拔尖专项"和"青年创新人才启航专项"，加强基础学科人才培养能力 ▶ 设立"融合创新学科团队建设专项"和"创新疫苗研发与转化专项"，促进学科交叉融合和应用转化研究

(续表)

建设重点	推进方向	特色举措选列
传承创新优秀文化	★医学文化融入育人过程	▶完善"医艺融合"的课程体系，建成《新时代医学生劳动教育与实践》等课程资源20套 ▶传承红医精神，用活红医资源，创立《南医史话》《四史专题课》《新时代医学院校特色思政案例》等特色品牌课程
服务经济社会发展	★推动校地深度合作	▶新建姑苏学院、常州医学中心、泰州临床医学院、无锡医学中心，实现苏锡常泰医学教育与卫生健康联动发展 ▶建立"高校—附属医院—卫生行政部门"联通联动的智库合作网络，打造医管融合、专兼结合的智库人才队伍
提升内部治理效能	★完善制度体系建设	▶推动科研院改革，优化科研管理模式和人员组织方式，推进"医学+X"学科交叉融合，开展有组织的科研 ▶建立师生诉求闭环管理模式，搭建师生诉求平台，构建一站式服务体系
加强对外开放合作	★拓展国际合作网络	▶加入南亚东南亚医学教育与医疗服务联盟、苏港澳大学联盟，与俄罗斯远东国立医科大学、巴基斯坦利雅卡特大学、白俄罗斯国立医科大学等高校开展全方位合作 ▶与61所国(境)外知名大学签署合作协议
	★加强国际对话交流	▶召开全球卫生发展合作论坛、钟山胸部肿瘤国际论坛、南京医科大学—白俄罗斯国立医科大学口腔医学学术论坛
	★搭建国际合作平台	▶组建国家级中外合作科研平台心血管病国际合作联合实验室，成立南京医科大学—英国曼彻斯特大学心脑血管和代谢性疾病联合实验室

（十四）南京中医药大学

坚持立德树人根本任务，锚定世界一流中医药大学建设目标，突出培养一流人才、服务国家战略需求的导向，在中医药拔尖创新人才培养模式改革、国家急需高层次人才培养体系构建、优势特色领域的基础研究和关键技术突破、服务中医药传承创新发展战略和区域经济发展等方面实现阶段性建设目标，有力带动了学校综合实力和办学水平的提升，为江苏中医药行业高质量发展走在全国前列提供了强有力的人才和科技支撑(表2-15)。

表2-15　南京中医药大学"双一流"建设过程中的推进方向和特色举措选列

建设重点	推进方向	特色举措选列
加强党的全面领导	★优化组织领导机制	▶实施校本"新时代党建示范创建和质量创优"工程，推进基层党建"书记项目"

(续表)

建设重点	推进方向	特色举措选列
建设一流师资队伍	★优化人才评价机制	▶ 出台《南京中医药大学教师专业技术资格条件》《南京中医药大学教师专业技术资格条件补充规定》,设置"教学为主型""教学科研并重型""科研为主型""青年拔尖型"和"临床为主型"多种专业技术职务
	★健全教师发展支持体系	▶ 实施"中青年教师事业发展'双百'计划",遴选优秀中青年教师作为名老中医药专家学术继承人
培养拔尖创新人才	★创新人才培养模式	▶ 深入推进中医学九年制、"5+3"一体化拔尖创新人才培养改革试点,探索"三制三化"培养模式 ▶ 完善中药学"4+5"本博贯通培养模式 ▶ 探索中西医临床医学"5+4"本博贯通培养模式,设立"灵素书院",编撰《中西医结合内科学》等融合创新教材,开发"中西医结合系统科学思路与方法"等融合创新课程
	★促进复合人才培养	▶ 自设"中医药人工智能"交叉学科,制定硕士人才培养方案 ▶ 设置"中医药养老服务与管理"交叉学科,构建养老服务与管理人才培养体系 ▶ "人文医学"交叉学科制定中医文化学、科学技术史、汉语国际教育等多学科融合的硕博人才培养方案
提升科学研究水平	★组建高水平科研平台	▶ 与附属康缘药业共同重组"中药制药过程控制与智能制造技术"全国重点实验室 ▶ 创建中药活性成分的制备体系
传承创新优秀文化	★打造中医药文化基地	▶ 成立全国高校首个习近平中医药重要论述研究中心
着力推进成果转化	★推动新型智库建设	▶ 组建江苏省科协创新智库基地、江苏中医药传承创新发展研究基地
完善内部治理结构	★深化评价体系改革	▶ 出台《南京中医药大学深化新时代教育评价改革实施方案》,优化学科评价、教育教学评价、科研评价、教师评教、学生评价的标准和方法
推进国际合作交流	★突破中外合作办学	▶ 共建瑞士中医药大学,成为欧洲第一所具备学士、硕士、博士学位授予权的独立中医药大学
	★拓展国际合作网络	▶ 中医与再生医学孔子学院牵头成立全球中医孔子学院联盟 ▶ 与瑞士弗里堡大学、意大利罗马大学、英国牛津大学等在人才培养、科研合作、医疗服务、文化交流等多领域达成合作
	★加强国际合作研究	▶ 建设"中医药与再生医学"(与爱尔兰高威大学共建)、"动物类中药与功能肽"(与英国女王大学共建)2个国际联合实验室 ▶ 制定2项WHO传统医学临床诊疗和教育培训标准、技术方案,牵头立项"蜂胶提取物规范"ISO标准

(十五)中国药科大学

学校践行"培育药界精英,研发普惠良药,贡献幸福生活"的使命,自主培养拔尖创新人才,构建重大科研平台,建设科研创新团队,产出高质量科研成果,促进校地校企深度协同,助力行业发展和乡村振兴,扎实推进药学特色世界一流研究型大学建设新进程,为健康中国建设贡献药大力量、药大智慧和药大方案(表2-16)。

表2-16 中国药科大学"双一流"建设过程中的推进方向和特色举措选列

建设重点	推进方向	特色举措选列
坚持党的全面领导	★强化基层党建	▶出台《加强和改进基层党组织建设的若干意见》,将党支部延伸至专业学科平台、实习基地和学生社区
培养拔尖创新人才	★加强思想政治教育	▶成立中国药科大学课程思政教学研究中心,打造"课程思政三分钟""国旗下的公开课"等品牌 ▶组建四校思政联盟,与侵华日军南京大屠杀遇难同胞纪念馆等共建思政教育基地
	★优化双创教育体系	▶实施"创新创业教育中心2.0"建设计划,培养新时代大学生"敢闯会创"的综合素质能力 ▶打造"药大创坞"省级大学生创新创业实践教育中心,培育孵化高水平大学生创新创业成果
	★引领药学教育发展	▶牵头研制《药学类专业课程思政教学指南》,牵头修订《全国药学类本科专业认证工作程序(2022年版)》 ▶起草《药学博士专业学位基本要求》《药学博士专业学位授权点基本条件》《药学专业学位论文基本要求》 ▶编制《药学学科发展报告》,修订《药学一级学科学位授权审核申请基本条件》
打造一流师资队伍	★持续人才引育改革	▶出台涵盖职称评价体系、人才荣誉奖励体系、人才服务体系等"新时代药大人才十条"改革工作方案,搭建"兴药学者"高层次人才梯队
	★完善人才评价标准	▶出台《共识期刊目录》《教师代表课评价方案》,突出教育教学一线工作实绩,将智库服务纳入评价范围
完善科技创新生态	★制定精准助推政策	▶实施新药研发激励政策,设立"新药资助基金",实施创新药物品种培育计划
深度服务社会发展	★推动区域产业发展	▶深化"企业驻校"协同创新实践模式,共建校企联合实验室71个,链接企业产品开发及产业化体系 ▶与重庆市共建创新研究院,与南京江宁高新区共建原创药物技术创新研究院

(续表)

建设重点	推进方向	特色举措选列
	★ 助力乡村振兴	▶ 组建成立中国药科大学"秦巴中药材研究中心""乡村振兴产业研究中心"等科技平台
传承优秀传统文化	★ 打造特色药学文化	▶ 推出传承中医药文化实施方案,开展"本草品读""本草向美""本草喻廉""本草润心""本草践行"系列传承弘扬中医药文化项目 ▶ 建立"中华中医药学会科普基地""中国药科大学科学家精神教育基地"
加强国际交流合作	★ 强化国际联合培养	▶ 建立"留学生产教融合教育中心",与国内知名药企开展国际化人才培养、国际学生实训实习、服务科技创新
	★ 拓展国际合作网络	▶ 举办中日韩创新药物发展与合作研讨会、江苏—英国公共卫生与健康论坛、"一带一路·中蒙药学发展论坛"、"一带一路"药学国际产学研用合作论坛

(十六)南京师范大学

学校落实立德树人根本任务,围绕国家重大战略和地方经济社会发展需求,在推进党建、人才培养、师资队伍、科学研究、文化传承等方面积极开展南师探索,持续推进教育综合改革,切实加强内涵式建设,在推进中国式现代化江苏新实践中做出贡献(表2–17)。

表2–17 南京师范大学"双一流"建设过程中的推进方向和特色举措选列

建设重点	推进方向	特色举措选列
加强党的建设工作	★ 抓好基层组织建设	▶ 开展基层党组织"双强双创"建设和教师党支部书记"双带头人"工程,推动党的建设与学校事业发展深度融合
培养拔尖创新人才	★ 优化思政育人体系	▶ 建设校级课程思政示范课程百余门,探索"多维度、多媒介、多要素"立体化思想政治教育新模式
	★ 聚焦师范教育主业	▶ 实施卓越教师培育计划,扩大师范生培养规模和比例 ▶ 开展"物技专业(物理学+技术教育)"和"史政专业(历史学+思想政治教育)"复合型本硕贯通培养高中教师,探索卓越中学教师培养的"南师模式" ▶ 通过"农村教育硕士计划"专项,为偏远和相对落后地区输送大量优质师资
	★ 深化培养模式改革	▶ 探索本科生院、新生学院、书院、拔尖基地等"三院一地"模式改革 ▶ 成立未来书院、三江书院、贻芳书院、圭璋书院、懋仪书院、旭旦书院、邦杰书院7所书院

(续表)

建设重点	推进方向	特色举措选列
建设一流师资队伍	★加强师德师风建设	▶ 设立和调整"高尚师德奖教金""弘爱精英教师奖""教书育人奖"等,创新师德教育方式,弘扬师德典型
	★优化人才引培工作	▶ 召开人才工作大会,建立人才引育工作月度专题会制度 ▶ 实施"中青年领军人才"计划和"鱼跃学者""随园学者"项目等,支持教师成长
提升科学研究水平	★优化科研创新激励	▶ 出台《南京师范大学人文社会科学重大项目管理办法》等系列政策文件,扶持和推进文理科科研创新,推动开展前瞻性、战略性和系统性研究
	★培育高端科研平台	▶ 建设"大规模复杂系统数值模拟"教育部重点实验室 ▶ 联合中国卫生信息与健康医疗大数据学会和鼓楼医院共建南京师范大学国家健康医疗大数据研究院 ▶ 面向教育强国战略,组建中国教育改革发展研究院 ▶ 设立俄罗斯、欧洲、东亚等5个区域和国别研究中心
传承创新优秀文化	★传承红色文化	▶ 依托马克思主义理论、政治学、新闻传播学、历史学等学科协同开展党史文献整理与研究工作,成立"中国共产党革命精神与红色文化研究"研究团队
	★挖掘校史文化	▶ 就学校历史上传统优势学科的发展历史和名人名家开展系列研究,举办"百侣三江 毓秀金陵"近现代教育文献展
	★弘扬传统文化	▶ 出版被称为"中国古代礼仪制度百科全书"的《五礼通考》点校本,传承中华礼乐文明 ▶ 参与"江苏文脉整理研究与传播工程"
服务经济社会发展	★建强新型智库	▶ 中国法治现代化研究院编制的《法治现代化蓝皮书》得到中央领导肯定 ▶ "江苏人才发展战略研究院"赋能中国式现代化建设 ▶ 立德树人协同创新中心、江苏省地理信息资源开发与利用协同创新中心等继续在教育公平、社会治理、法治建设等领域发挥咨政建言功能
	★服务地方教育发展	▶ 与盐城市人民政府、星河控股集团、南京市浦口区人民政府、南京地铁集团、江阴市新桥镇人民政府等政府和知名企业签署联合办学协议 ▶ 成立基础教育高品质发展研究院,与无锡市滨湖区人民政府共同打造"南京师范大学教育改革创新试验区",与南京市栖霞区人民政府共建"国家级基础教育高品质发展示范区" ▶ 参与教育部师范教育协同提质计划,重点开展对中西部师范院校的提质发展工作

(续表)

建设重点	推进方向	特色举措选列
推进国际交流合作	★加强校地校企合作	▶与江苏省委宣传部共建马克思主义学院、新闻与传播学院 ▶与中国社会科学院大学、中国人民解放军军事科学院、南京市鼓楼医院等签订战略合作协议 ▶与盐城市人民政府签署战略合作协议,共建海洋经济技术研究院 ▶与省高级人民法院开展战略合作,建立专家咨询制度、法治数据共享机制、司法案例研究平台
	★加强国际合作联络	▶成立苏港澳高校合作联盟第一个专业子联盟——教师教育专业联盟,并主办首届苏港澳教师教育学术论坛 ▶与马来西亚理科大学合办国际期刊 Journal of Asia Geography
	★共建国际合作平台	▶与约克大学和香港理工大学共建江苏省"大数据建模、计算与应用"国际联合实验室

第二节　江苏高水平大学建设高峰计划

2022年,18所江苏高水平大学建设高峰计划建设高校肩负"争当表率、争做示范、走在前列"光荣使命,进一步聚焦内涵建设、突出打造高峰、注重彰显特色、主动服务大局,为培养国家和区域高层次创新人才、实现高水平科技自立自强、支撑产业经济高质量发展贡献力量。

一、总体情况

江苏高水平大学建设高峰计划(以下简称"高峰计划")是推动省属高校加快实现内涵式发展,提高人才培养质量,增强服务国家重大战略需求和江苏经济社会发展能力的重要举措。"高峰计划"按照突出重点、扶优扶强扶特的思路实行分类建设,引导省属高校科学定位、明确目标、巩固优势、彰显特色,推动其在不同层次、不同方面争创一流、特色发展。

根据高校当前发展阶段和目标定位,"高峰计划"共遴选出18所省属高校作为建设高校,分为A类和B类。其中,A类建设高校包括苏州大学、南京工业大学、南京邮电大学、南京林业大学、江苏大学、南京信息工程大学、南京医科大学、南京中医药大学、南京师范大学、扬州大学10所高校(图2-2)。江苏高水平大学建设高峰计划B类建设高校包括江苏科技大学、常州大学、南通大学、徐州医科大学、江苏师范大学、南京财经大学、南京艺术学院、南京审计大学 8 所高校。

"高峰计划"A类建设高校

★ 苏州大学
★ 南京工业大学
★ 南京邮电大学
★ 南京林业大学
★ 江苏大学
★ 南京信息工程大学
★ 南京医科大学
★ 南京中医药大学
★ 南京师范大学
★ 扬州大学

"高峰计划"B类建设高校

◇ 江苏科技大学
◇ 常州大学
◇ 南通大学
◇ 徐州医科大学
◇ 江苏师范大学
◇ 南京财经大学
◇ 南京艺术学院
◇ 南京审计大学

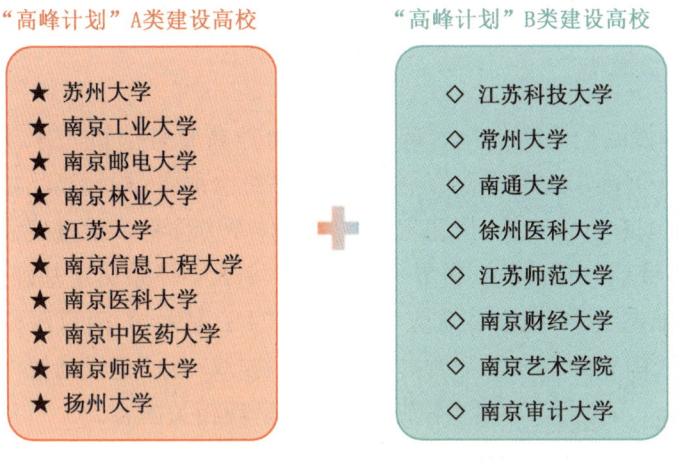

图 2-2　江苏高水平大学建设高峰计划类建设高校情况

根据各校提交的《江苏高水平大学建设高峰计划中期检查自评报告》，自 2021 年"高峰计划"实施以来至 2022 年底，各校建设整体进展符合预期，共计 396 个重点建设项目实施得当，各项指标平均完成率达 74.7%，取得明显成效。

在拔尖创新人才培养方面，坚持立德树人根本任务，加快推进人才培养模式改革，深入推动产教融合、科教融汇。建设高校获批国家级一流本科专业建设点 472 个、国家一流本科课程 437 门、首批现代产业学院 7 个，在第七、第八届中国国际"互联网＋"大学生创新创业大赛中，建设高校学生共荣获金奖 42 项（占全省 54.5%）。

在师资队伍建设方面，聚焦关键领域，加大海内外高层次人才引进力度，优化人才引进成长机制，打造国内一流的人才集聚高地。建设高校合计新增国家级高层次人才 200 余人、全国高校黄大年式教师团队 10 个、国家自然科学基金创新研究群体 3 个。

在高水平科研创新方面，加强基础研究和"卡脖子"关键技术攻关，支撑科技创新走在前列。建设高校共获批国家自然科学基金、社会科学基金重大及重点项目近 200 项，累计在顶级期刊 Nature、Science、Cell、《中国社会科学》上发表论文 27 篇。

在服务区域经济社会发展方面，坚持扎根江苏大地，发挥学科优势特色，支撑科技强省、制造强省和文化强省建设。建设高校共承担企事业单位委托课题 2 万余项,技术合同成交额超 94 亿元;相关咨询报告获国家领导人批示 19 项,省部级领导批示 205 项。

二、建设举措

18 所建设高校不断优化管理机制,在培养高质量创新人才、培育高素质师资队伍、开展高层次科学研究、提供高水平社会服务、构筑高品位优秀文化、推动高品质国际合作交流、构建现代化治理体系方面稳步推进建设任务,为构建具有江苏特点、中国特色、世界一流的高水平大学体系奠定基础。由于苏州大学、南京邮电大学、南京林业大学、南京信息工程大学、南京医科大学、南京中医药大学、南京师范大学 7 所高校同时也是"双一流"建设高校,各校的建设举措已于前一节进行了阐述,本节不再重复呈现相关内容。

(一)"高峰计划"建设 A 类高校

1. 南京工业大学

学校以"特色鲜明、国内一流、国际知名创业型大学"为目标,坚持党的全面领导,积极推进"六高一化"重点建设项目,通过整合优势资源在人才培养、队伍建设、科技创新、社会服务、国际合作交流等方面取得一系列重要进展和建设成效,形成推动高水平大学建设的持久驱动力,对江苏创新型省份建设、行业转型升级发挥了重要作用(表 2-18)。

表 2-18 南京工业大学"高峰计划"建设过程中的推进方向和特色举措选列

建设重点	推进方向	特色举措选列
培养高质量创新人才	◆ 培养急需紧缺人才	▶ 持续推进应急管理学院建设,新增 5 个应急管理领域新专业,完成江苏省重点应急管理学院 2022 年度报告撰写
	◆ 拔尖创新人才贯通培养	▶ "2011 学院"创新管理体制机制,实行全员书院制、全程导师制,设立常任导师、学业导师、专业导师、学长导师、书院导师 ▶ 出台《南京工业大学本科课程负责人选聘与管理办法(试行)》,以队伍建设引领公共基础课程、专业核心课程高质量发展
	◆ 升级"新工科"专业建设	▶ 新增机器人工程、柔性电子学、应急技术与管理等社会急需与新工科专业 10 个 ▶ 建设"低碳建筑智能化""工业智能"等智能化、绿色化微专业 6 个
	◆ 改革工科专业学位培养模式	▶ 实施研究生综合改革"163"计划,全面推动专业学位研究生培养模式与质量保障体系建设

（续表）

建设重点	推进方向	特色举措选列
建设高素质师资队伍	◆ 培育学科领军人才	▶ 完善高层次人才"筑峰计划"，出台《关于加强材料化学工程国家重点实验室人才特区建设的若干政策》，培育"帅才型"战略科学家
	◆ 延揽优秀青年人才	▶ 实施青年才俊拓原工程，出台《南京工业大学青年才俊拓原工程实施办法》 ▶ 成立青年教师协会，为青年人才培育搭建交流平台
	◆ 打造创业型师资队伍	▶ 完善《南京工业大学创业型师资队伍建设计划》，引导教师着眼世界学术前沿和国家重大需求
	◆ 深化教师评价改革	▶ 设立教学为主型、教学科研型、科研为主型、社会服务型等多种类型的教师分类评价标准 ▶ 针对特聘教授、兼职教授、柔性引才、双聘双挂等机制，建立多元分类评价制度
开展高层次科学研究	◆ 开展关键技术攻关	▶ 在碳中和、化工本质安全、化学品绿色制造、高性能JY关键材料等方面开展核心科技攻关
	◆ 优化高端科研平台	▶ 与南京江北新区共建江北创新中心，与国家实验室苏州实验室深度合作
提供高水平社会服务	◆ 服务行业转型发展	▶ 开展服务江苏化工转型发展行动2.0版，精准对接下游需求，改进工艺技术与装备，构建绿色高端化工产业链 ▶ 形成《江苏构建自主可控、绿色高端化工产业体系研究》等系列研究报告 ▶ 建设江苏省化工本质安全研究院、江苏省未来膜技术创新中心、江苏省高性能膜材料创新中心、衢州膜材料创新研究院等平台
	◆ 打造特色高端智库	▶ 建设南工大长三角区域应急治理与政策研究院，承担全省化工产业安全环保整治提升工作
建设高品位优秀文化	◆ 加强榜样精神引领	▶ 组建时钧精神研究团队，编印《大先生时钧》等读本，面向研究生开设时钧精神选修课，将学习传承时钧精神列入新生入学教育、新教师入职培训重要内容
推动高品质国际合作	◆ 拓展国际合作网络	▶ 加入中国—印尼、中国—东盟等产学研合作联盟，共建"一带一路"产业研究院和化工与建筑行业中外人文交流研究院 ▶ 参与建设中江国际集团中国—阿联酋产能示范园、中国—南非产业园 ▶ 与埃及国家研究中心、葡萄牙阿威罗大学、伊朗伊斯法罕理工大学开展环境技术转移中心建设
	◆ 开展国际专业培训	▶ 开拓海外校企联合培养项目，承接南非科技部、卫生部、储备银行、华为南非、中行约堡分行等培训项目

(续表)

建设重点	推进方向	特色举措选列
构建现代化治理体系	◆ 坚持党建引领学校发展	▶ 构建"6521"示范高校培育创建体系,实施三级党组织"强基创优"计划 ▶ 实施党员"先锋指数"测评,开展"党建＋""双十双百"行动,成立基层党组织组织力研究中心
	◆ 推进学科建设一体化	▶ 对学科内涵相近的学院进行横向融通,整合各学科群的科研方向布局,建设跨学科创新团队,初步建成化工、材料、生工、土木、安全、机械、新文科、基础学科生态群等8个校级学科生态群,构建扁平化管理体系
	◆ 深化基础设施智慧升级	▶ 构建"1+1+1+6"校园安全防控体系,初步建成集实验室安全管理、消防联网集成、交通安全管理、隐患排查整改、人员轨迹追踪、应急处突救援为一体的安全管理系统

2. 江苏大学

学校以立德树人为根本,以强农兴农为己任,紧紧围绕国家发展战略和江苏经济社会发展重大需求,着力推动党建和事业发展深度融合,在学科专业建设、人才培养、师资队伍、科研创新、社会服务与贡献、文化建设、国际合作与交流、加强自主治理能力等方面取得阶段性进展,在服务教育强国、科技强国、人才强国、农业强国建设中贡献江大力量(表2-19)。

表2-19　江苏大学"高峰计划"建设过程中的推进方向和特色举措选列

建设重点	推进方向	特色举措选列
培养高质量创新人才	◆ 培养高端涉农人才	▶ 构建以现代农业装备人才培养为核心的涉农工科专业集群,设立新农科"高良润"实验班,建设农机装备虚仿实验室
	◆ 打造优质教学资源	▶ 建立课程思政集体教研制度,积极开展课程思政专项教研活动 ▶ 开展课程思政教学名师、教学团队遴选和课程思政示范项目培育建设工作
	◆ 创新人才培养模式	▶ 推进"三制""三化"拔尖创新人才培养模式改革 ▶ 深入实施卓越工程师教育培养计划2.0和产科教融合协同育人计划 ▶ 开设"金山英才班""卓越工程师班""吴仲华班""高良润班"等拔尖人才实验班
建设高素质师资队伍	◆ 优化师资队伍结构	▶ 持续实施"院士慧聚工程""金山学者计划""青年英才培育工程" ▶ 推进师资队伍国际化"四百计划"

(续表)

建设重点	推进方向	特色举措选列
开展高层次科学研究	◆ 加强重大平台建设	▶ 与农业农村部共建水肥药一体化智能装备重点实验室、植保工程重点实验室、国家数字农业装备(人工智能和农业机器人)创新分中心 ▶ 建设智能农机装备理论与技术重点实验室、植保工程重点实验室
	◆ 培育重大成果	▶ 优化分阶段政策扶持及奖励,建立重大科技项目与成果的联动及培育机制
提供高水平社会服务	◆ 加强校地校企合作	▶ 与丹徒区、京口区、新区管委会、句容市、宜兴市等共建产业研究院5个
	◆ 培育运营高价值专利	▶ 开展专利分级管理、专利申请前评估工作,全面取消专利资助并设立高价值专利培育项目
	◆ 建设高端智库	▶ 创建农机装备产业发展研究院,联合新时代"三农"问题研究中心共同打造农业装备产业发展高端智库
建设高品位优秀文化	◆ 浸润农机特色文化	▶ 建立耕读教育实践基地17个,组建涉农类社会实践小分队 ▶ 建成运营中国农机文化展示馆,开展科普教育
	◆ 打造校园文化品牌	▶ 精品化实施"一院一品"文化建设项目,建设特色鲜明、亮点突出、成效显著的学院文化
推动高品质国际合作	◆ 加强人才国际联合培养	▶ 实施"一院一项目"工程,新增11个中外学分互认联合培养双学位项目并启动4个专业的"国际班"建设
	◆ 拓展国际科研合作	▶ 建设"智能农业与农产品加工国际合作联合实验室""材料微结构精准构筑国际合作联合实验室""可再生能源与碳中和国际联合实验室" ▶ 与联合国工业发展组织农业司、联合国可持续农业机械化中心等共建"农业装备国际(产能)合作联盟智库" ▶ 成为世界粮食开发计划署知识分享平台首批技术合作伙伴
构建现代化治理体系	◆ 探索评价机制改革	▶ 探索形成突出价值、能力、贡献的教职工评价、学生评价,以及学术评价体系
	◆ 优化学科建设布局	▶ 构建一流学科创建引领、优势学科高原拱卫、所有学科共同繁荣的学科生态体系

3. 扬州大学

学校聚焦高水平研究型大学建设目标,重点围绕"十九大工程""四大体系",在加强党建、学科建设、人才培养、师资队伍建设、科技创新、社会服务等方面不断推进改革创新,取得突破性进展和标志性成果,为谱写"强富美高"新江苏现代化建设做出扬大贡献(表2-20)。

表 2-20　扬州大学"高峰计划"建设过程中的推进方向和特色举措选列

建设重点	推进方向	特色举措选列
培养高质量创新人才	◆加强思想政治教育	▶启动实施研究生思想政治工作精品项目提优计划
	◆优化人才培养模式	▶稳步推进研究生教育十大行动计划 ▶实施《本科教学卓越框架2.0》，专业优化升级，开设"人工智能卓越班""生命科学强基班""外语英才班"等6个创新创业实验班 ▶对接地方和企业，联合开展"订单式"培养，开设了"张家港班""常熟班""昆山班"
	◆完善双创教育体系	▶构建和完善"三联三融、四位一体"地方综合性大学创新创业教育体系
打造高素质师资队伍	◆完善人才引培模式	▶实施高端人才集聚工程和"学术大师＋创新团队"引培模式，优化人才引培管用留制度体系
	◆关注教师发展成长	▶持续推进青年人才强基计划，实施青年人才初心、精心、匠心、暖心四大行动
开展高层次科学研究	◆建设高端科研平台	▶实施创新平台打造工程，参与共建生物育种钟山实验室 ▶建成江苏省作物种质资源库(农作物) ▶联合申报"省部共建食源性生物危害防控"国家重点实验室、"生物适应驯化与作物生产安全"全国重点实验室
	◆强化有组织的科研	▶持续实施重大科研项目攀升计划，安排专项经费培育重大科研项目，创新"五双"工作法 ▶组织实施一批"原始创新能力提升""关键核心技术创新"专项项目
提供高水平社会服务	◆服务乡村全面振兴	▶出台《扬州大学深入服务乡村振兴战略行动方案(2022—2026年)》，深入实施"六大行动" ▶建设乡村振兴战略研究院、乡村振兴协同创新中心和乡村振兴培训学院等服务平台
建设高品位优秀文化	◆加强地方文化研究	▶实施一批扬州文脉整理与研究重点项目，共建扬州非遗传承产学研基地 ▶推出《人文传承与区域社会发展研究丛书》《淮扬文化研究文库》《扬泰文库》《扬州通史》等系列成果 ▶加强张謇精神研究与弘扬，成立张謇研究院
推动高品质国际合作	◆加强国际科研合作	▶加入中国—巴西两国战略合作计划，参与BINGO射电望远镜项目 ▶新增省部级国际科研合作平台9个
	◆拓展国际合作网络	▶制发《关于邀请发起成立世界运河城市大学合作机制的函》，积极推进世界运河城市大学联盟创建

(续表)

建设重点	推进方向	特色举措选列
构建现代化治理体系	◆ 优化学科建设布局	▶ 制定《一流学科创建重点工作实施方案》,重点打造兽医学等优势学科 ▶ 出台《关于推进学科交叉融合的指导意见》等系列文件,成立校学术委员会学科交叉专委会,主动布局新兴交叉学科

(二)"高峰计划"建设B类高校

江苏高水平大学建设高峰计划B类建设高校包括江苏科技大学、常州大学、南通大学、徐州医科大学、江苏师范大学、南京财经大学、南京艺术学院、南京审计大学8所高校。

1. 江苏科技大学

学校以建成"船舶、海洋、蚕桑"为特色的江苏高水平大学为奋斗目标,围绕提高人才培养质量和服务国家重大需求两条主线,在高质量人才培养、高素质师资队伍、高层次科学研究、高水平社会服务、高品位优秀文化、高品质国际交流、构建现代化治理体系等方面稳步推进,强化科教产教融合,主动服务行业与区域经济社会(表2-21)。

表2-21 江苏科技大学"高峰计划"建设过程中的推进方向和特色举措选列

建设重点	推进方向	特色举措选列
培养高质量创新人才	◆ 创新人才培养模式	▶ 实施行业特色型高校一流本科人才培养提质工程和卓越研究生创新能力培养工程 ▶ 实施新生转型教育、项目化教学等教育教学改革
	◆ 深化"双创"教育改革	▶ 构建"教学—实训—竞赛—孵化"四位一体创新创业教育工作体系
建设高素质师资队伍	◆ 加强人才引育并举	▶ 实施特色领军人才暨优势创新团队建设计划和全面提升师资队伍质量的"深蓝人才"工程
开展高层次科学研究	◆ 实施重大项目培育	▶ 实施高技术船舶数字化设计制造创新计划、高端装备制造关键材料及先进焊接技术创新高地计划、海洋开发技术及装备创新计划、蚕桑功能基因与资源利用创新计划
	◆ 打造高端科研平台	▶ 新增国家级畜禽遗传资源保护单位(国家蚕遗传资源基因库)科技部中国—古巴蚕桑科技国际联合研究中心 ▶ 组建极地海洋装备研究所,专注于极地环境条件下船舶与海洋工程的基础理论和工程应用研究

(续表)

建设重点	推进方向	特色举措选列
提供高水平社会服务	◆ 服务地方行业发展	▶ 实施海工装备先进制造业集群创新服务体系建设计划 ▶ 牵头组建江苏省船舶与海洋工程设计研究院，成立"中国船舶集团—江科大船海装备先进制造技术创新中心" ▶ 牵头组建中国船舶与海洋工程产业知识产权联盟，开展专利导航"一站式"服务
	◆ 发挥高端智库作用	▶ 牵头编制《江苏省"十四五"船舶与海工装备产业发展规划》和高技术船舶、海工装备发展路线图
建设高品质优秀文化	◆ 打造学校传统文化	▶ 实施"船魂精神""春蚕精神"与丝路文明传承创新工程
推动高品质国际交流	◆ 加强学科特色合作	▶ 实施高水平船舶特色中外合作办学建设计划和高水平船舶特色国际合作科研平台建设计划
构建现代化治理体系	◆ 优化学科布局发展	▶ 实施学科治理能力现代化行动计划，新增系统科学博士点，弥补省内空白，自主设置海洋技术与工程博士学位交叉学科和人工智能硕士学位交叉学科 ▶ 实施高效能现代化大学治理机制实施计划

2. 常州大学

学校以服务石油石化科技进步和地方经济发展为己任，围绕"六高一化"引领学校高质量发展，在拔尖人才自主培养、高水平师资队伍建设、高层次科学研究、服务经济社会发展等方面步步落实，充分凸显自身特色优势，致力培养富有创新精神和实践能力的优秀拔尖创新人才，高质量服务石油石化行业转型升级和地方建设（表2-22）。

表2-22　常州大学"高峰计划"建设过程中的推进方向和特色举措选列

建设重点	推进方向	特色举措选列
培养高质量创新人才	◆ 优化人才培养模式	▶ 构建新型跨学科专业组织模式，围绕石油石化、新材料、生物医药、人工智能、智能制造等产业链，开展一流专业群的系统化建设 ▶ 出台《常州大学研究生教育高质量发展工作方案》等系列文件，完善研究生培养质量保障体系
	◆ 加强"双创"教育建设	▶ 成立"双创"教学指导委员会，开展学院"双创"特色示范区建设，坚持"双创"教育与"四新"专业建设融合

(续表)

建设重点	推进方向	特色举措选列
建设高素质师资队伍	◆ 优化人才引培举措	▶ 实施高端人才集聚计划，出台《常州大学"人才特区"实施办法（试行）》，构建"领军人才＋团队组建＋特殊政策"人才管理改革试验区 ▶ 完善"人才登峰"培优工程，实施"领军选先"计划、"青年培优"计划、"梯队建设"计划，编制《"优秀青年教师培育计划"实施办法》《青年科技拔尖人才托举工程实施办法》
开展高层次科学研究	◆ 打造科研攻关平台	▶ 建设"双碳"和"二氧化碳利用"两个省级平台，协同开展"双碳"基础科学和关键共性技术研究
	◆ 培育科研创新团队	▶ 出台《常州大学科研创新团队建设与管理办法》，遴选培育创新团队，聚焦新业态与社会治理领域 ▶ 出台《社科重大项目培育试行办法》，加强项目牵引、制度驱动和团队攻关
提供高水平社会服务	◆ 加强校企校地合作	▶ 与中石油、中石化成立创新联合体，针对石油增储上产、炼化转型升级、安全绿色低碳等重大战略需求开展联合攻关 ▶ 成立常州市新能源产业技术创新促进会，出台《常州大学服务"新能源之都"建设三年行动方案（2023—2025）》，精准服务地方新能源产业技术创新
建设高品位优秀文化	◆ 坚持红色文化育人	▶ 构筑红色融入铸魂育人新模式，打造"十红"亮点，持续建设近现代史与红色文化研究院、红色文化资源大数据库、青年马克思主义学院
推动高品质国际合作	◆ 创新留学生教育模式	▶ 强化与国内石油石化企业合作，探索石油石化企业订单式留学生人才培养模式 ▶ 建立留学生实践实习基地和中国国情教育基地，不断增强留学生创新创业能力以及对中国文化与发展的认知与认同
	◆ 拓展国际合作网络	▶ 培养120余名"一带一路"石油石化人才，与"一带一路"沿线国家3所高校签订协议，为发起成立"'一带一路'高校石油石化教育联盟"奠定基础
构建现代化治理体系	◆ 提升数字治理水平	▶ 打造关键信息基础数据保护体系，健全保密会议流程，完善预警通报和应急机制
	◆ 加强多元社会参与	▶ 聚焦四方共建机制，积极发挥省政府与三大石油公司在学校顶层设计方面的决策指导作用

3. 南通大学

学校以加强党的领导为引领，围绕"六高一化"，在学科专业建设、人才培养、师资队伍建设、科研创新、社会服务与贡献等方面积极组织高水平大学建设任务推进工作，培养输送创新创业人才，推进科技成果转化应用，主动服务地方经济社会发展(表2-23)。

表2-23 南通大学"高峰计划"建设过程中的推进方向和特色举措选列

建设重点	推进方向	特色举措选列
培养高质量创新人才	◆ 加强落实立德树人	▶ 实施"跟进式"铸魂育人工程,以"三个坚持"构建"五育并举"人才培养体系
	◆ 优化人才培养模式	▶ 实施基于全周期管理的卓越研究生培养工程 ▶ 加强基于产教深度融合的特色产业学院建设
建设高素质师资队伍	◆ 加强师德师风建设	▶ 推进辅导员队伍扎实开展"五航"计划,实施"四全四维"师德领航工程
	◆ 加大引培并举力度	▶ 出台《南通大学高层次人才培育计划实施办法》,成立"青年学者联谊会"
	◆ 推动导师队伍建设	▶ 深化专业学位研究生"双导师"制,实施境外"双导师"联合培养制度
开展高层次科学研究	◆ 开展关键技术攻关	▶ 在组织工程神经和神经再生修复机制、海工装备用长寿命耐腐蚀液压元件及系统方面实现突破
提供高水平社会服务	◆ 助力地方行业发展	▶ 推动医工融合助力高端纺织产业链创新发展 ▶ 推动智能制造技术创新赋能新能源产业集群发展
	◆ 加强高端智库建设	▶ 持续推进江苏长江经济带研究院建设,举办第六届长江经济带发展论坛
建设高品位优秀文化	◆ 构建名人文化效应	▶ 推进基于张謇教育理念的通大特色文化建设,建成张謇研究高端智库 ▶ 实施莫文隋全国知名志愿服务品牌塑造工程
推动高品质国际合作	◆ 拓展国际交流网络	▶ 加入苏港澳高校合作联盟,共建港澳青少年爱国主义教育基地 ▶ 成立中意人文艺术交流中心,组建南通大学国际交流乐团与室内乐团
构建现代化内部治理	◆ 提升依法治校水平	▶ 实施"三四五"依法治校水平提升工程

4. 徐州医科大学

学校抢抓高等医学教育创新发展新机遇,以新医科统领医学教育创新,在内涵建设推进、治理体系完善、人才培养质量、学科建设突破、科技工作创新、医教协同深化、社会服务开拓、国际合作交流等方面精准发力,坚持高质量发展,办好人民满意的医学高等教育(表2-24)。

表2-24 徐州医科大学"高峰计划"建设过程中的推进方向和特色举措选列

建设重点	推进方向	特色举措选列
培养高质量创新人才	◆创新人才培养模式	▶探索"医学+X"高层次复合型创新医学人才培养,实现麻醉学专业"5+3"培养模式改革和护理专业"2+2"培养模式改革
	◆建设双创教育体系	▶构建创新教育、科创赛事、条件保障、运行模式、激励机制"五位一体"的科创育人体系
开展高层次科学研究	◆搭建高端科研平台	▶建设麻醉镇痛与精神类药物研究与评价重点实验室(国家药监局)、肿瘤生物治疗协同创新中心(省部共建)
	◆重大科技项目攻关	▶设立产业—学科融合创新类、生命健康前沿研究类、基础—临床联合攻关类、科技新兴融合研究类等攻关项目,助推成果培育 ▶围绕肿瘤细胞治疗药物的研发和临床应用等方面开展技术攻关研究
提供高水平社会服务	◆加强校地校企合作	▶建设"长三角国家创新中心细胞治疗药物研究所" ▶与徐州市共建生物医药创新港,与云龙区、泉山区共建国家级大学科技园
	◆发挥高端智库作用	▶撰写智库专报《加快江苏细胞治疗产业发展研究报告》 ▶编译《FDA指南:开发CAR-T细胞产品注意事项》,被NMPA推荐为行业指南参考文件
建设高品位优秀文化	◆打造徐医文化品牌	▶建成全国首家赤脚医生博物馆、江苏省医德医风教育基地 ▶构建"3+1+1"民族学生培养模式,打造高校民族团结"石榴园"亮丽名片
构建现代化内部治理	◆加强基层党建	▶实施党建示范创建和质量创优工程,建立健全学校三级党组织培育建设体系

5. 江苏师范大学

学校围绕服务国家重大战略需求和江苏经济社会发展两条主线,制定《江苏师范大学关于推进高水平大学建设高峰计划的实施办法》,对标"六高一化"建设任务,强化学校内涵建设(表2-25)。

表2-25 江苏师范大学"高峰计划"建设过程中的推进方向和特色举措选列

建设重点	推进方向	特色举措选列
培养高质量创新人才	◆加强思想政治教育	▶实施建设"立德树人 铸魂固本"行动计划,培育推动重点建设学院实践理论武装"筑基铸魂"等七大思政工程
	◆大力发展师范教育	▶实施国家师范教育基地建设计划,推动建设特色鲜明的高水平师范大学

(续表)

建设重点	推进方向	特色举措选列
	◆创新人才培养模式	▶实施新文科人才培养模式创新计划、研究生创新拔尖人才培养计划、"卓越专业硕士培养工程"，提升学生实践创新能力
建设高素质师资队伍	◆加强师德师风建设	▶实施建设师德师风长效机制建设计划，出台《"高尚师德奖教金"实施办法》
	◆培育高端创新团队	▶实施顶尖人才领航工程和高端创新团队凝聚计划，出台《关于新时代人才强校实施办法》《青年英才"苗圃计划"实施办法》
开展高层次科学研究	◆推动交叉学科研究	▶实施建设学科交叉引领"语言脑"原始创新计划，将传统优势学科与现代生物学、脑科学和工程学结合，创新语言能力脑机制研究范式
	◆加强科技联合攻关	▶实施军民融合推进激光技术突破计划，与中船重工、中国科学院等单位联合攻关
提供高水平社会服务	◆加强科技成果转化	▶实施建设国家级高端智库培育计划、国家大学科技园建设工程、校地融合服务能力提升工程，建立新型研发机构，助推科研成果转移转化
建设高品位优秀文化	◆打造校园文化品牌	▶实施"全国文明校园"建设提升工程、示范马克思主义学院提升工程，打造"推普脱贫""承书科学课堂""青海支教"等志愿服务品牌项目
	◆传播优秀传统文化	▶实施传统文化浸润与先进文化传播工程，与徐州市联合筹办第二届汉文化论坛，举办苏港澳大学生"两汉文化"夏令营
推动高品质国际合作	◆加强人才联合培养	▶实施全国示范性中外合作办学机构建设计划、国际合作联合实验室建设计划
	◆加强国际人才引进	▶实施海外引智基地建设计划，设立海外人才工作站9个，构建海外人才工作网络
构建现代化治理体系	◆优化学科建设布局	▶实施学科优化提升工程，推动树立"学科+"理念，构建语言科学与文学艺术、大数据与智慧教育、光电信息与前沿新材料、现代化治理与可持续发展等4个学科群

6. 南京财经大学

学校贯彻新发展理念，制定《南京财经大学关于加强江苏高水平大学高峰计划建设的实施意见》，围绕学科建设、人才自主培养、创新团队建设、科技创新等方面平稳推进建设任务，积极服务国家重大战略和地方经济社会发展（表2-26）。

表 2-26 南京财经大学"高峰计划"建设过程中的推进方向和特色举措选列

建设重点	推进方向	特色举措选列
培养高质量创新人才	◆ 优化人才培养模式	▶ 实施高质量大学生"四位一体"育人工程,"一提高、两强化"培养高质量财经人才 ▶ 构建财经类专业学位研究生"全程双元"人才培养模式
建设高素质师资队伍	◆ 加强高端人才引培	▶ 实施高水平人才与团队引培专项计划、高水平国际化师资锻造计划
开展高层次科学研究	◆ 加强关键技术攻关	▶ 实施科研创新能力提升计划,在粮食产后保质减损与绿色智慧仓储等关键技术方面进行项目攻关
提供高水平社会服务	◆ 发挥高端智库作用	▶ 实施现代服务业高端智库群建设项目,构建"苏粮智谷"高水平信息化社会服务体系
建设高品位优秀文化	◆ 提升文化育人功效	▶ 实施思政工作精品工程和示范马克思主义学院建设工程,实现"育人体系网格化、思政工作全员化" ▶ 加强"以美立德、以美树人"南财美育高品质内涵建设
推动高品质国际合作	◆ 加强国际联合培养	▶ 实施多维度国际化人才培养体系建设专项,与新西兰梅西大学合作创办中外合作办学机构"南京财经大学梅西学院"
	◆ 拓展国际合作网络	▶ 与联合国世界粮食计划署签署合作谅解备忘录,加强南京—南非在粮食领域的合作 ▶ 主办第二届粮食储运与安全国际研讨会
构建现代化治理体系	◆ 加强党的全面领导	▶ 出台《南京财经大学贯彻落实"三重一大"决策制度实施办法》,全面落实第一议题制度
	◆ 优化学术治理组织建设	▶ 先后出台《南京财经大学高水平学院建设遴选方案》《南京财经大学高水平学院建设管理办法》,启动实施"高水平学院"建设

7. 南京艺术学院

学校围绕高峰学科建设、师资队伍、人才培养、科学研究、艺术创作、社会服务、文化传承与创新、国际交流与合作、党建和思想政治工作等重点推进,在推进文化艺术"三大体系建设"、文化传承与创新、艺术与科技交叉融合等方面做出相应贡献(表 2-27)。

表2‑27　南京艺术学院"高峰计划"建设过程中的推进方向和特色举措选列

建设重点	推进方向	特色举措选列
培养高质量创新人才	◆加强思想政治教育	▶创新构建贯穿艺术人才培养全过程的"四美四育"美育育人体系
	◆优化人才培养模式	▶探索美术学和设计学人才培养模式,打造优质课程及教材,形成一套立体、交融、完整、规范的教学体系
建设高素质师资队伍	◆完善师资培养体系	▶实施海粟人才培养计划、青年教师自主科研计划、教师全方位精准提升计划、海外人才引进计划等
开展高层次科学研究	◆开展高水平文科研究	▶《中国传统美术的当代复兴研究》《中国特色作曲理论体系研究》立项国家社科基金艺术学重大项目,《长江文化对江苏人文精神的影响和塑造研究》立项江苏省社科基金重大项目
提供高水平社会服务	◆开展社会美育服务	▶实施美育浸润计划,举办"高雅艺术进校园"活动12场,积极打造"尚美少年""艺起芳华"等全年龄段社会美育培训项目
	◆推进乡村文旅振兴	▶加强乡村振兴文旅实践基地和乡村振兴党建基地建设,开展文创服务项目
	◆加强区域协作	▶设立南艺青海乡村振兴人才基地,与青海非遗研究院联合实施"青海非遗传承和创新计划"
建设高品位优秀文化	◆弘扬红色文化	▶联合中央编译出版社共建成立马克思主义中国化时代化艺术研究与创作中心,举办"中国艺术里的马克思"主题展览暨南京艺术学院红色艺术文献展
推动高品质国际合作	◆拓展国际交流网络	▶加入国际艺术设计及传媒院校联盟、北美艺术设计院校联盟,共建"中德影像教育与交流中心"

8. 南京审计大学

学校秉承"特色、质量、国际化"的办学理念,突出服务国家战略需求和江苏经济社会发展的导向,聚焦全面提高人才培养质量和加速内涵式发展,在人才培养、队伍建设、科学研究、社会服务、国际交流与合作等方面积极落实建设举措,奋力推进审计特色鲜明的世界一流大学建设(表2‑28)。

表 2-28 南京审计大学"高峰计划"建设过程中的推进方向和特色举措选列

建设重点	推进方向	特色举措选列
培养高质量创新人才	◆创新特色人才培养体系	▶实施"高层次审计监督与统计监督特色育人计划",构建"审计＋"和"＋审计"的特色研究生人才培养体系 ▶发布《南京审计大学关于发挥科学研究对人才培养支撑作用的实施意见》,全面探索科研支撑人才培养路径与举措
	◆加强学生管理服务	▶实施"'互联网＋'学生心理健康服务体系建设工程",构建心理健康教育一体化模式 ▶推进"'一站式'学生社区综合管理模式建设工程",打造"四型四化"的"一站式"南审模式
建设高素质师资队伍	◆优化师资培养体系	▶发布《南京审计大学"润泽学者支持计划"实施办法(修订)》,形成较为完善的青年教师成长发展体制机制
提供高水平社会服务	◆加强高端智库建设	▶实施"审计统计协同监督高端智库建设工程"上,大力推进国家审计研究院、审计科学与技术研究院、江苏省政府统计与大数据研究院建设
建设高品位优秀文化	◆构筑学科特色文化	▶实施"审计特色文化'浸润'工程",持续举办在全国有影响力的特色学术论坛 ▶推进"审计廉政文化建设工程"上,形成南审"审计·廉洁文化月"品牌
推动高品质国际合作	◆促进国际科研合作	▶与教育部中外人文交流中心合作共建成立审计中外人文交流研究院
	◆加强国际化人才培养	▶成立中法联合审计学院和经济与金融国际化创新人才班等,培养具有国际视野的复合型、应用型、创新创业型审计专业人才

第三节 优势学科和重点学科

江苏高校优势学科建设工程与江苏省重点学科建设作为江苏省学科建设工作中两项系统性工程,旨在对接国家重大发展战略需求,主动服务江苏经济社会发展,是优化全省学科建设体系、提升学科建设水平的重要举措。

一、江苏高校优势学科建设工程

2010年,江苏省委、省政府正式开始实施江苏高校优势学科建设工程(以下简称优势学科),旨在围绕国家和江苏重大发展战略需求,按照突出重点、扶优做强的思路,激发学科发展活力,创新学科管理模式,集中力量建设一批国际先进、国内领先的优势学科,为培养拔尖创新人才、增强自主创新能力、服务经济社会发展做出贡献。

截至 2021 年底,优势学科完成了前三期的建设项目,全省普通高校累计建设优势学科 266 个。一期项目的建设周期为 2010—2013 年,全省共立项建设学科 122 个,涉及 31 所普通高校。二期项目的建设周期为 2014—2017 年,全省共立项建设学科 165 个(含 28 个省重点序列学科),涉及 31 所普通高校。三期项目的建设周期为 2018—2021 年,全省共立项建设学科 178 个,涉及 31 所普通高校(图 2-3)。2022 年 7 月,江苏高水平大学建设领导小组办公室对江苏高校优势学科建设工程三期项目立项建设学科进行了期满验收工作,178 个学科全部通过期满验收,其中 70 个学科为"优秀",优秀率达 39.33%。

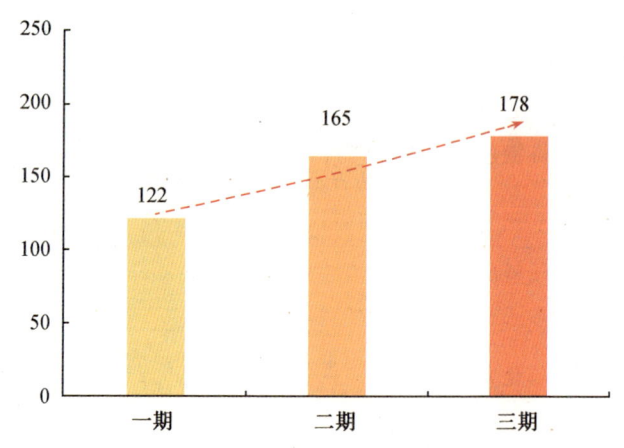

图 2-3 江苏高校优势学科建设工程全省立项学科数量变化情况(个)

自 2010 年以来,31 所立项高校依托优势学科建设,持续强化学科内涵建设,在为期 12 年共三期的建设过程中,各校优势学科的立项数量均稳步增加(表 2-29)。江苏高校优势学科建设工程的实施对全省学科建设水平提升和布局优化起到了很好的带动效应。

表2-29 江苏高校优势学科建设工程各校立项学科数量情况　　单位：个

高校名称	一期	二期	三期
南京大学	19	20	19
苏州大学	7	8	20
东南大学	11	13	12
南京航空航天大学	5	5	8
南京理工大学	5	5	6
江苏科技大学	1	1	3
中国矿业大学	5	6	6
南京工业大学	4	5	6
常州大学	1	2	2
南京邮电大学	2	2	3
河海大学	4	4	6
江南大学	3	3	4
南京林业大学	4	3	4
江苏大学	3	6	10
南京信息工程大学	3	4	4
南通大学	2	2	2
南京农业大学	8	8	8
南京医科大学	4	4	6
徐州医科大学	1	1	1
南京中医药大学	4	2	3
中国药科大学	2	3	2
南京师范大学	7	10	14
江苏师范大学	4	5	6
南京财经大学	2	3	3
江苏警官学院	1	0	1
南京体育学院	1	1	1
南京艺术学院	1	3	5
苏州科技大学	2	1	3
扬州大学	4	5	7

(续表)

高校名称	一期	二期	三期
南京审计大学	1	1	2
江苏海洋大学	1	1	1
全　省	122	137	178

注：本表中优势学科二期项目不包含"省重点序列学科"。

2022年，江苏省正式启动优势学科四期建设项目，建设周期为2022—2025年，立项数量将进一步增加。为了充分围绕国家重大战略发展需求和急需紧缺人才培养，四期建设立项还将特别增设应用转型类和优先布局类。

二、江苏省重点学科建设

江苏省重点学科作为优势学科的后备力量，旨在引导和支持江苏省内高校立足自身优势和特色，优化学科结构，凝练学科方向，突出学科建设重点，形成学科建设梯队，为打造高峰学科做好储备。"十五"期间，江苏省开始重点学科的建设工作；"十二五"期间，江苏省重点学科建设的立项学科开始以一级学科为单位，共立项188个一级学科；"十三五"期间，江苏省重点学科建设进一步扩大规模，共立项323个一级学科（图2-4）。

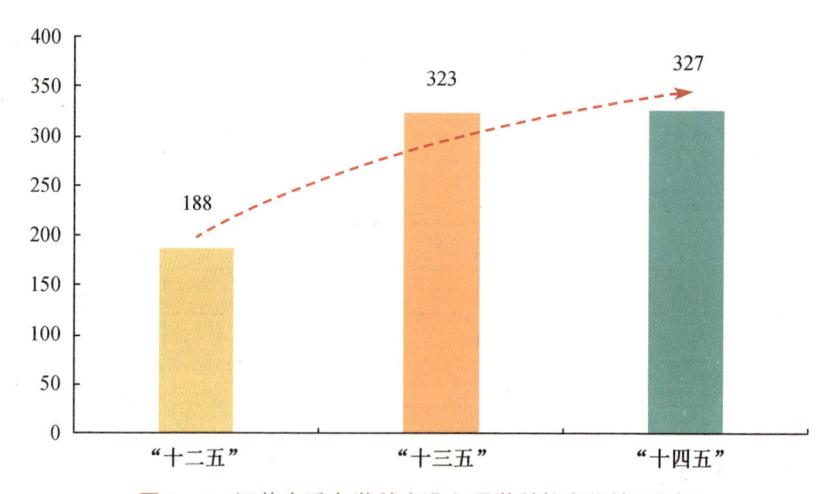

图2-4　江苏省重点学科建设立项学科数变化情况(个)

由于"十三五"期间"双一流"建设的启动，部分优势学科进入"双一流"学科建设行列，"十三五"重点学科中建设成效较好的部分学科也因此增补进入优势学科三期的建设行列。2021年,"十四五"重点学科遴选中也增补了相应数量进入建设行列,共立项327个一级学科,其中非部队院校培养单位共立项312个(表2-30)。

表2-30 "十四五"江苏省重点学科建设立项情况　　　　　　　单位:个

高校	A类	B类	C类	合计
南京大学	10	0	0	10
苏州大学	6	0	0	6
东南大学	11	0	0	11
南京航空航天大学	6	2	0	8
南京理工大学	10	2	0	12
江苏科技大学	0	9	0	9
中国矿业大学	7	0	0	7
南京工业大学	1	7	0	8
常州大学	1	7	0	8
南京邮电大学	3	6	0	9
河海大学	7	3	0	10
江南大学	2	5	0	7
南京林业大学	4	6	0	10
江苏大学	2	6	0	8
南京信息工程大学	2	5	0	7
南通大学	2	6	0	8
盐城工学院	0	4	2	6
南京农业大学	2	3	0	5
南京医科大学	1	2	0	3
徐州医科大学	1	5	1	7
南京中医药大学	0	7	1	8
中国药科大学	0	2	1	3
南京师范大学	6	3	0	9
江苏师范大学	0	10	0	10
淮阴师范学院	0	2	5	7
盐城师范学院	0	0	4	4
南京财经大学	0	9	0	9

(续表)

高校	A类	B类	C类	合计
江苏警官学院	0	1	4	5
苏州科技大学	0	6	0	6
常熟理工学院	0	0	4	4
南京工业职业技术大学	0	0	1	1
淮阴工学院	0	3	3	6
常州工学院	0	0	4	4
扬州大学	8	2	0	10
三江学院	0	0	2	2
南京工程学院	0	2	5	7
南京审计大学	1	4	1	6
南京晓庄学院	0	0	3	3
江苏理工学院	0	2	3	5
江苏海洋大学	0	4	0	4
徐州工程学院	0	0	4	4
南京特殊教育师范学院	0	0	4	4
南通理工学院	0	0	2	2
南京森林警察学院	0	0	2	2
泰州学院	0	0	3	3
无锡太湖学院	0	0	3	3
金陵科技学院	0	0	5	5
南京传媒学院	0	0	1	1
无锡学院	0	0	4	4
苏州城市学院	0	0	1	1
宿迁学院	0	0	3	3
江苏第二师范学院	0	0	4	4
西交利物浦大学	0	0	1	1
中共江苏省委党校	0	2	0	2
江苏省中国科学院植物研究所	0	1	0	1
全 省	93	138	81	312

优势学科和重点学科是江苏四级学科体系("双一流"建设学科、江苏高校优势学科、江苏省重点学科和校级特色学科)的骨干和基石,是培养高层次人才、集聚优秀学术团队、开展科学研究和服务经济社会发展的两大重要载体。目前,江苏省共有48个"双一流"建设学科,其中,44个学科为优势学科二期立项学科,2个学科为优势学科三期立项学科,2个学科为"十二五"重点学科(图2-5)。可见,两个学科建设项目的组织实施促使全省高校高峰高原学科培育取得了成效,学科整体水平明显提升,综合竞争力显著增强。

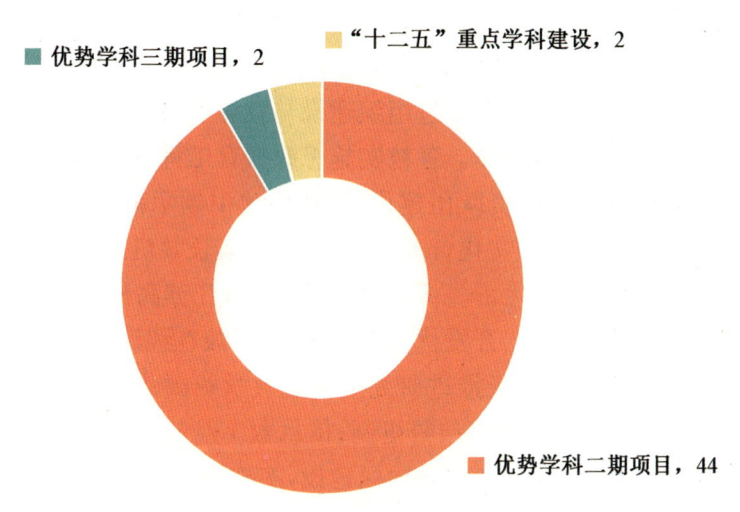

图2-5 江苏省"双一流"建设学科原建设项目情况(个)

第三章
研究生培养特色举措

全面落实研究生教育立德树人工作。2022年，江苏高校在实施课程育人，发挥思政课程与课程思政协同效应、推进实践育人，实现理论导向与实践路径融合共通、强化组织育人，促进组织建设与教育引领有机统一等方面深入开展研究生教育立德树人工作。各校实施思政教育工程，提升思政育人实效；创新人才培养体系，加强师资队伍建设；发挥党建引领示范作用，培养服务社会急需人才；坚持价值引领文化育人，健全特色育人长效机制。

积极推进研究生优质教学资源建设。2022年，江苏高校通过建设优秀课程体系、提升课程教材质量、开发优秀教学案例、开放在线课程资源、完善教学考核与督导机制等措施，稳步推进研究生优质教学资源建设。各校汇聚特色资源，贯通本博培养，构建分流预警机制；信息数字赋能，科研教学协同，推进校企联合培育；强化顶层设计，促进内涵建设，实施资源闭环管理。

深入推动研究生教育科教产教融合。2022年，江苏高校通过落实产业教授选聘管理与考核、建设研究生工作站、落实大院名企研究生联培计划等措施积极推动研究生教育科教产教融合。各校促进校企所资源深度融合，搭建校内外协同育人平台；围绕学科体系，完善产教融合育人模式；发挥学科优势，推动产教融合提质增效。

有序开展研究生科研创新实践项目。2022年，江苏省立项研究生科研与实践创新计划5880项，举办研究生科研创新实践大赛22场、暑期学校38项、研究生学术创新论坛56个，有力支撑研究生科研实践和创新能力培养。

持续打造高质量研究生导师队伍。2022年，开展第三届江苏省"十佳研究生导师"和"十佳研究生导师团队"推选工作，分别有10位研究生导师和10个研究生导师团队获得殊荣，并有26位研究生导师和26个研究生导师团队获得提名，发挥了良好的引领示范作用。

第一节　研究生教育立德树人工作

立德树人是教育的根本任务,是高校的立身之本。党的二十大报告明确指出,要牢牢把握立德树人根本任务,着力培养德智体美劳全面发展的社会主义建设者和接班人。研究生教育是学历教育的最高层次,研究生教育立德树人工作的实施过程及其效果,决定着我国高层次创新型人才培养的质量和层次。践行以德为先、德才兼备的人才培养理念,培养服务国家战略需求和社会发展的高层次人才,是研究生教育开展的应有之义。

一、特色举措

江苏省各高校始终将立德树人作为中心环节,积极探索"三全育人"工作机制,坚持完善"五育融合"发展格局,引导广大青年学子筑牢思想根基,不断提升思政育人成效。一是实施课程育人,发挥思政课程与课程思政协同效应。各高校制定了新时代思政课程改革创新、课程思政建设、课程思政与思政课程融合发展的实施方案和指导意见,在知识传授过程中培养能力、塑造价值。二是推进实践育人,实现理论导向与实践路径融合共通。各高校充分结合自身培养特色,开展多样化、个性化的实践育人活动,构建"沉浸式"思政教育情境,引导学生做到以知促行、以行求知、知行合一。三是强化组织育人,促进组织建设与教育引领有机统一。各高校不断优化顶层设计,探索组织育人新模式和协同育人新机制,构建"大思政"育人工作格局,谱写立德树人"协同曲"。

(一)实施课程育人,发挥思政课程与课程思政协同效应

课程育人是立德树人的先决条件,统筹推进思政课程与课程思政是落实立德树人根本任务的重要抓手。江苏省各高校积极促进各类各门课程强化育人意识,在知识传授中提升思想价值引领。

东南大学切实推进研究生思政课程与课程思政同向同行。一是实施研究生思政课质量创新创优工程行动计划,开展研究生思政必修课分类教学改革;将新媒体技术引入思政课教学,实现网络思政课资源共享和网络集体备课,开发"新时代中国特色社会主义理论与实践"等思政课程慕课。二是推进研究生课程思政示范引领提升计划。将课程思政建设作为导师培训的主要内容;组织制订院系研究生课程思政建设实施方案,完成研究生课程大纲新一轮修订,目前已建设校级课程思政示范课256门,其中校级优秀示范课51门。

苏州大学加强思政课程和课程思政建设，扎实推进党的二十大精神进课堂、进教案、进头脑。面向全体研究生开设"中国马克思主义与当代"等思政必修课程和"马克思主义与社会科学方法论"等选择性必修课程。统一使用"马工程"统编教材，积极开展"三集一创"教研活动，持续探索思政课教学新模式，做好教材内容向教学内容的转化。建设"研究生思政网络教学平台"，加强研究生时事政治教育和学术规范与学术诚信教育。成立课程思政教学研究与实践中心，采取"集体备课、集中听课、集智评课、创新实践"的模式，充分发动学生主动挖掘专业课程中蕴含的思政元素，引导研究生将个人理想和中国梦紧密结合，扎实推进课程思政建设。2022年度，共立项建设38门研究生课程思政示范课程。

（二）推进实践育人，实现理论导向与实践路径融合共通

实践育人是落实立德树人根本任务的关键环节和有效途径。江苏省各高校积极推动知识与现实紧密结合、理论与实践充分互动，引导学生将专业知识和理想信念化为知行合一的实践，实现启智润心、铸魂育人。

江苏师范大学深化拓展实践育人渠道，开展系列教育实践活动。组织培育研究生会、新媒体中心、就业创业协会、"研之迷彩"社会实践和志愿服务队、"研之闪亮"志愿服务队、"科学道德和学术诚信"研究生宣讲团、国家安全教育研究生宣讲团，充分发挥研究生社团的思想政治教育作用，积极开展乡村振兴、生态保护、校园美化、公益宣传、安全教育、关爱帮扶、学风建设、爱国教育、志愿支教等形式多样、富有实效的实践活动。开展研究生志愿服务活动，形成"实践+专业""实践+劳动""实践+网络""实践+科研"等"一实践四载体"的多元实践育人模式。持续开展支教服务活动，选派27位研究生赴青海省海南藏族自治州支教、7位研究生赴江苏省泗洪县支教，助力乡村教育振兴，在实践中锤炼品质。

常州大学积极开展社会实践活动，贯彻落实研究生实践育人理念。围绕"喜迎二十大""永远跟党走""奋进新征程"等主题，聚焦"党史学习教育""乡村振兴促进"等专题，开展"万千硕博进基层"主题社会实践活动共24次，被中央电视台、《中国青年报》《新华日报》等媒体报道。积极打造社团活动品牌，依托校院两级研究生社团，大力推进"一站式"红色文化研究生社区建设，重点打造"红色邻里"和"红色研习社"等活动品牌，累计开展专题理论学习64场，学术活动82次，参与研究生超4 000人次。"红色研习社""红色研习室"先后受到中国教育电视台《全国教育新闻联播》、江苏教育频道《江苏教育新闻》栏目关

注,并由"学习强国"等媒体报道。1个研究生社会实践团队获评全国2022年"三下乡"社会实践优秀团队,3个研究生团队获评江苏省2022年"三下乡"社会实践优秀团队,2篇调研报告获评省2022年"三下乡"社会实践优秀调研报告,5名研究生获评省2022年"三下乡"社会实践先进个人,3名研究生辅导员获评省2022年"三下乡"社会实践先进工作者。

(三)强化组织育人,促进组织建设与教育引领有机统一

党团研组织在落实立德树人根本任务中发挥重要的桥梁和堡垒作用。江苏省各高校构建组织育人工作体系、强化各类组织育人职责,充分发挥政治引导、思想引领、团结凝聚、联系服务等功能。

南京工业大学以功能型党支部建设为牵引,发挥党建育人作用。针对研究生群体特点及培养要求,构建"项目＋支部"师生功能型党支部,将思想引领、学术引路、发展引导紧密结合;构建一贯到底的"1(学院党委)—5(研究生党支部)—11(网格服务区)"蜂巢式微型党组织工作格局,形成党建与科研、支部与支部、师生党员与入党积极分子的有效联动机制,优化研究生党建育人生态圈。

南京财经大学大力加强研究生思想政治教育组织领导。成立南京财经大学课程思政建设领导小组、工作小组;校党委(常委)会议或校长办公会每学期至少召开1次专题会议,研究课程思政建设工作;高度重视思政课教师和研究生辅导员队伍建设,专任思政课教师的生师比为330∶1,辅导员生师比为156∶1。打造"起业家"博物馆,深入挖掘并弘扬企业家精神,将党史元素有机融入校园文化建设。建成"金小鳄党建思政工作室",形成浸润式思政教育新模式。2022年该校"粮食储运国家工程实验室党支部"入选教育部全国党建工作样板党支部。

二、典型案例

(一)南京大学——丰富研究生思想政治教育内涵,培养心怀"国之大者"的生力军

习近平总书记强调,要把立德树人作为教育工作的主线,构建起德智体美劳全面培养的教育体系,为人才培养筑牢更高水平、更加科学的制度基础。南京大学认真学习领会习近平总书记关于教育的重要论述,着力构建和完善研究生人才培养工作体系,将立德树人贯穿教育教学全过程,打造"全员育人、全

程育人、全方位育人"的良好生态。

1. 讲好"大思政课",打造研究生成长成才综合平台

学校围绕思想价值引领、道德规范教育、创新卓越发展、实践服务育人、安全与健康五大主题,打造研究生新生入学教育在线课程体系,帮助研究生扣好"第一粒"扣子。上线5个模块8门思政主题课程,录制入学教育视频143个,单门课程点击率约4万次。拓展校地合作,建设"大思政课"实践基地,实现育人资源强强联合。一方面,创新专项培养模式。采取"校企联合、工学交替"培养模式,实施双导师制,通过工程通识教育、专业基础教学、工程项目实训、论文成果创新四大模块开展培养,指导研究生在工程新技术、新设计、新产品方面形成优秀成果。另一方面,制定专项培养方案。集中开设"学术规范与学术道德"和"工程素质先导课"课程,增设校企联合课程,明确培养模式和考核要求。

2. 弘扬留学报国精神,厚植研究生家国情怀

2022年5月18日,在南京大学庆祝建校120周年之际,习近平总书记回信勉励南京大学留学归国青年学者,要求"以报效国家、服务人民为自觉追求,在坚持立德树人、推动科技自立自强上再创佳绩,在坚定文化自信、讲好中国故事上争做表率"。为此,学校党委统一领导,多形式、分层次、全覆盖式组织广大师生学习贯彻总书记重要回信精神。举办留学归国青年学者专题座谈会、导师交流会、师生访谈会,深刻领会重要回信精神的重要意义和丰富内涵。发布专题宣讲视频号,传承李四光、程开甲等老一辈科学家的留学报国精神,发挥"中国五四奖章"获得者王欣然教授等青年留学归国学者的先锋示范作用,以传承"报国为民"精神为主题举办研究生学术科技节,组织开展博士生学科交叉论坛和研究生创新论坛,展现学科特色,凝聚团队力量,营造追求卓越、勇攀高峰的创新氛围。

3. 构建协同育人体系,保障研究生思政教育全面提质

南京大学全面落实立德树人根本任务,逐步建立"党委领导、研工指导、院系负责、导师育人"研究生思想政治教育的四级协同育人体系。在学校层面,构建网格化管理帮助模式,建立心理健康帮扶机制,开展"一人一策一方案"的重点帮扶工作,保障研究生的成长生态。在院系层面,召开全国首个新时代辅导员工作大会,授牌6个辅导员育人工作室,揭牌"南京大学辅导员发展中心",启动"南京大学辅导员卓越发展基金",全力保证辅导员"工作有条件、干事有平台、待遇有保障、发展有空间"。在导师层面,选聘研究生德育导师385

人,将立德树人根本任务落实在人才培养一线。

(二) 南京理工大学——坚持价值引领文化育人,健全特色育人长效机制

强化研究生思想引领,是当前研究生思想政治教育工作的重中之重。南京理工大学坚持以研究生党建双创为抓手,积极探索党建工作与思政教育有机结合、相互促进的新途径,突出"政治、思想、文化"引领,发挥样板党支部和党员标兵的示范带动作用,推进研究生党建与思政工作提质增效。

1. 突出政治引领,坚持以评促建,推动"党建双创"见行见效

学校深入贯彻落实新时代党的建设总要求和党的组织路线,紧扣立德树人根本任务,以研究生党建工作和党建双创活动为抓手,服务研究生成长成才。强化组织功能和示范引领,持续开展"学院创品牌、支部创样板、党员创标兵"工作,连续两批次(2个支部2名党员)入围全国高校"百个研究生样板党支部"和"百名研究生党员标兵"创建名单,1个研究生党支部入选第三批"全国党建工作样板支部"培育创建单位,5个研究生党支部入选首批"江苏省党建工作样板支部"培育创建单位。

2. 突出思想引领,坚持以德润心,推动"创新理论"走深走实

学校坚持把理论武装摆在首位,持续用习近平新时代中国特色社会主义思想铸魂育人,通过打造"一赛一说一社团"理论学习品牌,引导研究生坚定"四个自信",培育与弘扬爱国主义情怀。一是做精"微党课大赛",连续6年举办研究生微党课大赛,用"小故事"演绎"大道理",推动党的创新理论深入人心;二是做亮"党支部书记说",发挥头雁效应,推出100期网络主题推文,营造浓厚的理论学习氛围;三是做强"红话筒"社团,打造百余部精品微党课视频、音频,社团逐渐成为全校研究生深入学习习近平新时代中国特色社会主义思想的重要载体。

3. 突出文化引领,坚持以文育人,推动"党员教育"入脑入心

学校坚持以党史学习教育为抓手,紧跟重大时间节点,夯实"学"的基础,让思想堡垒更牢固;拓宽"做"的路径,使工作推动更有力。每年在"七一"前后,开展"研究生党史学习月"系列活动,通过主题征文、知识竞赛、专题实践等方式,为创新党员学习教育形式搭建新的平台和载体,有效推动党史学习教育常态化、长效化。

第二节　研究生优质教学资源建设

研究生优质教学资源建设计划是江苏省教育厅印发的《江苏省研究生教育质量提升工程（2021—2025）实施方案》中的八项行动计划之一。2022年，江苏高校紧跟国际学术前沿和时代发展步伐，立足于服务国家战略和经济社会发展对人才培养的需要，大力发展长期服务于学科发展的经典教学资源，以及内容形式创新、教学效果良好的在线教学资源，引领教学资源建设方向，带动研究生教育质量整体提升。

一、特色举措

优质教学资源的建设是提高研究生培养质量的重要工作。为满足研究生优质教学需求，江苏省各高校高度重视相关工作推进，采取了多项有力举措，以课程体系、教材内容、教学案例改革为核心，发挥各学科专业的优势和特色，加大研究生优秀教学资源建设的投入力度，开发了众多优质教学资源。

（一）选优培优，持续推进优秀课程体系建设

课程教学是研究生培养中的重要环节，一门好课能带动多个专业群。江苏省各高校不断优化课程建设，聚焦重点环节、整合优质资源、持续分步推进、突出培养特色，打造高水平研究生课程体系，全面提高研究生培养质量。

南京大学启动研究生"三个一百"优质课程建设，课程经费累计投入136.5万元，其中"三个一百"经费投入81.5万元。学校着力优化研究生课程结构，不断完善研究生课程体系，努力通过3年建设形成国内高水平、具有南大特色的品牌基础课程、一流核心课程、优质前沿课程各百门，使10%的研究生课程达到国内领先水平，带动全部研究生课程达到国内一流水平。目前，学校33个院系立项重点建设课程374门，第一批计划验收课程83门。2022年获评江苏省研究生优秀课程6门。

河海大学重视研究生课程建设工作，不断优化课程与教学资源。学校优化直博生的课程设置，以提高本硕博课程设计的连贯性；每年定期开展校级优秀研究生课程建设申报、中期检查和结题验收工作，项目实施周期为2年。2022年投入193万，资助建设14门研究生在线课程，同时13门在线课程通过中期检查，22门精品课程通过结题验收。此外，学校投入约90万建设12门留学生全英文线上品牌课程，5门"水韵课堂"专题课程。2022年，共有4门课

程获评江苏省研究生优秀课程。

(二)科学规划,全面提升课程教材质量

教材编写反映了核心知识体系和教学科研成果,与研究生教育资源的建设息息相关。江苏省各高校立足学科前沿,对接行业需求,配合研究生课程教学,推进特色教材建设,进一步实施教材精品战略,以充分发挥优秀教材在教学工作中的基础性作用。

江南大学成立了教材建设与管理委员会,建立教材规划、编写、审核、选用的领导机制,实行分级分类审核,坚持凡编必审、凡选必审。学校坚持以优、新、特、高为原则,重点支持研究生核心课程教材、基础性专业性通用性课程配套教材,以及反映教育教学改革成果、课程思政建设成果和体现学科专业优势的教材,经过遴选立项建设7部教材。2022年,1部教材获批江苏省研究生优秀教材,1部获"全国优秀教材一等奖",2部获"全国优秀教材二等奖";1名教授获评"全国教材建设先进个人"。

东南大学为进一步实施教材精品战略,全面提升研究生教材质量,充分发挥优秀教材在教学工作中的基础性作用,2022年继续组织开展研究生校级规划教材立项建设工作,新立项建设教材22本、出版教材13本,突出建设一批教学急需、填补学科专业空白的教材和新兴学科、边缘学科、交叉学科的教材,不断强化优秀研究生教材建设与管理。2022年获批江苏省研究生优秀教材3部。

(三)示范引领,持续开发优秀教学案例

江苏各高校注重理论与实践相结合,通过增加投入、校企合作、完善制度等方式多措并举,加强与机构、企业、事业单位、社会组织等的合作,共同开发优秀教学案例,遴选与建设教学案例库,落实教学案例的应用,不断推进研究生教学案例建设。

扬州大学坚持增加优秀教学案例建设的投入,实现课程资源共享。一是通过课题立项委托的方式,建设"扬州大学专业学位教学案例共享平台",共享优质教学案例,进一步提升学校高层次应用型人才培养质量。二是持续推进校级研究生教学案例库建设。2022年新增教育部学位中心入库案例3项、中国案例共享中心入库案例1项和教育部教学指导委员会委托建设案例项目1项,获批江苏省研究生优秀教学案例5项(全省第三),学校资助立项建设案例库项目15项。目前,学校累计获批教育部学位中心入库案例16项、中国案例共享中心案例 19 项。立项校级案例库 197 个,覆盖学校 31 个专业学位类别中的 23 个,建设覆盖率达 74.2%。

南京理工大学通过案例教学课程建设项目,不断推进研究生教学案例建设,有力提升了专业学位研究生课程教学的实效性,促进了专业学位研究生教学内容和教学方法改革,强化了专业学位研究生实践应用能力培养,提高了专业学位研究生培养质量。2022 年,学校组织开展校级案例教学课程建设,立项 12 项,并对 2020 年立项的 11 个项目开展了结题工作,对 2021 年立项的 12 个项目开展了中期检查工作。另外,学校共 12 个案例入选中国专业学位案例中心案例库,6 个案例入选中国管理案例共享中心案例库,2 个案例入选中国 MBA 三十周年成果案例集。2022 年获评江苏省研究生优秀教学案例 5 个、全国图书情报创新案例大赛优秀案例奖 2 个(全国共 34 个)。

(四)融合创新,建设优质开放的在线课程资源

在线课程为研究生教育注入了变革的新生力量。江苏省各高校充分发挥信息技术优势,持续提升教师信息素养,继续加大对在线研究生项目的投入,大力推进课程体系改革,在网络课程建设过程中主动参与内容建设,并做好相关制度保障,推进研究生教学线上线下的有序衔接与融合。

南京中医药大学积极推进优秀课程建设,重点实现课程资源开放共享,打造线上与线下相结合的研究生课程群。学校新建成 SPOC 课程 4 门;向全体博士研究生及学术学位硕士研究生开设"循证医学原理及中医临床应用""智能医学概论""药学前沿讲座""系统生物学研究思路与策略"精品课程,实现"随时学习、及时实践、直面大师、科研在线"的建设目标。学校探索校内校外优质课程资源共享机制,将中医经典课程、国医大师专题课纳入全国医科院校研究生院联盟共建课程;"中医特色文化"课程上线全国医科院校研究生院联盟 SPOC 平台。2022 年,学校研究生优质教学资源有 10 门课程上线国家研究生教育智慧教育平台;10 门课程上线学堂在线慕课平台,并同步上线全国医学专业学位研究生教育指导委员会建设的中国医药学研究生在线教育平台。上线课程资源覆盖医、药、管理、文、理、信息等学科,包含基础学科和应用学科、通识课程和专业课程。

江苏师范大学推进现代教育技术与研究生教育的深度融合,完成研究生一体化教学平台招标建设工作,推进研究生教学线上线下融合式课堂的建设,共计有 200 余门课程。学校坚持"学用管评"相结合,改变研究生学习范式,数字赋能研究生教育教学改革。8 门研究生课程上线国家研究生教育智慧教育

平台。"教育哲学"等4门课程被评为江苏省研究生优秀课程。"幼儿课程理论与实践""科学道德与学术规范"2门课程的在线学习人数超过10 000人。其中"科学道德与学术规范"被长沙理工大学、厦门理工学院引进为教学资源。

（五）规范管理，完善教学考核与督导机制

教学督导作为质量管理与监控的有效手段，对推动研究生教育高质量发展至关重要。江苏省各高校不断强化教育教学管理，完善课程教学质量管理机制，提高督导工作的针对性和实效性，以稳步提高研究生课程与教学活动的质量。

南京航空航天大学致力于完善课程教学质量监督保障机制。一是组织首届研究生课程教学创新大赛，重点体现研究生课程的"研究"性质，高标准、高质量、高水平推进教育教学工作。二是规范教材管理，在江苏省教育厅对学校研究生课程使用的997本思政教材的抽查中，合格率为100%。三是认真执行《研究生课程教学及考核管理办法》，强化教学质量监督考核，19门课程因教学效果不佳被停课处理。

南通大学注重增强考核评价，提升研究生优质教学资源建设实效。学校通过中期检查、结项验收，及时了解项目进展及完成情况，指导各项目优化调整建设方案并完成后续建设，以评促建，充分发挥优质教学资源建设的示范引领作用，带动研究生教育资源质量的整体提升。2022年，学校对立项的8门在线开放课程、2门课的精品教材、12项教学案例库开展中期检查，通过考核评价有力地推动了优质研究生教学资源体系的建设。

二、典型案例

（一）南京航空航天大学——汇聚特色资源，贯通本博培养

1. 汇聚资源、发挥特色，开展"两机"领域急需高层次人才培养

学校结合目前我国航空发动机及内燃轮机领域核心技术人才紧缺现状和产业创新发展需求，以及校内学科专业基础与优势，联合中国航发、中航工业、航天科工等8家国内航空发动机主要企事业单位，实施"航空发动机及燃气轮机国家急需高层次人才培养专项"计划，聚焦航空发动机系统科学、发动机结构强度与可靠性、发动机先进制造工艺与技术、发动机气动与声学等10个方向，超常规加快培养急需高层次人才。2022年，41名研究生（其中博士研究生

20 名)入选专项培养计划。学校成立"航空发动机培养专项"班(虚拟建制)，实施航空发动机专项招生项目，单列招生计划，单独进行报名、考核、录取，加强考核环节的质量把控，聘请行业和第三方单位专家全过程参与，为研究生尽快融入我国航空发动机领域、成为航空发动机科技创新发展高端领军人才奠定基础。

2. 实施本博贯通培养改革，加快培养高层次人才

2022 年，学校制定《本博贯通培养模式改革方案(试行)》，正式启动实施本博贯通培养计划，畅通本科、硕士、博士培养阶段，定向培养优秀后备师资。本博贯通培养依托学校优势学科和优质教育资源，加强基础理论，优化知识结构，实行培养方案一体化设计、学制学籍弹性化管理、高水平导师全程化指导、教育资源倾斜化保障、培养质量常态化考核，加快培养高层次拔尖创新人才。2022 年在长空学院试点实施中选拔第一批培养对象共 16 人，实行"3＋1＋4"模式的贯通培养，引导优秀本科生提前进入研究生阶段学习，进一步提升研究生教育竞争力。

3. 开展研究生课程教学创新大赛

2022 年，学校组织首届研究生课程教学创新大赛。大赛以"教学创新促发展 竞赛示范立标杆"为主题，经教师报名、学院推荐和学校选拔，历时 3 个月，共有 18 门课程进入决赛进行现场教学展示。每位老师以立德树人为价值引领，通过启发式、求证式、探究式教学等，锻炼学生抓住关键问题的能力，激发学生的高阶思维能力。18 名老师把所学、所思、所悟切实融入研究生课程教学，在现场教学展示中围绕研究生课程的"研究"性质，展示了对研究生的学科前沿引导、学术素养训练和创新能力培养。

(二) 南京医科大学——强化顶层设计，实施资源闭环管理

1. 强化顶层设计，夯实制度保障

南京医科大学加快推进"研究生教育质量提升工程"，实施"研究生优质教育资源建设计划"，设立专项建设经费 350 万元，对 8 种类型 112 个项目立项资助。积极构建适应社会发展需求、符合拔尖创新人才培养目标、体现学校办学特色的高质量医学研究生教育资源体系。

2. 强化内涵建设，提升教学品质

学校致力于加强研究生优秀课程建设，对标"新医科"建设要求，革新教学理念，创新教学方法，创新人才培养模式，举办"天元教学专题研讨班"，立项建设新型教学方法应用课程、线上精品课程、课程思政课程、实践类课程、学科交叉课程、英文（双语）课程 6 类 55 门课程。同时，学校加强研究生优秀教材建设，立足学科领域前沿，面向临床医学、口腔医学、公共卫生与预防医学、护理学 4 个一级学科立项建设研究生教材 8 部，丰富优质教材资源供给。学校还注重研究生优秀教学案例建设，面向临床医学、口腔医学、公共卫生、药学、护理 5 个学科领域，开展专业学位研究生教学案例立项建设 49 项，积极培育导向正、质量高、理念新、内容活、实践性强、形式多样的精品教学案例。

3. 强化过程管理，促进成果产出

学校实施优质资源建设"立项—投入—考核—追加投入—再考核—再追加投入"闭环管理，实现对研究生优质教育资源的孵化和正向促进。2022 年，学校获评江苏省研究生优秀课程 5 门、江苏省研究生优秀教材 1 部，6 个案例获评江苏省优秀教学案例，获奖项目数位列全省高校第三位。"精准扶贫路上全国首家惠民医院'五位一体'医疗救助模式的上下求索"等 4 个案例入选教育部学位与研究生教育发展中心研究生案例库，"Ompattros——首次实现 siRNA 临床转化的脂质纳米粒"等 2 个案例获评全国药学专业学位研究生教育指导委员会第六届全国药学硕士专业学位优秀教学案例。

三、实施成效

为进一步评估全省高校研究生优质教学资源建设成效，切实提升研究生教育质量，江苏省教育厅组织开展了江苏省研究生优质教学资源（含研究生优秀课程、优秀教材和优秀教学案例）评选工作。2022 年，江苏省共评选出 100 门研究生优秀课程（自然科学类 57 门，人文社科类 43 门）、50 部研究生优秀教材（自然科学类 30 部，人文社科类 20 部）、100 个研究生优秀教学案例（自然科学类 40 个，人文社科类 60 个），见表 3-1。

表 3-1 2022 年江苏省研究生优质教学资源评选结果

高校	优秀课程/门			优秀教材/部			优秀教学案例/个		
	自然科学	人文社科	合计	自然科学	人文社科	合计	自然科学	人文社科	合计
南京大学	1	5	6	1	2	3	3	3	6
苏州大学	1	4	5	1	1	2	2	2	4
东南大学	4	1	5	1	2	3	1	2	3
南京航空航天大学	4	0	4	3	1	4	2	1	3

(续表)

高校	优秀课程/门 自然科学	优秀课程/门 人文社科	优秀课程/门 合计	优秀教材/部 自然科学	优秀教材/部 人文社科	优秀教材/部 合计	优秀教学案例/个 自然科学	优秀教学案例/个 人文社科	优秀教学案例/个 合计
南京理工大学	3	0	3	2	1	3	3	2	5
江苏科技大学	1	0	1	0	0	0	1	2	3
中国矿业大学	2	2	4	1	0	1	0	2	2
南京工业大学	3	0	3	1	0	1	2	1	3
常州大学	2	0	2	2	0	2	2	1	3
南京邮电大学	2	2	4	1	1	2	1	1	2
河海大学	3	1	4	3	0	3	1	1	2
江南大学	3	0	3	1	0	1	2	2	4
南京林业大学	2	1	3	2	0	2	1	2	3
江苏大学	2	2	4	1	2	3	1	3	4
南京信息工程大学	3	0	3	0	0	0	2	2	4
南通大学	2	1	3	1	0	1	0	3	3
盐城工学院	0	1	1	0	0	0	1	0	1
南京农业大学	2	2	4	1	0	1	2	2	4
南京医科大学	4	1	5	1	0	1	4	2	6
徐州医科大学	1	0	1	0	0	0	4	0	4
南京中医药大学	3	1	4	1	0	1	2	0	2
中国药科大学	2	2	4	1	0	1	2	0	2
南京师范大学	1	4	5	1	2	3	0	5	5
江苏师范大学	1	3	4	0	2	2	0	4	4
南京财经大学	0	4	4	0	2	2	0	2	2
江苏警官学院	0	0	0	0	0	0	0	1	1
南京体育学院	0	0	0	0	0	0	0	2	2
南京艺术学院	0	5	5	0	2	2	0	4	4
苏州科技大学	1	0	1	2	0	2	0	0	0
扬州大学	3	0	3	1	1	2	1	4	5

(续表)

高校	优秀课程/门 自然科学	优秀课程/门 人文社科	优秀课程/门 合计	优秀教材/部 自然科学	优秀教材/部 人文社科	优秀教材/部 合计	优秀教学案例/个 自然科学	优秀教学案例/个 人文社科	优秀教学案例/个 合计
南京工程学院	0	0	0	0	0	0	0	1	1
南京审计大学	0	1	1	0	0	0	0	2	2
江苏海洋大学	1	0	1	0	1	1	0	1	1
全 省	57	43	100	30	20	50	40	60	100

第三节 研究生教育科教产教融合

当前,新一轮科技革命持续推进并加速新旧动能转化,带来了产业格局的调整,因而,社会急需能对接产业的高质量应用型人才,这对高等教育人才培养提出了更高的要求。党的二十大报告指出,人才培养需要"推进产教融合、科教融汇"。江苏高校深入贯彻落实党的二十大精神,主动适应新时代对人才的新需求,以高质量的科教产教融合为抓手,与知名企业、科研院所开展深入合作,将产业场景转化为育人场域,将产业任务转化为科研问题,就教育链、人才链、产业链和创新链的有机融合提供特色模式与丰富经验。

一、品牌项目

江苏省研究生工作站和江苏省产业教授是"研究生教育科教产教融合推进计划"中的两项品牌项目,通过搭建优质协同培养平台、组建高水平联合指导队伍的方式,促进人才培养供给侧和产业需求侧的深度融合,提高研究生培养质量。

(一) 研究生工作站

1. 新增情况

2022年,江苏省教育厅、科技厅认定新增江苏省研究生工作站300家,分布于36所普通高校(表3-2)。其中,党政机关5家,企业252家,事业单位43家。

表 3-2 2022 年新增江苏省研究生工作站高校分布情况　　　　单位：家

高校	新增	高校	新增	高校	新增
南京大学	11	江苏大学	19	南京体育学院	1
苏州大学	10	南京信息工程大学	8	南京艺术学院	2
东南大学	13	南通大学	7	苏州科技大学	7
南京航空航天大学	23	盐城工学院	14	淮阴工学院	8
南京理工大学	9	南京农业大学	12	扬州大学	15
江苏科技大学	9	南京医科大学	4	南京工程学院	7
中国矿业大学	5	徐州医科大学	2	南京审计大学	2
南京工业大学	17	南京中医药大学	1	江苏理工学院	5
常州大学	16	中国药科大学	5	江苏海洋大学	6
南京邮电大学	10	南京师范大学	7	金陵科技学院	4
河海大学	10	江苏师范大学	4	合　计	300
江南大学	8	淮阴师范学院	1		
南京林业大学	10	南京财经大学	8		

另外，依托中国航发控制系统研究所、三一重机有限公司、中亿丰建设集团股份有限公司建立的三家工作站被认定为江苏省优秀研究生工作站示范基地(表 3-3)。

表 3-3 2022 年新增江苏省优秀研究生工作站示范基地情况

序号	设站单位名称	合作高校名称
1	中国航发控制系统研究所 （原名：中国航空工业集团公司航空动力控制系统研究所）	南京航空航天大学
2	三一重机有限公司	南京工业大学
3	中亿丰建设集团股份有限公司 （原名：苏州二建建筑集团有限公司）	苏州科技大学

2. 建站成效

（1）期满验收

江苏省研究生工作站在 4 年认定期满后需申请期满验收。2022 年，在应参加期满验收的 307 家研究生工作站中，22 家工作站的验收结果为优秀，获评江苏省优秀研究生工作站，并自动进入下一轮认定有效期；158 家为合格，重新获得江苏省研究生工作站授牌,并进入下一轮认定有效期。45家为不合格,82家未参加验收,不再作为省级研究生工作站,且3年内不得重新申报。

(2) 年度统计

2022年,共2 873家在建研究生工作站提交了年度报告,反映各站的在站行业专家(技术人员)、联合指导研究生等方面的落实情况。

① 在站行业专家(技术人员)情况

2 873家研究生工作站共拥有在站行业专家(技术人员)423 565人,站均超147人。拥有硕士学位的在站行业专家(技术人员)共115 083人(占比27.17%),站均超40人;拥有博士学位的在站行业专家(技术人员)共14 227人(占比3.36%),站均近5人;拥有中级职称的在站行业专家(技术人员)共119 436人(占比28.20%),站均超41人;拥有高级职称的在站行业专家(技术人员)共64 141人(15.14%),站均超22人。

② 联合指导研究生情况

2 873家研究生工作站中有5 918位行业专家(技术人员)作为在站导师对研究生进行联合指导,站均约2.06人。3 786位在站导师参与了研究生学位论文开题,占比63.97%;3 458位参与了研究生论文中期考核,占比58.43%;2 812位参与了研究生学位论文答辩,占比47.52%。

(二) 产业教授

1. 年度情况

2022年,江苏省教育厅等四部门认定新增选聘江苏省产业教授(研究生导师类)200名,续聘146名(表3-4)。

表3-4 2022年江苏省产业教授(研究生导师类)新聘和续聘情况　　单位:名

高校	新增	续聘	高校	新增	续聘
南京大学	7	11	徐州医科大学	3	—
苏州大学	6	5	南京中医药大学	2	2
东南大学	10	3	中国药科大学	5	7
南京航空航天大学	9	7	南京师范大学	8	—
南京理工大学	6	19	江苏师范大学	1	—
江苏科技大学	8	3	淮阴师范学院	3	—
中国矿业大学	5	2	南京财经大学	8	1

(续表)

高校	新增	续聘	高校	新增	续聘
南京工业大学	11	15	江苏警官学院	1	—
常州大学	7	1	南京艺术学院	3	—
南京邮电大学	9	9	苏州科技大学	4	1
河海大学	9	8	淮阴工学院	3	1
江南大学	5	11	扬州大学	9	17
南京林业大学	7	7	南京工程学院	4	1
江苏大学	9	12	南京审计大学	4	—
南京信息工程大学	8	—	江苏理工学院	5	—
南通大学	5	3	江苏海洋大学	3	—
盐城工学院	4	—	金陵科技学院	1	—
南京农业大学	6		全 省	200	146
南京医科大学	2				

2. 实施成效

(1) 期满考核

江苏省产业教授选聘办公室需要对选聘满4年的江苏省产业教授进行期满考核。2022年,在应参加期满考核的205位产业教授(研究生导师类)中,45位为优秀,138位为合格,3位为不合格,5年内不得申报;另有19位未参加考核。

(2) 年度统计

2022年,全省共770位在聘的研究生导师类产业教授填报了年度数据,报送率达96.5%。根据年报数据统计,目前研究生导师类产业教授中拥有博士学位339人,占比44.03%;拥有硕士学位298人,占比38.70%。另外,有国家重大人才工程入选者或省"333工程"培养对象等107人,占比13.90%。

① 联合指导研究生

770位产业教授与培养单位联合指导研究生共2109人,人均指导约2.74人。其中,合作指导1人及以下的产业教授有290位,指导2—5人的有406位,指导6—10人的有62位,指导超过10人的有12位。

② 开设课程或讲座

770位产业教授开设研究生课程或讲座共1042门(场),人均约1.35门

(场)。其中,开设1门(场)及以下的产业教授有575位,2—4门(场)的有188位,5门(场)及以上的有7位。

③ 科研项目合作

770位产业教授与培养单位合作开展科研项目共1094项,人均1.42项。其中,合作1项及以下的有531位,2—4项的有212位,5项级以上的有27位。

④ 合作发表论文或著作

770位产业教授与培养单位合作发表论文或出版著作共863篇(部),人均约1.12篇(部)。其中,合作发表1篇(部)及以下的有573位,2—4篇(部)的有153位,5篇(部)及以上的有44位。

⑤ 合作获授权专利

770位产业教授与培养单位合作获授权专利共760项,人均约0.99项。其中,合作获授权专利1项及以下的有619位,2—4项的有102位,5项及以上的有49位。

二、特色举措

科教产教融合是适应国家研究生教育改革和发展需要、增强研究生实践动手和科研创新能力的重要举措。江苏省各高校紧密围绕国家发展需求,持续实施"产业教授"品牌项目,同时以研究生联合培养基地、大院名企计划为抓手,与知名企业、科研院所联合培养研究生,积极推动协同创新和人才培养的深度融合。

(一)聚焦人才培养,落实产业教授选聘管理与考核

为大力实施人才强省战略,巩固深化高校与产业联合培养人才体制机制,促进教育链、人才链与产业链、创新链有机衔接,江苏省选聘产业教授深入参与研究生培养各个环节,深化产教协同育人,加强研究生导师队伍建设,为培养高层次创新型人才、推进高水平科技成果转化提供重要支持和制度保障。

东南大学根据江苏省产业教授选聘、年报和考核工作的要求,开展第十批产业教授遴选推荐工作,其中13人获批省产业教授。学校组织开展第8批14名产业教授的中期考核、第6批13名产业教授的期满考核工作和在聘57名产业教授的年报工作,其中5名产业教授获评期满考核优秀。学校产业教授承担研究生实践课程教学,参与专业学位研究生培养方案的修订和教材编写,作为校外导师指导专业学位研究生,与学校联合开展项目申报、科学研究、

科技开发、成果转化等,进一步促进产教融合。

南京理工大学深化产业教授参与人才培养机制,通过"找准一个工作切入点、建立一套工作机制、明确五项工作内容",扎实有效开展产业教授队伍建设工作。为深化产业教授参与人才培养机制改革,学校修订出台《南京理工大学产业教授(研究生导师类)工作实施细则》,进一步加强和规范产业教授的管理工作,充分发挥产业教授在学校专业学位研究生培养过程中的重要作用。2022年,"江苏教育发布"官方微信公众号以"南京理工大学:以产业教授推动专业学位研究生培养的实践与探索"为题,展示了学校的产业教授管理工作。学校陆宝春教授与其联系的产业教授合作培养博士生3名、硕士生22名,合作承担江苏省科技成果转化专项资金项目2项、南通市科技成果转化专项资金项目3项,合作成果荣获2022年度江苏省科学技术二等奖1项、三等奖3项。

(二)扩大校企合作,着力建设研究生联合培养基地

加强研究生联合培养基地的建设是培养专业学位研究生实践能力的基本要求,是推动教育理念转变、深化培养模式改革、提高培养质量的重要保证。江苏省各高校为加强专业学位研究生实践能力的培养,高度重视研究生联合培养基地的建设,与行业、企业、社会组织等主体共同搭建人才培养平台,促进产学结合,助力学生发展。

河海大学认真贯彻《河海大学研究生联合培养基地建设管理办法》《河海大学优秀研究生联合培养基地评选办法(试行)》、基地导师遴选办法及研究生赴基地实践管理办法等研究生联合培养管理办法体系,最终实现学校、学生、基地"三赢"的局面。截至2022年底,学校在全国26个省(市)建成研究生联合培养基地(含研究生工作站)395家,建成中水北方勘测设计研究有限责任公司、中国电建集团华东勘测设计研究院有限公司等7家研究生海外培养基地,并组成海外基地群。2022级1871名专业学位研究生100%进入基地,在校内和基地双导师指导下完成为期1年的实践环节培养。

江苏科技大学以实践基地为依托,推动产教研深度融合。学校制定《江苏科技大学研究生实践基地建设与管理办法》,构建省校院三级联合培养基地体系。持续推进与以中国船舶集团、江南造船厂、中船澄西为代表的产学研联合培养基地的全面合作。学校聘任7名中船集团专家为学校兼职教授,选派5名青年导师到企业进行实训,选派120名研究生进入中国船舶集团旗下企业,参与研究项目100余项。学校在上海外高桥等5个下属企业设立研究生工

站。2022年获批9家省研究生工作站,目前共建有近170家省研究生工作站,期满验收合格24家。

(三)创新育人途径,贯彻大院名企研究生联培计划

2022年度,江苏省各高校统筹产教融合,继续实施大院名企研究生联培计划,充分调动知名企业和科研院所参与高层次人才培养的积极性,推动科技与研究生教育紧密结合、产业与研究生教育深度融合。

江南大学与多家研究院及企业开展研究生联合培养工作。学校与各行业的头部企业建立紧密联系,与茅台集团、五粮液、光明乳业、古越龙山等企业开展产学研合作项目,合作成果获得国家级、省部级及商业联合会奖,另获多项发明授权专利等。与华为签约共建"智能基座"产教融合协同育人基地,深化产教融合协同育人,创新优化人才生态链,在落实智能基座师资培训、建立校内校外实习实训基地,共建华为ICT学院、创新训练营等方面开展深入合作,努力实现专业共建、课程共设、师资共培、资源共享、项目共研,通过协同育人模式,结合国家新经济产业需求和无锡区域经济特征培养高质量的新工科技术人才。学校与江苏省产业技术研究院签订全面合作协议,共建食品生物技术研究所(扬州、如皋),双方联合培养集萃研究生,开展了益生菌高密度培养、液氮喷雾制备、高效冻干等产业化关键技术研究。该科研团队获批国家自然科学基金创新群体项目。

常州大学深化与长三角国家创新中心、江苏省产业技术研究院项目共建的合作,开展集萃技术转移研究生培养,探索从学科导向转向产业需求导向、从专业分割转向跨界交叉融合的新型人才培养模式,打通学校研究生在集萃体系的专业研究所、合作龙头企业攻读博士学位或从事博士后研究的通道,形成优势互补、共建共享的多方联合培养机制。学校以集萃体系下近90家专业研究所和250余家合作企业的研发中心为平台,累计联合培养技术转移研究生346名。2022年,新工科复合型人才培养工作和服务地方经济社会工作两次获江苏省教育厅专题报道,技术转移研究生培养体系建设获中国石油化工教育教学成果一等奖。

三、典型案例

(一)扬州大学——校企资源深度融合,搭建协同育人平台

1. 专注工作实效,产业教授选聘工作作为典型示范在全省展示

一是组织"产业教授进校园"系列活动,编写《扬州大学产业教授合作成果

汇编》，组织专题报告 48 场、交流研讨会等学术活动 8 次。二是扎实落实"双导师"制，聘请 307 名行业专家为学校专硕导师。三是对标学科优势，产业教授"多方位、全过程"参与学校专业建设、教材建设、实践教学、技能培训等人才培养活动，将最前沿的产业知识、技术工艺、技术方法融入人才培养。2022 年，学校新增省产业教授 9 名、校产业教授 15 名，2021—2022 年获评省期满考核优秀产业教授 8 名。

2. 着眼体系完善，科技小院领跑研究生联合培养基地建设

一是建设"专业学位研究生实践管理信息平台"，规范专业学位研究生实践活动。二是召开优秀研究生工作站推进会，持续推进校企实质性合作。三是加强研究生工作站申报前考察和立项后过程管理工作。2022 年，学校新增获批全国科技小院 9 个、省研究生工作站 15 个、校研究生工作站 45 个，期满考核获评优秀的研究生工作站 6 个。截至目前，学校建有校企联盟 900 多个、校外科技推广基地 300 多个、省研究生工作站 245 个、获评省优秀研究生工作站 46 个，国家、省级、学校、学院、学科五级研究生联合培养基地初步建成。学校科技小院建设成效和高层次应用型人才培养举措多次被《新华日报》、交汇点新闻等国内知名媒体报道。

3. 聚焦人才培养，大院名企协同联合培养研究生

一是将联合培养研究生情况纳入学院年终量化考核，鼓励学院建立联合培养的常态化工作机制。二是依托学科，创新合作机制，将联合培养专业加入 2023 年硕士研究生招生简章，单列招生指标。三是签订多项研究生联合培养协议，2022 年学校与江苏省农科院签署合作协议，新增与苏州纳米所、和天下联合创新中心以及未来网络创新研究院的合作协议 3 份。此外，校企合作参加"省产研院第二届集萃创新杯"大赛，荣获二等奖和三等奖各 1 项；获批省产研院"集萃研究生"奖学金 12 项。目前，学校累计与中科院南京分院和省产研院签署联合协议 21 项，获批省产研院"集萃研究生"奖学金 32 项，聘请 35 名专家为学校专业学位研究生导师，联合培养博硕士研究生 84 名。

（二）南京邮电大学——围绕大信息学科体系，推动产教融合建设

1. 推行"四个共同"联培机制，着力打造高水平产业教授队伍

学校高度重视产业教授的选聘工作，严格执行《南京邮电大学产业教授（兼职）选聘及管理办法》，加强产业教授的选聘与管理，实施"四个共同"联培机制，产业教授与学校导师"共建学位点，共制培养方案，共设实践课程，共编教学案例"。校企合作共建了电子信息、能源动力、物流工程与管理等专业学

位授权点,产业教授参与制定相关专业研究生培养方案,开设19门产业教授联授课程,2022年共同培育研究生优秀教学案例30余个,其中2个入选江苏省研究生优秀教学案例、4个入选中国管理案例库、1个入选中国管理案例共享中心"全国百篇优秀管理案例"。

2. 架构四级"金字塔"型研究生工作站建设体系

学校实施"一技一企一平台"校企合作战略,一项特色优势技术对接一家行业龙头企业共建一个研究生联培基地,构建了"省示范—省优秀—省—校"四级"金字塔"型研究生工作站建设体系,建有江苏省优秀研究生工作站示范基地1个、省优秀研究生工作站7个、省研究生工作站229个、校级研究生工作站916个,每年近2 000名研究生进入研究生工作站开展课题研究。

3. 构建大院名企联培机制,推进产教融合、科教融汇

学校设置8个大院名企联培计划,与江苏省产研院合作制定"集萃研究生"联培专项计划,与中科院南京分院合作制定"卓越研究生"联培专项计划,与南京市浦口区合作制定"浦芯精英研究生"联培专项计划,与华为公司联合培养"华为智能基座——物联网"专项人才,与中兴公司联合培养"5G/6G车联网"专项人才,与南瑞公司联合培养"碳中和"专项人才,与安恒信息技术有限公司联合培养"网络空间安全"专项人才,与本源量子联合培养"量子信息"专项人才。20余位学科导师担任企业科技副总。学校聘任126位企业导师,与华为、中兴、中电等55家企业共建国家工程中心和国家工程实验室,每年联合培养研究生300人。

(三)南京农业大学——扎根育人创新培养模式,科技助农服务社会发展

多年来,南京农业大学坚持面向农业科技创新和新农村建设一线,科学构建了国家级、省级、校级立体式研究生实践基地建设体系,科技小院是该校开展专业学位研究生实践培养环节的重要平台。学校高度重视科技小院建设,对优秀的科技小院予以研究生指标配套支持,同时积极对接学院和设站单位,严格高效做好申报、全过程跟踪以及验收等相关工作,夯实专业学位研究生育人平台建设,助力全面乡村振兴。

1. 创新农业专才育人模式,培养未来"下地专家"

学校将科技小院作为研究生协同培养重要基地,把农业专业学位研究生长期派驻到农业生产一线,在完成理论知识学习的基础上,重点研究解决农业农村生产实践中的实际问题,与一线技术人员共同进行农业生产技术攻关。

鼓励研究生具备"稻田寻真知,田埂吃便饭"的精神,培养农学类研究生利用专业知识造福农村的使命感与责任感,在农户调研和田间试验中寻找问题,解决问题,着力培养知农、爱农、兴农的农业高层次应用型人才。

2. 促进科技创新推广,打造行业"新型智库"

学校依托科技小院实时更新农业生产技术知识,在增产节肥、新种繁育、种植技术、灾害防控、农业加工、质量监控等方面,开发改进各类绿色技术促进农业生产提质增效,根据实际情况及时更新和预测农业灾害,给当地农业生产给予全程技术支持。同时,在当地建设核心农业生产示范区,培育新型农业经营主体,支持龙头企业发展,并对外进行辐射推广,取得了良好的经济和社会效益。通过建立农产品质量安全的监管平台、溯源平台、服务平台等,依托智慧化的信息技术对农产品产前、产中、产后各个环节进行全面监管和指导,打造"产销一条龙"的放心安全农产品链条。

3. 组织科普培训服务,形成田野"第二课堂"

科技小院联合当地农科所开展先进农业生产技术宣传,通过线上专家咨询、线下田间观摩的方式方便小农户参加技术培训,让小农户切实感受用更低的成本获得更高的收益。召开推介会,现场展示育成的优异品种,向社会公众展示农业科技创新成果,宣传推介优秀农产品。还针对新产品、新技术进行科普,促进全省各级农技协、农业合作社、农业高新技术企业交流经验,相互学习。作为江苏省科普教育基地的重要组成部分,积极响应江苏省农村专业技术协会的号召,参与江苏课后服务科教资源推介展,接待中小学生和当地居民参观学习。

第四节 研究生科研创新实践项目

江苏省研究生科研创新实践项目主要包括研究生科研与实践创新计划、研究生科研创新实践大赛 4 类、研究生暑期学校、研究生学术创新论坛。2022年,江苏省研究生科研创新实践项目有了更新颖、更丰富、更灵活的形式,为深化研究生培养模式改革、提升研究生科研创新实践能力提供了更广阔的平台。

一、研究生科研与实践创新计划

2022 年,江苏省研究生科研与实践创新计划共立项 5 880 项(表 3-5),其中,研究生科研创新计划立项 3 881 项,研究生实践创新计划立项 1 999 项。

在研究生科研创新计划立项中,自然科学类 2 713 项,人文社科类 1 168 项;博士层次 1 816 项,硕士层次 2 065 项;部属院校 1 231 项,省属院校 2 650 项。

在研究生实践创新计划立项中,自然科学类 1 506 项,人文社科类 493 项;博士层次 90 项,硕士层次 1 909 项;部属院校 306 项,省属院校 1 693 项。

表 3-5　2022 年江苏高校研究生科研与实践创新计划立项情况　　　单位:项

学校名称	科研创新计划 自然科学	科研创新计划 人文社科	科研创新计划 合计	实践创新计划 自然科学	实践创新计划 人文社科	实践创新计划 合计
南京大学	108	80	188	21	11	32
东南大学	114	17	131	46	5	51
南京航空航天大学	62	9	71	18	1	19
南京理工大学	112	81	193	27	29	56
河海大学	99	21	120	33	7	40
南京农业大学	79	11	90	20	5	25
中国药科大学	40	5	45	7	1	8
南京邮电大学	136	56	192	48	13	61
南京林业大学	83	11	94	21	17	38
南京信息工程大学	98	29	127	44	23	67
南京工业大学	106	22	128	79	8	87
南京师范大学	128	147	275	76	46	122
南京财经大学	26	87	113	1	36	37
南京医科大学	78	5	83	55	0	55
南京中医药大学	205	17	222	191	6	197
南京审计大学	21	130	151	11	96	107
南京体育学院	14	22	36	3	9	12
南京艺术学院	0	31	31	27	0	27
南京工程学院	0	0	0	50	0	50
江苏警官学院	0	0	0	1	7	8
江南大学	127	22	149	16	2	18
中国矿业大学	195	49	244	48	9	57

(续表)

学校名称	科研创新计划			实践创新计划		
	自然科学	人文社科	合计	自然科学	人文社科	合计
江苏师范大学	84	93	177	14	73	87
徐州医科大学	114	4	118	30	2	32
常州大学	121	38	159	143	16	159
江苏理工学院	0	0	0	40	0	40
苏州大学	56	41	97	20	4	24
苏州科技大学	60	16	76	59	24	83
南通大学	59	14	73	31	14	45
江苏海洋大学	13	2	15	16	3	19
淮阴师范学院	0	0	0	4	0	4
淮阴工学院	0	0	0	10	0	10
盐城工学院	3	0	3	8	0	8
扬州大学	131	42	173	133	15	148
江苏大学	124	26	150	41	7	48
江苏科技大学	117	25	142	114	4	118
中共江苏省委党校	0	15	15	0	0	0
全省	2 713	1 168	3 881	1 506	493	1 999

江苏省教育厅要求各培养单位按照自然科学类不低于1.5万元/项、人文社科类不低于0.8万元/项的标准对立项课题进行资助。江苏高校通过各种渠道筹措经费,全力落实资助政策,保障项目研究的顺利开展。从近3年的立项数据来看,江苏高校研究生科研与实践创新计划的立项数逐年显著增加(表3-6)。

表3-6 江苏高校研究生科研与实践创新计划立项情况(2020—2022年) 单位:项

学校名称	科研创新计划			实践创新计划			合计		
	2020	2021	2022	2020	2021	2022	2020	2021	2022
南京大学	64	64	188	11	21	32	75	85	220
东南大学	103	109	131	54	74	51	157	183	182
南京航空航天大学	65	72	71	6	14	19	71	86	90

(续表)

学校名称	科研创新计划 2020	科研创新计划 2021	科研创新计划 2022	实践创新计划 2020	实践创新计划 2021	实践创新计划 2022	合计 2020	合计 2021	合计 2022
南京理工大学	178	184	193	78	63	56	256	247	249
河海大学	150	120	120	50	40	40	200	160	160
南京农业大学	57	98	90	17	29	25	74	127	115
中国药科大学	83	45	45	6	5	8	89	50	53
南京邮电大学	151	163	192	49	75	61	200	238	253
南京林业大学	54	74	94	10	24	38	64	98	132
南京信息工程大学	82	113	127	29	57	67	111	170	194
南京工业大学	143	168	128	103	148	87	246	316	215
南京师范大学	138	193	275	37	37	122	175	230	397
南京财经大学	107	137	113	21	27	37	128	164	150
南京医科大学	73	75	83	33	43	55	106	118	138
南京中医药大学	170	193	222	119	148	197	289	341	419
南京审计大学	95	144	151	48	86	107	143	230	258
南京体育学院	28	37	36	10	7	12	38	44	48
南京艺术学院	24	16	31	15	12	27	39	28	58
南京工程学院	0	0	0	28	42	50	28	42	50
江苏警官学院	0	0	0	12	7	8	12	7	8
江南大学	209	48	149	62	0	18	271	48	167
中国矿业大学	103	429	244	23	112	57	126	541	301
江苏师范大学	366	152	177	101	69	87	467	221	264
徐州医科大学	67	105	118	9	18	32	76	123	150
常州大学	115	149	159	93	140	159	208	289	318
江苏理工学院	0	0	0	32	34	40	32	34	40
苏州大学	110	98	97	27	25	24	137	123	121
苏州科技大学	55	72	76	57	75	83	112	147	159
南通大学	70	77	73	33	49	45	103	126	118
江苏海洋大学	103	9	15	153	8	19	256	17	34

(续表)

学校名称	科研创新计划 2020	2021	2022	实践创新计划 2020	2021	2022	合计 2020	2021	2022
淮阴师范学院	0	0	0	4	7	4	4	7	4
淮阴工学院	0	0	0	19	18	10	19	18	10
盐城工学院	4	4	3	10	12	8	14	16	11
扬州大学	42	150	173	30	136	148	72	286	321
江苏大学	88	110	150	52	70	48	140	180	198
江苏科技大学	73	106	142	53	68	118	126	174	260
中共江苏省委党校	0	13	15	0	0	0	0	13	15
全省	3 170	3 527	3 881	1 494	1 800	1 999	4 664	5 327	5 880

二、研究生科研创新实践大赛

研究生科研创新实践大赛将研究生培养与实践有机结合，在注重考察研究生"高层次"实践能力的基础上，兼顾研究生培养的"高学术"要求，以推进高校研究生培养改革。2022 年，江苏省共举办了 22 场研究生科研创新实践大赛(表 3－7)。

表 3－7　2022 年江苏省研究生科研创新实践大赛基本情况

序号	科研创新实践大赛名称	主办教指委	承办高校
1	2022 年江苏省研究生"开放经济与产业发展"科研创新大赛	经济学类	江苏大学
2	2022 年江苏省研究生金融学类（含保险）教学案例大赛	经济学类	南京大学等
3	2022 年江苏省研究生教育硕士实践创新能力大赛	教育学类	江苏大学
4	2022 年江苏省研究生中华优秀传统文化经典篇目翻译大赛	文学类	南京师范大学
5	2022 年江苏省研究生汉语国际教学技能暨中华才艺大赛	文学类	江苏大学
6	2022 年江苏省研究生数学建模科研创新实践大赛	理学 1 类	南京大学

(续表)

序号	科研创新实践大赛名称	主办教指委	承办高校
7	2022年江苏省研究生生物检验科研创新实践大赛	理学2类	徐州医科大学
8	2022年江苏省研究生"药食同源生物资源挖掘与应用"大赛	理学2类	江苏师范大学
9	2022年江苏省研究生节能低碳科研创新实践大赛	工学1类	江苏大学等
10	2022年江苏省研究生智能垂直起降航空器设计与制造创新实践大赛	工学1类	南京航空航天大学
11	2022年江苏省研究生野外智能无人车挑战大赛	工学2类	南京航空航天大学
12	2022年江苏省研究生"先进生物与绿色环保技术"创新实践大赛	工学3类	江南大学等
13	2022年江苏省研究生绿色低碳技术创新实践大赛	工学3类	南京理工大学
14	2022年江苏省研究生智慧交通运输创新实践大赛	工学4类	东南大学
15	2022年江苏省研究生食品健康、安全及智能制造大赛	工学4类	江苏大学
16	2022年江苏省研究生精准植保科研创新实践大赛	农学类	南京农业大学
17	2022年江苏省研究生"医防融合,卫护健康"科研创新实践大赛	医学类	南京医科大学
18	2022年江苏省研究生临床药学技能大赛	医学类	中国药科大学
19	2022年江苏省研究生公共管理案例分析大赛	管理学类	中国矿业大学
20	2022年江苏省研究生工商管理案例大赛	管理学类	南京航空航天大学等
21	2022年江苏省研究生"田园之诗"乡村振兴创新设计大赛	艺术学类	南京林业大学
22	2022年江苏省研究生乡村博物馆的"当代叙事"创意设计大赛	艺术学类	江苏大学

此外,江苏高校积极组织研究生参加中国研究生创新实践系列大赛(由中国学位与研究生教育学会和中国科协青少年科技中心共同主办)。2018—

2022年，江苏高校在12项赛事中累计派出45 000余人参加，占全国参与总人数的9.42%，位列全国第三，仅次于上海和陕西(表3-8)。江苏高校连续数年在系列大赛中表现优异，在12项赛事中累计获奖4 058项，占全国获奖总数的12.10%，位列全国第二，仅次于上海。在2022年已完成的10项大赛中共获奖1 092项，获奖总数一举跃至全国第一。在一等奖及以上获奖数上，江苏高校5年累计共获得286项，全国占比13.81%，位居第一。

表3-8　江苏高校参与中国研究生创新实践系列大赛的情况(2018—2022年)

大赛名称	参赛人数 江苏	参赛人数 全国占比/%	获奖总数 江苏	获奖总数 全国占比/%	一等奖及以上数 江苏	一等奖及以上数 全国占比/%
中国研究生智慧城市技术与创意设计大赛	1 390	6.76	17	6.61	2	4.55
中国研究生未来飞行器创新大赛	924	9.50	96	16.33	7	10.14
中国研究生数学建模竞赛	26 818	10.15	3 241	12.42	145	15.04
中国研究生电子设计竞赛	5 147	7.47	266	11.59	100	19.65
中国研究生创"芯"大赛	411	6.45	48	6.43	2	2.50
中国研究生人工智能创新大赛	1 067	6.75	28	9.30	3	7.69
中国研究生机器人创新设计大赛	1 395	9.34	68	10.07	6	8.33
中国研究生能源装备创新设计大赛	1 607	6.61	106	7.90	9	6.52
中国研究生公共管理案例大赛	3 171	9.71	39	13.18	4	9.09
中国研究生乡村振兴科技强农+创新大赛	350	6.02	32	10.36	6	7.59
中国研究生网络安全创新大赛	256	9.83	14	14.00	0	0.00
中国研究生"双碳"创新与创意大赛	2 553	20.05	103	19.29	2	11.11
合　计	45 089	9.42	4 058	12.10	286	13.81

数据来源：《中国研究生创新实践系列大赛十年发展报告》(中国学位与研究生教育学会等主编，上海教育出版社，2023年)。

注：中国研究生创新实践系列大赛创办于2013年，于2018年在稳定赛事规模的基础上进行改革。截至2022年，围绕国家发展战略和经济社会重大需求共有13项大赛，除表中列出的12项大赛之外，"中国研究生金融科技创新大赛"为2022年首次举办，该报告统计数据时并未完赛，因此暂未列出。

三、研究生暑期学校

研究生暑期学校旨在充分利用江苏省研究生教育教学的优质资源，推动省内研究生培养单位、相关学科实现研究生培养的优势互补、资源共享、学分互认，拓宽研究生学术视野，激发创新思维，提升研究生培养质量。2022年，江苏省研究生教育指导委员会主办了38个暑期学校(表3-9)。

表3-9 2022年江苏省研究生暑期学校基本情况

序号	暑期学校名称	主办教指委	承办高校
1	2022年江苏省研究生"21世纪国外马克思主义前沿问题研究"暑期学校	哲法史学类	南京大学
2	2022年江苏省研究生"时代变迁与马克思主义"暑期学校	哲法史学类	南京邮电大学
3	2022年江苏省研究生"马克思主义与当代中国"暑期学校	哲法史学类	扬州大学
4	2022年江苏省研究生经济管理前沿研究方法暑期学校	经济学类	苏州大学
5	2022年江苏省研究生"应用经济研究方法论"暑期学校	经济学类	南京农业大学
6	2022年江苏省研究生能源金融暑期学校	经济学类	南京航空航天大学
7	2022年江苏省研究生青海支教教师技能专训暑期学校	教育学类	江苏师范大学
8	2022年江苏省研究生"体育学交叉学科前沿"暑期学校	教育学类	扬州大学
9	2022年江苏省研究生体育科学的高质量发展暑期学校	教育学类	苏州大学
10	2022年江苏省研究生"数字媒体视角下的新闻与传播"暑期学校	文学类	南京大学
11	2022年江苏省研究生"数学基础课程选讲"暑期学校	理学1类	苏州大学
12	2022年江苏省研究生"化梦为翼"暑期学校	理学1类	南京工业大学
13	2022年江苏省研究生"微分几何与偏微分方程"暑期学校	理学1类	南京理工大学

(续表)

序号	暑期学校名称	主办教指委	承办高校
14	2022年江苏省研究生"非传统稳定同位素"暑期学校	理学2类	南京大学
15	2022年江苏省研究生"陆面过程与陆气相互作用"暑期学校	理学2类	南京信息工程大学
16	2022年江苏省研究生"地理大数据与空间智能"暑期学校	理学2类	南京师范大学
17	2022年江苏省研究生"计算力学与工程"暑期学校	工学1类	河海大学
18	2022年江苏省研究生"船舶与海洋工程未来技术"暑期学校	工学1类	江苏科技大学
19	2022年江苏省研究生"智能制造工程综合能力与创新"暑期学校	工学1类	南京工程学院
20	2022年江苏省研究生"视觉计算与可信人工智能"暑期学校	工学2类	南京理工大学
21	2022年江苏省研究生"通信感知计算一体化"暑期学校	工学2类	南京邮电大学
22	2022年江苏省研究生"化工过程本质安全与智慧消防"暑期学校	工学3类	南京工业大学
23	2022年江苏省研究生先进材料与绿色化工暑期学校	工学3类	江苏科技大学
24	2022年江苏省研究生水文学及水资源暑期学校	工学4类	河海大学
25	2022年江苏省研究生"无人驾驶与智能感知"暑期学校	工学4类	南通大学
26	2022年江苏省研究生"土木工程碳中和"暑期学校	工学4类	南京工业大学
27	2022年江苏省研究生生物育种创新暑期学校	农学类	南京农业大学
28	2022年江苏省研究生"现代农业与作物科技"暑期学校	农学类	扬州大学
29	2022年江苏省研究生"林业有害生物成灾机制与绿色防控"暑期学校	农学类	南京林业大学
30	2022年江苏省研究生"核与辐射事故应急"暑期学校	医学类	苏州大学

(续表)

序号	暑期学校名称	主办教指委	承办高校
31	2022年江苏省研究生"现代科学解读中医药原理"暑期学校	医学类	南京中医药大学
32	2022年江苏省研究生"懂医精药强用—新药研究与临床药学"暑期学校	医学类	徐州医科大学
33	2022年江苏省研究生"复杂性背景下的管理研究方法"暑期学校	管理学类	常州大学
34	2022年江苏省研究生"新时代高质量发展与公共治理转型"暑期学校	管理学类	河海大学
35	2022年江苏省研究生"智能会计"理论与实践暑期学校	管理学类	南京审计大学
36	2022年江苏省研究生"雕版印刷技艺的传承与创新"暑期学校	艺术学类	扬州大学
37	2022年江苏省研究生"江南造物与文化再生创新设计"暑期学校	艺术学类	江南大学
38	2022年江苏省研究生"创新创业艺术工坊"暑期学校	艺术学类	南通大学

四、研究生学术创新论坛

江苏省研究生学术创新论坛是立足江苏、面向长三角、辐射全国的以研究生为主体的学术交流平台，旨在促进各学科研究生交流与合作，拓宽研究生的学术视野，激发创新思维，提升研究生培养质量。2022年，江苏省研究生教育指导委员会主办了56个研究生学术创新论坛(表3－10)。

表3－10　2022江苏省研究生学术创新论坛总体情况

序号	学术创新论坛名称	主办教指委	承办高校
1	2022年江苏省研究生马克思主义理论学术创新论坛	哲法史学类	南京师范大学
2	2022年江苏省研究生"健康中国与老龄化社会"学术创新论坛	哲法史学类	东南大学
3	2022年江苏省研究生"社会变迁与文明进程：世界史与中国史的对话"学术创新论坛	哲法史学类	苏州科技大学

(续表)

序号	学术创新论坛名称	主办教指委	承办高校
4	2022年江苏省研究生数字经济时代的企业创新与国际贸易学术创新论坛	经济学类	南京师范大学
5	2022年江苏省研究生财经（审计）学术创新论坛	经济学类	南京审计大学
6	2022年江苏省研究生"财政与金融协同发展稳增长"学术创新论坛	经济学类	南京财经大学
7	2022年江苏省研究生"数字经济时代金融助力高质量发展"（第四届）学术创新论坛	经济学类	苏州科技大学
8	2022年江苏省研究生"体育健康与社会发展"学术创新论坛	教育学类	南京师范大学
9	2022年江苏省研究生"心理学＋"学术创新论坛	教育学类	苏州科技大学
10	2022年江苏省研究生"与世界对话：外国语言文学"学术创新论坛	文学类	南京信息工程大学
11	2022年江苏省研究生"江苏语言文字生态研究"学术创新论坛	文学类	江苏师范大学
12	2022年江苏省研究生"传承与创新——外国语言文学"学术创新论坛	文学类	南京大学
13	2022年江苏省研究生"新闻传播学"学术创新论坛	文学类	南京财经大学
14	2022年江苏省研究生"问题驱动下的数学及应用"学术创新论坛	理学1类	江苏师范大学
15	2022年江苏省研究生"凝聚态物理前沿"学术创新论坛	理学1类	江苏大学
16	2022年江苏省研究生"分子精准合成与碳循环化学"学术创新论坛	理学1类	苏州大学
17	2022年江苏省研究生"科学计算及其应用"学术创新论坛	理学1类	东南大学
18	2022年江苏省研究生"前沿物理与交叉科学"学术创新论坛	理学1类	南京师范大学
19	2022年江苏省研究生"不对称化学"学术创新论坛	理学1类	常州大学

(续表)

序号	学术创新论坛名称	主办教指委	承办高校
20	2022年江苏省研究生"科技赋能农业·助力乡村振兴"学术创新论坛	理学2类	南京农业大学
21	2022年江苏省研究生生命科学学术创新论坛	理学2类	南京医科大学
22	2022年江苏省研究生现代生物技术学术创新论坛	理学2类	扬州大学
23	2022年江苏省研究生"双碳"目标下地球科学的机遇与挑战学术创新论坛	理学2类	南京大学
24	2022年江苏省研究生"大型工程与力学原理"学术创新论坛	工学1类	南京航空航天大学
25	2022年江苏省研究生"智能特种装备设计与制造"学术创新论坛	工学1类	南京理工大学
26	2022年江苏省研究生"高端装备与智能制造"学术创新论坛	工学1类	江苏大学
27	2022年江苏省研究生"机械与海洋工程装备设计制造及其控制"学术创新论坛	工学1类	江苏海洋大学
28	2022年江苏省研究生"计算机科学与技术"学术创新论坛	工学2类	东南大学
29	2022年江苏省研究生"新能源电动车技术与装备"学术创新论坛	工学2类	中国矿业大学
30	2022年江苏省研究生"互联网＋"与智能农业学术创新论坛	工学2类	江苏大学
31	2022年江苏省研究生"双碳"战略新材料学术创新论坛	工学3类	东南大学
32	2022年江苏省研究生长三角地区高校"材料＋X"研究生学术论坛	工学3类	南京航空航天大学
33	2022年江苏省化学工程与技术研究生学术创新论坛	工学3类	盐城工学院
34	2022年江苏省研究生"安全与应急"学术创新论坛	工学3类	中国矿业大学
35	2022年江苏省研究生先进材料学术创新论坛	工学3类	南京理工大学
36	2022年江苏省研究生安全防护用纺织品学术创新论坛	工学3类	南通大学

(续表)

序号	学术创新论坛名称	主办教指委	承办高校
37	2022年江苏省研究生未来城市学术创新论坛	工学4类	南京大学
38	2022年江苏省研究生绿色生物与化学制造学术创新论坛	工学4类	南京工业大学
39	2022年江苏省研究生绿色建造学术创新论坛	工学4类	南京林业大学
40	江苏省研究生食品科学与营养健康学术创新论坛	工学4类	南京财经大学
41	2022年江苏省研究生园艺与乡村振兴学术创新论坛	农学类	南京农业大学
42	2022年江苏省研究生绿色渔业与乡村振兴学术创新论坛	农学类	南京农业大学
43	2022年江苏省研究生"草学"学术创新论坛	农学类	扬州大学
44	2022年江苏省研究生"兽医学"学术创新论坛	农学类	扬州大学
45	2022年江苏省研究生类器官与器官芯片学术创新论坛	医学类	东南大学
46	2022年江苏省研究生"重大疾病发生与精准诊疗前沿"学术创新论坛	医学类	江苏大学
47	2022年江苏省研究生"肿瘤生物治疗"学术创新论坛	医学类	徐州医科大学
48	2022年江苏省研究生"大数据时代的生物医学"学术创新论坛	医学类	南京航空航天大学
49	2022年江苏省研究生第三届"智能经济与管理"学术创新论坛	管理学类	苏州大学
50	2022年江苏省研究生"双碳"管理学术创新论坛	管理学类	南京林业大学
51	2022年江苏省研究生公共管理学科行知学术创新论坛	管理学类	南京农业大学
52	2022年江苏省研究生数字化转型与管理创新学术创新论坛	管理学类	江苏科技大学
53	2022年江苏省作曲专业研究生学术创新论坛	艺术学类	南京艺术学院
54	2022年江苏省研究生"中华民族视觉形象的历史与理论"学术创新论坛	艺术学类	东南大学

(续表)

序号	学术创新论坛名称	主办教指委	承办高校
55	2022年江苏省研究生长三角艺术创新论坛	艺术学类	南通大学
56	"2022年江苏省研究生新时代乡村美育体系建构"学术创新论坛	艺术学类	常州大学

第五节 "十佳研究生导师"和"十佳研究生导师团队"

研究生导师是我国研究生教育的关键力量，肩负着培养国家高层次创新人才的使命与重任。近年来，江苏省各高校全面落实研究生导师立德树人职责，着力打造政治素养过硬、师德师风高尚、业务能力精湛的研究生导师队伍，激励导师做研究生成长成才的引路人。各高校研究生导师遵循研究生教育规律，从教育理念、培养模式、指导方式和师生关系等方面入手，着力提升研究生思想政治素质，培养研究生学术和实践创新能力，增强研究生服务奉献精神和社会责任感。

一、"十佳研究生导师"

为发挥研究生导师的引领作用，2022年4月至8月，江苏省学位与研究生教育学会、江苏省教育厅教育宣传中心（江苏教育报刊总社）联合开展了第三届江苏省"十佳研究生导师"推选工作，江苏高校共10位研究生导师获此殊荣（表3-11）。

表3-11 第三届江苏省"十佳研究生导师"（按姓氏笔画排序）

姓名	培养单位	学科研究方向（领域）
朱伟云	南京农业大学	动物营养与饲料科学
邹小波	江苏大学	食品无损检测与智能加工
汪永进	南京师范大学	第四纪环境
宋爱国	东南大学	机器人传感与控制技术
迟力峰	苏州大学	表面物理化学
郑仕中	南京中医药大学	药理学
徐胜元	南京理工大学	控制理论与控制工程

(续表)

姓名	培养单位	学科研究方向（领域）
高玉峰	河海大学	岩土工程
翟成	中国矿业大学	矿井瓦斯防治与利用
潘时龙	南京航空航天大学	微波光子学

"十佳研究生导师"在指导研究生的过程中秉持立德树人的教育理念，实施科教融合的培养模式，践行因材施教的指导方式，构建平等和谐的师生关系，始终坚持教书和育人相统一、坚持言传和身教相统一、坚持潜心问道和关注社会相统一、坚持学术自由和学术规范相统一，充分发挥研究生导师榜样引领、教书育人的重要作用。

（一）秉持立德树人、以身垂范的教育理念

研究生导师履行立德树人职责对研究生成长成才具有重要的价值意义。江苏省"十佳研究生导师"在研究生培养过程中始终秉持立德树人、以身垂范的教育理念，做到以德立身、以德立学、以德施教。例如，南京理工大学徐胜元教授始终坚持立德树人的思想理念，一直承担"控制的思想与方法""学科前沿讲座""线性系统理论"等本科生课程和研究生课程的教学任务，坚守在教育教学第一线。他多年来坚持开设"控制的思想与方法"新生研讨课，讲述中国科学家对自动控制领域的贡献，激发学生的民族自豪感与爱国热情。**中国矿业大学翟成教授**深入矿井一线，将教室搬到现场，做理论与实践相结合的"摆渡人"。为充分了解现场情况，翟老师和学生们冒严寒顶酷暑深入平煤集团、铁煤集团、晋煤集团、潞安煤业等全国100多个煤矿进行科学研究和现场指导，有时一待就是一两个月。他经常深入矿井生产一线，"猫"在黑暗泥泞的巷道里，在井下潮湿沉闷的环境中指导学生如何调整设备装置、如何精准地预测矿井瓦斯涌出量。翟成教授的言传身教，铸就了天道酬勤、刻苦奋斗的团队之魂，他培养的10余名优秀硕士进入煤炭行业工作，在基层工作岗位上同样继续发扬着不怕吃苦、顽强拼搏的精神，取得了骄人成绩。

（二）实施科教融合、服务实践的培养模式

科教融合是现代大学高质量发展的有力支撑，也是培养创新型人才的重要途径。江苏省"十佳研究生导师"积极探索科教融合人才培养模式，建构教学和科研协同创新机制，培养研究生独立从事科学研究与实践创新的能力。例如，**东南大学宋爱国教授**20多年来持续地将自己的科研项目和科研成果转

化成一系列课程教学案例,并将围绕国家载人航天工程和助老助残公益事业开展科研工作取得的科技成就转化为思政元素,融入研究生课程"遥操作机器人"的教学内容。同时,他积极开展教学方法改革,采用实验研讨方式讲授"遥操作机器人"课程,在实验室现场结合所研发的设备讲解教学内容,让学生通过科研实例加深对遥操作机器人相关技术和前沿领域的理解。南京中医药大学郑仕中教授多年来指导研究生在慢性肝病领域深耕,针对肝纤维化病理机制与调控靶标不清、临床缺乏有效治疗药物、中药干预机制不明等领域内重要科学问题,通过基础与临床相结合,围绕肝纤维化重要病变过程,从中药中选取代表性功效物质进行干预调控,融合多学科理论与技术进行全面系统的研究,由此培养出一批批现代生命科学和传统中医药知识兼备、专业理论和实践能力俱强的复合型人才。江苏大学邹小波教授鼓励研究生积极到企业中参与为期1个月以上的工程实践,在食品加工现场发现问题,并围绕企业难点、痛点分析问题,开展科学研究以解决问题。他带领青年教师和博士、硕士研究生深入镇江香醋企业车间一线开展科学研究,创制了"测+网+云+控+机"一体化的食品智能加工装备和复杂体系下加工过程的柔性控制软件,解决了我国传统食品加工连续性差、信息化水平低的难题,保证了产品的质量和稳定性,显著提升了经济效益和社会效益。

(三)践行因材施教、尊重个性的指导方式

因材施教是有效解决学生个体差异、促进学生全面发展的基本要求。江苏省"十佳研究生导师"根据每位研究生的学习基础、学习习惯、个人特点及其职业规划,构建起个性化的指导方式。例如,河海大学高玉峰教授秉持"没有差生,因材施教"的教育理念,做学生成长道路上的启明灯。高玉峰教授在课题组组会上经常介绍第一学历普通的同学、考研成绩较低的同学如何"逆袭"成优秀学生的案例,强调"英雄不论出身"。此外,他根据学生的特点开展分类选题指导,对于理论思维缜密的同学,选择以理论研究为主;对于动手能力强的同学,选择以试验研究为主;对于编程能力强的同学,选择以数值模拟为主,让每位研究生充分发挥自身优势和特长。南京航空航天大学潘时龙教授尊重学生个性,鼓励学生全面发展。在与学生的交流中,他很少说"否"。面对爱好文学的卿婷,潘时龙鼓励她利用写小说时的天马行空实现学术研究上的奇思妙想,卿婷也不负众望成为实验室第一位发表《自然》子刊的学生,她的研究成果被评为2020年中国光学十大进展。面对想学习马克思主义思想的硕士研究生李露,潘时龙支持她加入学校的"马克思主义理论社团",后来李露选择支

教,在西藏留下了自己的青春足迹,并获得2021"中国大学生自强之星"奖学金。面对热爱音乐的博士研究生赵家宁,潘时龙鼓励她成为"斜杠青年",在校期间她发表十余张专辑、几十首歌曲,取得6项国家专利,并获得校"十大杰出青年"荣誉称号。

(四)构建平等和谐、友爱互助的师生关系

良好的师生关系是教育教学活动顺利进行的重要保障。江苏省"十佳研究生导师"在与研究生交往的过程中构建起民主、平等、和谐、友爱的新型师生关系,为提升研究生培养质量提供了充足的"润滑剂"。例如,**南京师范大学汪永进教授**为了更好地指导研究生工作,大部分时间都待在实验室里,和研究生一起整理材料分析数据,启发他们开阔思路,熟悉他的人都知道全年大部分时间只能在实验室和办公室里找到他。**南京农业大学朱伟云教授**在教学科研之余还十分关心学生的身体健康,鼓励学生积极参加体育运动。她常对学生说:"身体是一切的根本,一个人只有具备了强健的体魄,才可能有知识上、道德上的追求,才能谈得上实现自己的宏伟志向。"为此,朱教授常常会把学生"撵出"实验室,"拉到"运动场,自掏腰包资助学生举办趣味运动会,帮学生预定体育场馆,带动学生加强身体锻炼。**苏州大学迟力峰教授**会像朋友一样和学生分享音乐、讨论时事新闻。疫情期间,迟教授给所有同学都购买了防疫物资,提醒大家注意防范,时刻以健康为重,身处海外的学生也感受到了课题组的温暖。只要学生有问题有困难,迟教授都"秒回"并及时提供帮助。她用真情、真心、真诚拉近同学生的距离,滋润学生的心田,与学生和谐相处、寓教于乐,是学生的好朋友和贴心人。

另外,还有26位研究生导师获得提名(表3-12)。

表3-12 第三届江苏省"十佳研究生导师"提名(按姓氏笔画排序)

姓名	培养单位	姓名	培养单位
马爱霞	中国药科大学	王英	中共江苏省委党校
王念新	江苏科技大学	孔庆茂	南京艺术学院
叶霞	江苏理工学院	史国生	南京体育学院
冯继锋	南京医科大学	巩建鸣	南京工业大学
吕干云	南京工程学院	行鸿彦	南京信息工程大学
刘宗平	扬州大学	李忠玉	常州大学

(续表)

姓名	培养单位	姓名	培养单位
吴泉英	苏州科技大学	余泳泽	南京财经大学
张元动	中国科学院南京地质古生物研究所	张春艳	江苏师范大学
林金官	南京审计大学	金征宇	江南大学
周海	盐城工学院	周友士	淮阴师范学院
周晓燕	南京林业大学	赵海涛	南京邮电大学
高殿帅	徐州医科大学	董志国	江苏海洋大学
蔡正银	南京水利科学研究院	潘长江	淮阴工学院

二、"十佳研究生导师团队"

2022年,江苏省同时开展了"十佳研究生导师团队"评选,来自10所高校的研究生导师团队获此殊荣(表3-13)。

表3-13 第三届江苏省"十佳研究生导师团队"(按学校代码排序)

团队名称	学校/单位
量子材料及其输运理论研究生导师团队	南京大学
影像医学与介入放射学研究生导师团队	东南大学
装备智能结构与健康监测研究生导师团队	南京航空航天大学
先进制造工艺与装备研究生导师团队	南京理工大学
智能光电子材料与器件研究生导师团队	南京邮电大学
岩石力学与防灾减灾研究生导师团队	河海大学
农业转型发展与食物安全研究生导师团队	南京农业大学
慢性肾脏疾病中医药临床应用与转化研究生导师团队	南京中医药大学
概率统计研究生导师团队	江苏师范大学
粮食营养与功能食品研究生导师团队	南京财经大学

(一)南京大学:量子材料及其输运理论团队

南京大学量子材料及其输运理论研究生导师团队由邢定钰、盛利、王伯根、沈瑞、孙建、张海军、鞠艳、邵陆兵、陈伟、王锐等人组成,团队学科研究方向为凝聚态物理。团队由中国科学院院士邢定钰教授领衔,秉承"胸怀祖国、勇攀高峰、甘于奉献、团结协作"的精神，乐于做研究生锤炼品格、学习知识、创新思维和奉献祖国的引路人。立心立德，榜样的力量一直是团队建设的法宝。团队先后培养70余名博士，盛利等7人获"江苏省优秀博士论文"。毕业生扎根国内高校、高科技企业等，做出重要贡献，如董正超获"全国五一劳动奖章"、王瑞强获"全国工人先锋号"荣誉称号。

（二）东南大学：影像医学与介入放射学团队

东南大学影像医学与介入放射学研究生导师团队由中国科学院院士、东南大学首席教授、博士生导师滕皋军领衔。导师团队始终强调教学与科研协调发展，要求团队教师将个人研究领域和所承担的教学活动相匹配，促进教学与科研的相长并进、传承创新。在德医双馨、家国情怀理念的引领下，团队指导研究生持续关注国内外重要健康问题以打破国际研究壁垒，实现临床转化、服务健康中国的目标。导师团队累计指导博士研究生近百人，硕士研究生近200人，培养了包括国家"杰青"、国家万人计划科技创新领军人才等行业人才。部分优秀学生现已成为三甲医院的一线医务工作者，也有学生成为企业研发和管理的中坚力量。

（三）南京航空航天大学：装备智能结构与健康监测团队

南京航空航天大学装备智能结构与健康监测研究生导师团队隶属于机械结构力学及控制国家重点实验室智能材料与结构研究所，由4位教授、1位副教授和3位讲师组成，主要研究方向为智能材料与结构、装备结构健康监测与预测等。团队教师薪火相传，结合国家重点航空航天发展需求培养研究生，要求学生"针对航空航天实际工程需求，以高标准的目标为牵引，做踏实细致的科研"，注重培养学生的思辨能力和创新精神。导师团队已累计培养博士生60余名，硕士生150余名。目前团队已毕业的研究生中，已有超过70%的学生进入近30家航空航天重要院所工作，为我国航空航天事业的发展做出了重要贡献。

（四）南京理工大学：先进制造工艺与装备研究团队

南京理工大学先进制造工艺与装备研究生导师团队共6人，其中教授2人、副教授3人、讲师1人，是工信部研究型教学创新团队，主要从事高档数控机床数字化设计、先进制造工艺与装备、兵器制造技术等的研究。团队依托数控成形技术与装备国家地方联合工程实验室等研究基地，并利用科研经费购置科研所需的仪器设备，努力创造良好的学术条件，建设高水平科研平台以全力支撑学生进行科学研究。迄今,导师团队共培养博士、硕士研究生共 100 余名。团队毕业生广泛就职于国防单位、装备制造和高新技术企业或高校,为国防现代化建设、高端装备制造和高层次人才培养做出了突出贡献。

(五)南京邮电大学:智能光电子材料与器件团队

南京邮电大学智能光电子材料与器件研究生导师团队由 12 名导师组成。依托"电子科学与技术"国家一流建设学科,以攻克光电子材料与器件领域"卡脖子"难题、培养国家急需高层次紧缺人才为目标,以红色"战邮精神"为本色,坚持"厚德育人,创新铸魂"的人才培养理念,把立德树人贯穿研究生培养全过程。团队导师与研究生共同承担国家重点研发计划等各类国家和省部级科研项目 50 余项,研制出国际上领跑的高性能微波器件,成功制备出性能达到同期国际最高水平的 OLED 器件,为智能光电子材料与器件这一前沿交叉领域发展做出积极贡献。

(六)河海大学:岩石力学与防灾减灾团队

河海大学岩石力学与防灾减灾研究生导师团队围绕重大水电工程建设,在各向异性岩石力学、超高坝渗流应力耦合工程安全、高坝大库水动力型滑坡灾害机理与防灾减灾等关键核心科技创新领域取得重要突破。近 20 年来,导师团队以国家目标和重大工程建设战略需求为导向,坚持贯彻科教融合理念,创建"双导师"协同研究生培养体系,实施"工程实践+项目研讨+凝练创新"科技攻关模式,构建校企深度合作、产学研深度融合的实践育人创新模式,致力于培养高质量拔尖创新工程人才。同时积极开展国际交流与合作,以提升研究生国际视野和学术水平。

(七)南京农业大学:农业转型发展与食物安全团队

南京农业大学农业转型发展与食物安全研究生导师团队始终聚焦国家粮食安全和乡村振兴战略,长期开展粮食安全与农产品贸易的基础与应用研究,不断推动理论创新,不断优化人才培养体系,为"三农"领域培养了一大批优秀人才,为新时代保障粮食安全贡献南农智慧。导师团队秉持"开放式的师门"育人理念,实现不同导师与学生之间的"交叉指导",通过导师团队的合力,实现拔尖创新型人才培养新成效。近年来,导师团队在读研究生保持在 80 人左右,一批毕业生在本领域的国内外科研院所、管理部门、企业等单位已成长为优秀的科技骨干。

（八）南京中医药大学：慢性肾脏疾病中医药临床应用与转化团队

南京中医药大学慢性肾脏疾病中医药临床应用与转化研究生导师团队在国医大师邹燕勤教授的带领下，始终以"术精岐黄，社会责任"为己任，坚持传承名医思想，创新发展中医治肾理论，积极开展中医药治肾的创新机制研究，推动引领我国中医肾病事业向更高水平发展。导师团队始终把道德培养和精神培养放在首位，用实际行动向每位学生传授临床技能和职业素养。团队已培养 100 余名毕业生，学生遍布世界各地，在各自的医疗岗位上发光发热，累计诊治近千万名慢性肾脏病患者，为中医药事业的传承与发扬做出积极贡献。

（九）江苏师范大学：概率统计团队

江苏师范大学概率统计研究生导师团队秉持"立德树人、创新驱动、服务社会"理念，构建平台支撑、项目引领、产教融合的全员、全程、全方位育人机制。团队坚持指导学生参与高级别科研课题，打造"江苏高校优秀学科概率统计前沿系列讲座"和"江苏师范大学全国概率统计青年学者会议"等学术品牌，以增强学生的科研意识和科研素养。构建"厚基础、重融通"基础课程体系和"个性化、菜单式"选修课程体系，搭建"精准化、项目制"实践创新体系，以教改项目为抓手深化教育教学改革，努力打造统计学人才培养新范式，为我国概率统计及相关领域输送了一大批优秀的科研、管理和教育人才。

（十）南京财经大学：粮食营养与功能食品团队

南京财经大学粮食营养与功能食品研究生导师团队由食品科学与工程学院胡秋辉教授于 2009 年组建，围绕我国粮食行业人才培养、科学研究和产业发展的重大需求，以及粮食加工、营养健康等领域所存在的瓶颈技术难题，在粮食安全理论与技术方面开展大量工作，为粮食行业的科学研究和产业发展做出突出贡献。团队导师们始终面向国家粮食流通与安全需求和科学前沿，形成了四个稳定的研究方向，以老中青传帮带的传统，以及教学、科研、社会服务一体化的工作机制，培养了一批批服务国家粮食流通与安全的"主力军"。

另外，还有 26 个培养单位的研究生导师团队获得提名（表 3-14）。

表 3-14 第三届江苏省"十佳研究生导师团队"提名（按学校代码排序）

团队名称	学校/单位
思政田园研究生导师团队	苏州大学
焊接自动化研究生导师团队	江苏科技大学

(续表)

团队名称	学校/单位
矿山固废处置与利用研究生导师团队	中国矿业大学
膜科学技术研究所研究生导师团队	南京工业大学
光电功能材料研究生导师团队	常州大学
江南设计文化整合创新研究生导师团队	江南大学
教育部林木遗传与生物技术重点实验室研究生导师团队	南京林业大学
清洁燃烧与能源利用研究生导师团队	江苏大学
大气污染 REACH 研究生导师团队	南京信息工程大学
高端纺织研究生导师团队	南通大学
计算机视觉及应用创新研究生导师团队	盐城工学院
心脑血管药理研究生导师团队	南京医科大学
免疫细胞药物研发和探索性临床研究生导师团队	徐州医科大学
原创小分子药物发现研究生导师团队	中国药科大学
教育学原理研究生导师团队	南京师范大学
环境功能材料研究生导师团队	淮阴师范学院
运动训练理论研究与实践服务研究生导师团队	南京体育学院
环境设计研究生导师团队	南京艺术学院
材料表界面结构与功能交叉创新研究生导师团队	苏州科技大学
生物化工研究生导师团队	淮阴工学院
作物遗传育种研究生导师团队	扬州大学
主动配电网研究生导师团队	南京工程学院
审计学研究生导师团队	南京审计大学
新能源汽车智能控制技术研发研究生导师团队	江苏理工学院
先进纳米功能复合材料的合成与应用研究生导师团队	江苏海洋大学
植物资源研究与利用研究生导师团队	江苏省中国科学院植物研究所

第四章
研究生学位论文质量评估

硕士学位论文质量有较大提升。2022年，江苏省对2020—2021学年度被授予学位的硕士学位论文进行了抽检评议，共抽检3 037篇，占比5.16%。总体合格率为98.58%，较上一年度提高了2.98%，发现"存在问题"学位论文43篇。其中，学术学位硕士学位论文抽检1 226篇，总体合格率为99.27%，比上一年度提高了1.55%，发现"存在问题"学位论文9篇。专业学位硕士学位论文抽检1 811篇，总体合格率为98.12%，比上年度提高了4.08%，发现"存在问题"学位论文34篇。

400篇博士硕士学位论文被评为优秀。2022年，全省研究生培养单位共报送参评论文1 957篇。其中，博士学位论文共参评413篇，获评优秀论文100篇，占比24.21%；学术学位硕士学位论文共参评914篇，获评优秀论文150篇，占比16.41%；专业学位硕士学位论文共参评630篇，获评优秀论文150篇，占比23.81%。

第一节 硕士学位论文抽检评议

为了强化学位论文在研究生培养过程中的质量监控作用，帮助研究生培养单位查找分析研究生在学位论文工作过程中的薄弱环节，江苏省教育评估院（以下简称评估院）在江苏省教育厅的领导和指导下，对2020—2021学年度全省授予学位的硕士学位论文进行了抽检评议。

一、抽评方法

评估院严格按照教育部的相关规定，以不低于5%的比例对全省2020—2021学年度授予学位的学术学位硕士学位论文和专业学位硕士学位论文分别进行抽取，抽检范围全面覆盖所有参评单位及学科专业。2022年，全省38家学位授予单位需参与学位论文抽评工作，其中普通高校33家，科研院所4

家,省委党校 1 家。全省共报送备抽学位论文 58 892 篇,其中学术学位硕士学位论文 23 958 篇,涉及 35 家单位;专业学位硕士学位论文 34 934 篇,涉及 33 家单位。最终,由系统平台随机抽取的参评学位论文 3 037 篇,其中学术学位硕士学位论文 1 226 篇,专业学位硕士学位论文 1 811 篇,抽取总比例为 5.16%。

同时,抽评工作还对上一年度"存在问题"学位论文所属的学科专业和指导教师进行跟踪,进一步促进学位论文质量的持续改进。跟踪抽取学位论文 59 篇,其中学术学位硕士学位论文 11 篇,涉及 9 家学位授予单位;专业学位硕士学术论文 48 篇,涉及 18 家学位授予单位。

论文评议主要参考"论文选题""研究水平""文本写作""学术规范"四个一级指标,其中,对违背学术规范和正确政治方向的学位论文实行"一票否决制"。学位论文的最终评审结果包括"合格"和"存在问题"两类。

二、结果分析

(一) 总体情况

全省 2020—2021 学年度参与抽检的硕士学位论文的总体合格率为 98.58%,较 2019—2020 学年度提高了 2.98 个百分点(图 4-1)。在所有参评的 3 037 篇硕士学位论文中,"存在问题"学位论文共 43 篇,较上一学年度进

图 4-1 江苏省硕士学位论文抽评结果的年度比较

一步减少。另外,参与跟踪抽检的 59 篇硕士学位论文也全部合格。在 4 个一级指标方面,全省硕士学位论文在"学术规范"上的合格率最高,为 98.81%;"文本写作"的合格率最低,为 93.91%;"论文选题"和"研究水平"的合格率分别为 97.77%和 97.05%。四项指标分别较上一学年度提高 0.35—0.67 个百分点。

从学科门类上来看,全部 12 个学科门类的硕士学位论文的合格率均超过 96%,其中,哲学、文学、历史学和理学 4 个学科门类的合格率达到了 100%(表 4-1)。在一级指标方面,12 个学科门类的硕士学位论文在"论文选题"和"学术规范"上的合格率均处于高位。在"研究水平"指标上,教育学、管理学和艺术学 3 个学科门类的合格率低于 95%;而在"文本写作"指标上,仅有历史学硕士学位论文的合格率高于 95%,其他 11 个学科门类的合格率均处于 90%—95%。

表 4-1　2020—2021 学年度江苏省硕士学位论文抽评结果(分学科门类)

学科门类	合格率/%					篇数/篇
	论文选题	研究水平	文本写作	学术规范	总体	
哲学	100.00	100.00	93.94	100.00	100.00	11
经济学	97.24	95.86	93.45	98.28	96.74	92
法学	98.12	95.70	92.20	97.58	98.33	120
教育学	97.22	94.81	92.02	99.26	96.53	173
文学	99.05	97.46	94.92	99.37	100.00	103
历史学	98.00	98.00	98.00	98.00	100.00	16
理学	99.81	99.61	94.20	99.61	100.00	169
工学	97.94	97.87	94.24	99.19	99.06	1378
农学	99.03	98.78	94.89	98.54	99.25	133
医学	96.88	97.50	94.02	97.59	98.61	359
管理学	96.99	94.42	94.16	98.88	96.99	366
艺术学	96.34	93.73	91.12	97.65	98.29	117
全省	97.77	97.05	93.91	98.81	98.58	3 037

(二) 学术学位硕士学位论文

全省 2020—2021 学年度参评的学术学位硕士学位论文(简称学硕论文)

的总体合格率为 99.27%，比上年度提高了 1.55 个百分点(图 4-2)。在所有参评的 1 226 篇学硕论文中，"存在问题"学位论文共 9 篇。在 4 个一级指标方面，全省学硕论文在"学术规范"上的合格率最高，为 99.10%，与上一学年度基本持平；"文本写作"的合格率最低，为 93.94%，较上一学年度提升 0.57 个百分点；"论文选题"和"研究水平"的合格率分别为 98.47% 和 98.15%，均保持高位，但"研究水平"的合格率较上一学年度下降了 0.33 个百分点。

图 4-2 江苏省学术学位硕士学位论文抽评结果的年度比较

从学科门类上来看，除教育学学硕论文总体合格率为 91.11%，其余 11 个学科门类的学硕论文的总体合格率均超过 97%，其中，哲学、经济学、文学、历史学、理学、管理学和艺术学 7 个学科门类的合格率达到了 100%(表 4-2)。在一级指标方面，12 个学科门类的学硕论文在"学术规范"上的合格率均超过 96%。在"论文选题"指标上，除经济学之外的其余 11 个学科门类的合格率均高于 95%；在"研究水平"指标上，除法学和教育学之外的其余 10 个学科门类的合格率均高于 95%；但在"文本写作"指标方面，仅有历史学、工学、管理学的合格率高于 95%，而法学和教育学两个门类的合格率则低于 90%。

表 4-2 2020—2021 学年度江苏省学术学位硕士学位论文抽评结果(分学科门类)

学科门类	合格率/% 论文选题	研究水平	文本写作	学术规范	总体	篇数/篇
哲学	100.00	100.00	93.94	100.00	100.00	11
经济学	94.35	95.97	90.32	99.19	100.00	38
法学	98.06	92.90	85.16	97.42	97.96	49
教育学	97.16	92.91	85.11	99.29	91.11	45
文学	100.00	99.39	94.51	99.39	100.00	54
历史学	97.73	97.73	97.73	97.73	100.00	14
理学	99.81	99.61	94.20	99.61	100.00	169
工学	99.03	98.77	95.61	99.61	99.60	504
农学	100.00	99.36	93.59	98.72	100.00	50
医学	95.89	97.06	92.76	96.87	98.76	161
管理学	97.88	98.94	96.82	100.00	100.00	93
艺术学	100.00	98.31	93.22	100.00	100.00	38
全省	98.47	98.15	93.94	99.10	99.27	1 226

(三) 专业学位硕士学位论文

全省 2020—2021 学年度参评的专业学位硕士学位论文(简称专硕论文)的总体合格率为 98.12%,比上年度提高了 4.08 个百分点(图 4-3)。在所有参评的 1 811 篇专硕论文中,"存在问题"学位论文共 34 篇。在 4 个一级指标方面,全省专硕论文在"学术规范"上的合格率最高,为 98.62%,较上一学年度提高了 0.67 个百分点;"文本写作"的合格率最低,为 93.90%,较上一学年度提高了 0.75 个百分点;"论文选题"的合格率为 97.31%,与上一学年度基本持平;"研究水平"的合格率为 96.31%,较上一学年度提高了 1.04 个百分点,提升较大。总体上,专硕论文在各项指标上仍略低于学硕论文。

从学科门类上来看,除经济学门类以外(总体合格率为 94.44%),其余 9 个学科门类的专硕论文的总体合格率均超过 95%,其中,文学和历史学 2 个学科门类的合格率达到了 100%(表 4-3)。在一级指标方面,10 个学科门类的专硕论文在"学术规范"上的合格率也均超过 96%;在"论文选题"指标上,除艺术学之外的其余 9 个学科门类的合格率均高于 95%;在"研究水平"指标

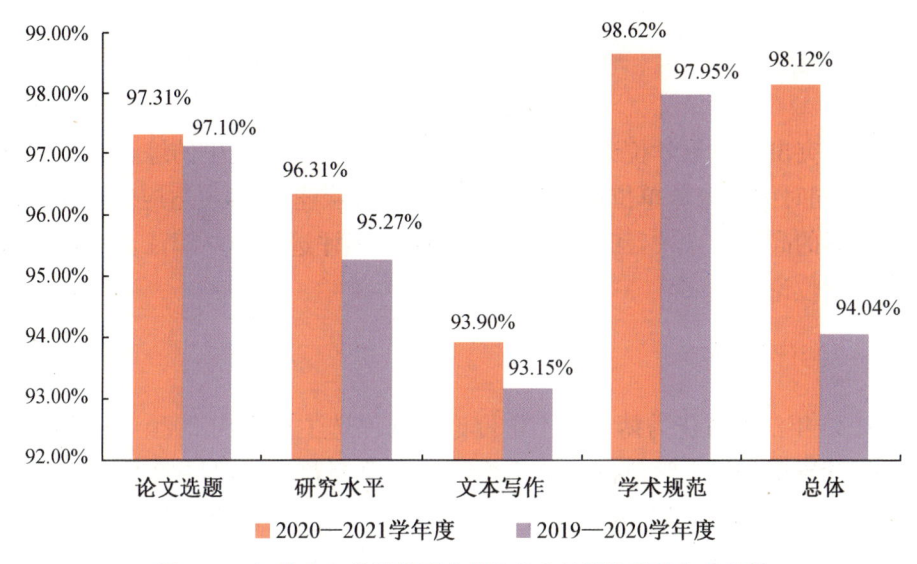

图 4-3　江苏省专业学位硕士学位论文抽评结果的年度比较

上，除管理学和艺术学之外的其余 8 个学科门类的合格率均高于 95％；在"文本写作"指标上，经济学、法学、文学、历史学、农学、医学的合格率高于 95％，其余 4 个学科门类的合格率则介于 90％—95％。

表 4-3　2020—2021 学年度江苏省专业学位硕士学位论文抽评结果(分学科门类)

学科门类	合格率/%					篇数/篇
	论文选题	研究水平	文本写作	学术规范	总体	
经济学	99.40	95.78	95.78	97.59	94.44	54
法学	98.16	97.70	97.24	97.70	98.59	71
教育学	97.24	95.48	94.47	99.25	98.44	128
文学	98.01	95.36	95.36	99.34	100.00	49
历史学	100.00	100.00	100.00	100.00	100.00	2
工学	97.33	97.37	93.47	98.95	98.74	874
农学	98.43	98.43	95.69	98.43	98.80	83
医学	97.70	97.87	95.08	98.20	98.48	198
管理学	96.71	92.96	93.30	98.52	95.97	273
艺术学	94.72	91.70	90.19	96.60	97.47	79
全省	97.31	96.31	93.90	98.62	98.12	1 811

第二节 江苏省优秀博士硕士学位论文评选

为了突出高质量学位论文的示范引领作用，增强研究生的综合能力和创新思维，同时引导培养单位加强学位论文的过程管理，培养出适应区域经济与社会发展的高素质人才，江苏省教育评估院每年评选出400篇江苏省优秀博士硕士学位论文。

一、参评情况

2022年江苏省优秀博士硕士学位论文的评选主要面向2020—2021学年度在江苏省博士硕士学位授予单位获得相应学位者。全省共41家培养单位推荐参评论文1 957篇，其中博士学位论文413篇、学术学位硕士学位论文914篇、专业学位硕士学位论文630篇（表4-4）。

表4-4 2022年江苏省优秀学位论文培养单位初评推荐情况   单位：篇

培养单位	博士	学术学位硕士	专业学位硕士	合计
南京大学	56	58	36	150
苏州大学	30	57	34	121
东南大学	47	51	44	142
南京航空航天大学	27	44	21	92
南京理工大学	22	38	21	81
江苏科技大学	1	18	11	30
中国矿业大学	19	54	43	116
南京工业大学	8	25	17	50
常州大学	1	13	12	26
南京邮电大学	4	28	23	55
河海大学	24	61	41	126
江南大学	9	38	25	72
南京林业大学	11	23	25	59
江苏大学	17	46	40	103
南京信息工程大学	4	20	16	40

(续表)

培养单位	博士	学术学位硕士	专业学位硕士	合计
南通大学	3	27	9	39
南京农业大学	25	44	25	94
南京医科大学	13	14	10	37
徐州医科大学	2	14	6	22
南京中医药大学	5	13	10	28
中国药科大学	7	16	8	31
南京师范大学	28	56	35	119
江苏师范大学	1	31	18	50
南京财经大学	1	17	17	35
南京体育学院	0	2	2	4
南京艺术学院	3	6	6	15
苏州科技大学	0	13	10	23
扬州大学	12	51	36	99
国网电力科学研究院	0	1	0	1
南京水利科学研究院	3	3	0	6
中国船舶科学研究中心	1	1	0	2
江苏省植物研究所	0	1	0	1
中共江苏省委党校	0	2	0	2
解放军陆军工程大学	10	10	5	25
国防科技大学国际关系学院	1	1	0	2
中国科学院南京分院	18	8	3	29
淮阴工学院	0	0	2	2
南京工程学院	0	0	4	4
南京审计大学	0	5	7	12
江苏理工学院	0	0	4	4
江苏海洋大学	0	4	4	8
全 省	413	914	630	1 957

二、结果分析

(一) 优秀博士学位论文入选情况

2022年,全省共初评推荐优秀博士学位论文413篇,入选100篇,入选比例为24.21%,12家培养单位入选率高于全省整体水平(表4-5)。

表4-5　2022年江苏省优秀博士学位论文入选情况(部分培养单位)

序号	单位名称	推荐篇数/篇	入选篇数/篇	入选率/%
1	南京邮电大学	4	2	50.00
2	徐州医科大学	2	1	50.00
3	中国药科大学	7	3	42.86
4	江苏大学	17	7	41.18
5	东南大学	47	18	38.30
6	江南大学	9	3	33.33
7	南京艺术学院	3	1	33.33
8	南京大学	56	18	32.14
9	苏州大学	30	8	26.67
10	南京工业大学	8	2	25.00
11	南京信息工程大学	4	1	25.00
12	扬州大学	12	3	25.00
	全　省	413	100	24.21

(二) 优秀学术学位硕士学位论文入选情况

全省共初评推荐优秀学术学位硕士学位论文914篇,最终入选150篇,入选比例为16.41%,14家培养单位入选率高于全省整体水平(表4-6)。

表4-6　2022年江苏省优秀学术学位硕士学位论文入选情况(部分培养单位)

序号	单位名称	推荐篇数/篇	入选篇数/篇	入选率/%
1	中共江苏省委党校	2	1	50.00
2	徐州医科大学	14	5	35.71
3	江苏师范大学	31	11	35.48
4	南京艺术学院	6	2	33.33

(续表)

序号	单位名称	推荐篇数/篇	入选篇数/篇	入选率/%
5	南京中医药大学	13	4	30.77
6	南京邮电大学	28	8	28.57
7	中国药科大学	16	4	25.00
8	东南大学	51	12	23.53
9	南京财经大学	17	4	23.53
10	南京林业大学	23	5	21.74
11	江南大学	38	8	21.05
12	中国矿业大学	54	11	20.37
13	苏州大学	57	10	17.54
14	江苏科技大学	18	3	16.67
	全省	914	150	16.41

(三) 专业学位硕士学位论文推优入选率

全省共初评推荐优秀专业学位硕士学位论文630篇,最终入选150篇,入选比例为23.81%,17家培养单位入选率高于全省整体水平(表4-7)。

表4-7 2022年江苏省优秀专业学位硕士学位论文入选情况(部分培养单位)

序号	单位名称	推荐篇数/篇	入选篇数/篇	入选率/%
1	解放军陆军工程大学	5	4	80.00
2	江苏科技大学	11	6	54.55
3	徐州医科大学	6	3	50.00
4	南京艺术学院	6	3	50.00
5	淮阴工学院	2	1	50.00
6	南京工程学院	4	2	50.00
7	江苏海洋大学	4	2	50.00
8	南京医科大学	10	4	40.00
9	南京航空航天大学	21	8	38.10
10	南京工业大学	17	6	35.29
11	南京财经大学	17	6	35.29

（续表）

序号	单位名称	推荐篇数/篇	入选篇数/篇	入选率/%
12	南京理工大学	21	7	33.33
13	东南大学	44	14	31.82
14	南京信息工程大学	16	5	31.25
15	南京大学	36	11	30.56
16	苏州大学	34	9	26.47
17	南京农业大学	25	6	24.00
	全　省	630	150	23.81

第五章
研究生就业状况

研究生就业态势稍有回落。江苏省2022届研究生协议和合同就业占比为86.20%,升学占比为5.76%,创业占比为0.12%,灵活就业占比为4.11%。工学、历史学、农学的学术学位研究生及保险、公共管理、电子信息的专业学位研究生毕业去向落实率较高;南京大学、南京航空航天大学、南京理工大学、中国药科大学、南京邮电大学、南京工程学院、南通大学的研究生协议和合同就业率达98%以上。博士就业协议履约率(78.72%)略高于硕士(77.26%),专业学位硕士就业协议履约率(76.47%)比学术学位硕士(78.32%)低1.85%。

研究生就业质量基本维稳。就业适配度方面,江苏省2022届研究生工作与专业的相关度达81.47%,略低于2021届;毕业生职业期待吻合度为81.70%,且连续四届不断提升;毕业生工作满意度为85.16%,较2021届明显提升。就业稳定性方面,江苏省2022届研究生整体就业协议履约率为77.35%,比2021届降低7.5%;2022届研究生离职率为6.67%,较2021届有所提升;2022届研究生"五险一金"全部享受的比例为97.95%,与2021届基本持平;毕业生平均月薪是9 599元,且连续三届稳步提升。

研究生就业导向整体保持一致。2022届研究生在长江经济带、长江三角洲地区的就业比例分别为84.05%、78.30%,较2021届略有下降;在"一带一路"地区和西部地区的就业比例分别为24.63%、4.54%,较2021届略有提升。2022届研究生在专业相关领域创业的比例为70.89%,较2021届毕业生有所提升,且创业企业中的员工规模逐年攀升。

第一节 毕业去向

为全面、客观、准确地反映江苏省2022届毕业研究生就业状况,江苏省学位委员会办公室、江苏省高校招生就业指导服务中心(以下简称江苏招就中心)对省内2022届毕业研究生(不含军队院校)开展了跟踪调查。本节数据来源为全国高校毕业生就业管理系统(统计时间截至 2022 年 12 月 31 日),覆盖省内 42 家研究生培养单位。

一、不同学位研究生毕业去向

据统计,江苏省 2022 届研究生协议和合同就业率为 86.20%,升学率为 5.76%,创业率为 0.12%,灵活就业率为 4.11%,毕业去向落实率(合计以上各项)为 96.19%(表 5-1)。其中,博士的协议和合同就业率、待就业率均高于硕士,毕业去向落实率低于硕士。

表 5-1 2022 届研究生毕业去向分布 单位:%

	协议和合同就业率	升学率	创业率	灵活就业率	暂不就业率	待就业率
总体	86.20	5.76	0.12	4.11	0.05	3.74
博士	88.56	1.94	0.16	3.27	0.03	5.95
硕士	85.98	6.12	0.12	4.19	0.06	3.54

注:博士升学主要指出国/出境继续深造。

二、不同学科研究生毕业去向

江苏省应届毕业的学术学位研究生在各学科门类中,毕业去向落实率最高的是工学(96.87%),其次是历史学(96.71%),再次是农学(96.42%),最低的是艺术学(89.70%)(表 5-2)。

表 5-2 各学科门类 2022 届学术学位研究生毕业去向落实率 单位:%

学科门类	毕业去向落实率	学科门类	毕业去向落实率
哲学	91.38	理学	95.93
经济学	95.23	工学	96.87
法学	92.33	农学	96.42
教育学	93.34	医学	94.40
文学	92.96	管理学	93.61
历史学	96.71	艺术学	89.70

江苏省专业学位应届毕业研究生各专业学位类别中,毕业去向落实率排前三位的是保险(100%)、公共管理(99.85%)、电子信息(99.52%);毕业去向

落实率低于90%的有中医(84.36%)、林业(88.24%)、风景园林(89.22%)、出版(89.55%)(表5-3)。

表5-3 各专业学位类别2022届毕业研究生毕业去向落实率　　　　单位:%

专业学位类别	毕业去向落实率	专业学位类别	毕业去向落实率
金融	97.57	资源与环境	94.67
应用统计	96.51	能源动力	97.86
税务	97.78	土木水利	96.66
国际商务	94.59	生物与医药	96.64
保险	100.00	交通运输	98.77
资产评估	94.64	农业	94.30
审计	92.18	兽医	98.67
法律	93.16	风景园林	89.22
社会工作	97.39	林业	88.24
教育	96.56	临床医学	95.22
体育	95.44	口腔医学	99.10
汉语国际教育	90.70	公共卫生	97.96
应用心理	91.16	护理	98.33
翻译	93.96	药学	97.68
新闻与传播	94.62	中药学	92.02
出版	89.55	中医	84.36
文物与博物馆	91.67	工商管理	98.26
建筑学	98.64	公共管理	99.85
工程	98.17	会计	96.32
城市规划	97.50	旅游管理	90.24
电子信息	99.52	图书情报	93.33
机械	97.62	工程管理	97.40
材料与化工	97.94	艺术	93.49

三、不同培养单位研究生毕业去向

在34家研究生培养单位(不含科研院所和军队院校)中,2022届研究生协议和合同就业率高于98%的有7所高校,高于96%的有17所高校(表5-4)。

表5-4 各培养单位2022届研究生毕业去向落实率　　　　单位:%

培养单位	毕业去向落实率	培养单位	毕业去向落实率
南京大学	98.33	南京农业大学	95.80
苏州大学	95.34	南京医科大学	96.37
东南大学	97.29	徐州医科大学	92.93
南京航空航天大学	99.32	南京中医药大学	86.84
南京理工大学	99.07	中国药科大学	98.14
江苏科技大学	96.40	南京师范大学	91.40
中国矿业大学	96.96	江苏师范大学	93.80
南京工业大学	93.58	南京财经大学	93.64
常州大学	96.64	南京体育学院	93.75
南京邮电大学	98.99	南京艺术学院	92.80
河海大学	95.87	苏州科技大学	96.99
江南大学	97.28	淮阴工学院	91.13
南京林业大学	94.26	扬州大学	97.38
江苏大学	96.87	南京工程学院	98.20
南京信息工程大学	96.39	南京审计大学	91.03
南通大学	98.94	江苏理工学院	94.03
盐城工学院	91.18	江苏海洋大学	94.07

注:表中培养单位不包含科研院所和军队院校。

第二节　就业评价

本节分为就业适配、就业稳定、就业公平、就业导向和就业回报五个部分,数据来源为江苏招就中心"江苏省2022届毕业生就业调查"。其中,就业适配包括工作与专业相关度、职业期待吻合度和工作满意度;就业稳定包括履约情况、离职情况和社会保障;就业公平包括不同群体就业情况和遭遇就业歧视的情况;就业导向包括重点区域就业和创业带动就业分析;就业回报包括工作时长和薪酬分析。

一、就业适配

（一）工作与专业相关度

2022届毕业研究生工作与专业的相关度为81.47%，其中，博士(96.73%)高于硕士(80.38%)16.35个百分点，专业学位硕士(81.16%)略高于学术学位硕士(79.33%)（图5-1、图5-2）。2022届研究生选择与专业无关工作的

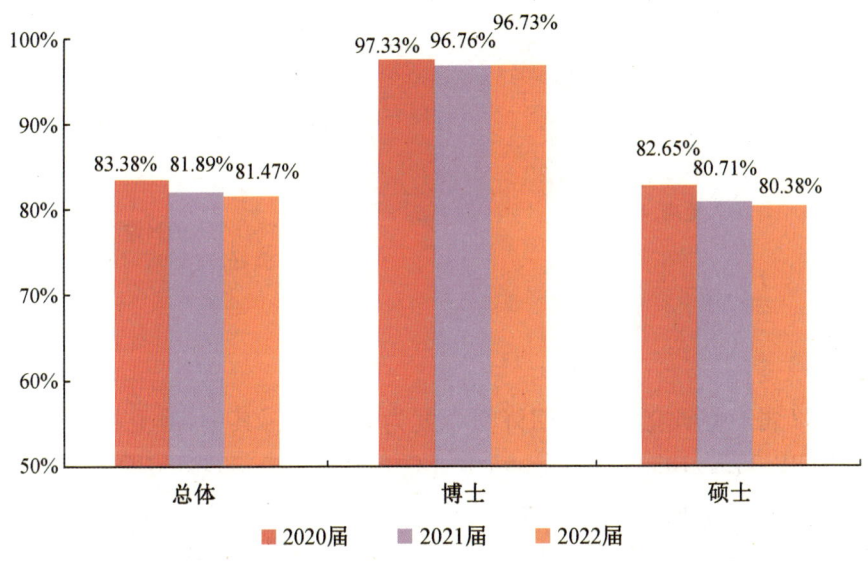

图5-1 2020—2022届研究生工作与专业相关度

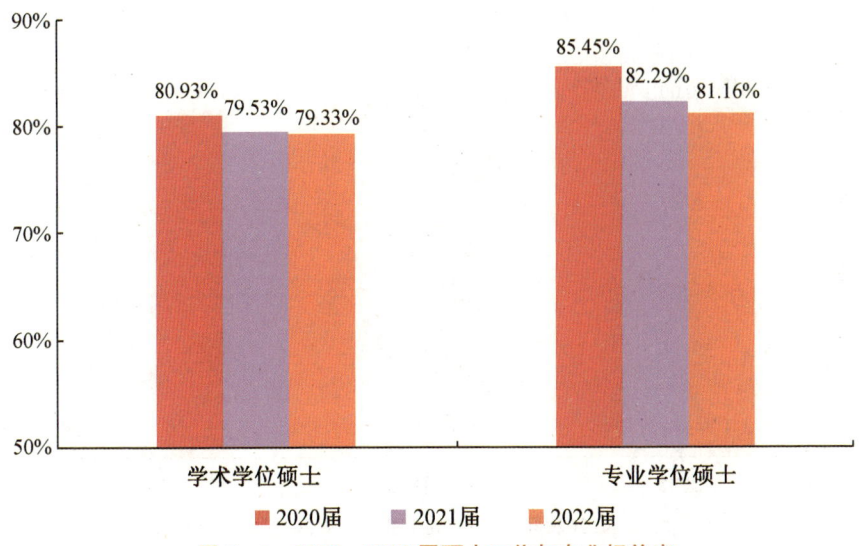

图5-2 2020—2022届硕士工作与专业相关度

首要原因是"与专业相关的工作很难找"(30.05%),其次是该工作"收入更高"(19.72%)(图5-3)。

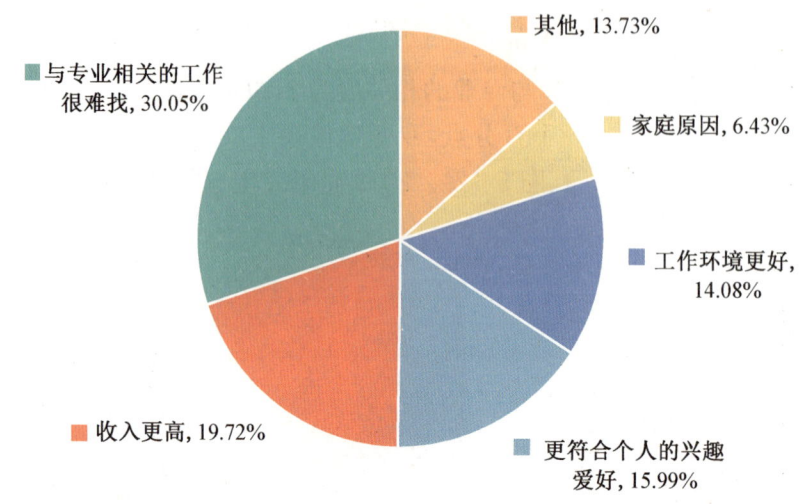

图5-3 2022届研究生选择与专业无关工作的主要原因

(二)职业期待吻合度

2022届毕业研究生职业期待吻合度为81.70%,其中,博士(91.07%)高于硕士(81.03%)10.04个百分点,专业学位硕士(80.79%)与学术学位硕士(81.35%)基本一致(图5-4、图5-5)。2022届研究生认为不符合其职业期待的因素中,列前三位的依次是收入(62.08%)、个人兴趣爱好(31.59%)和职位(26.51%)(图5-6)。

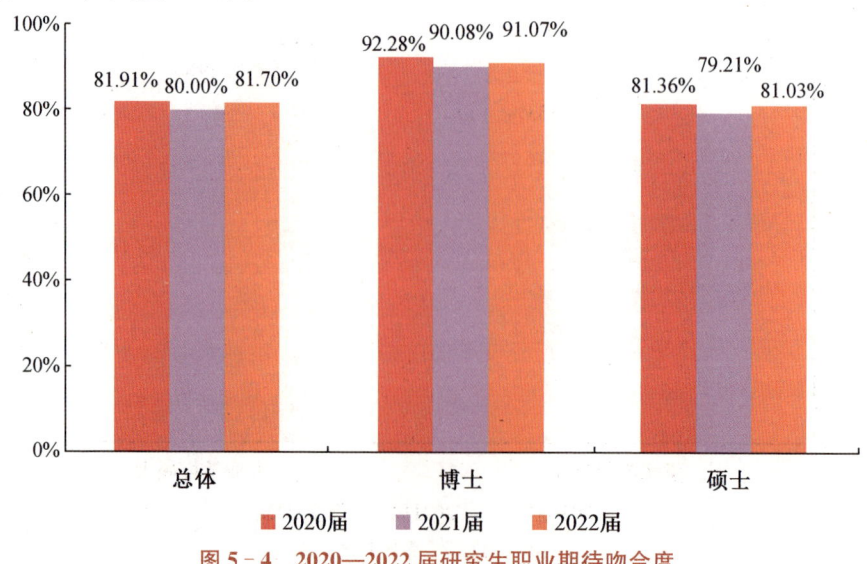

图5-4 2020—2022届研究生职业期待吻合度

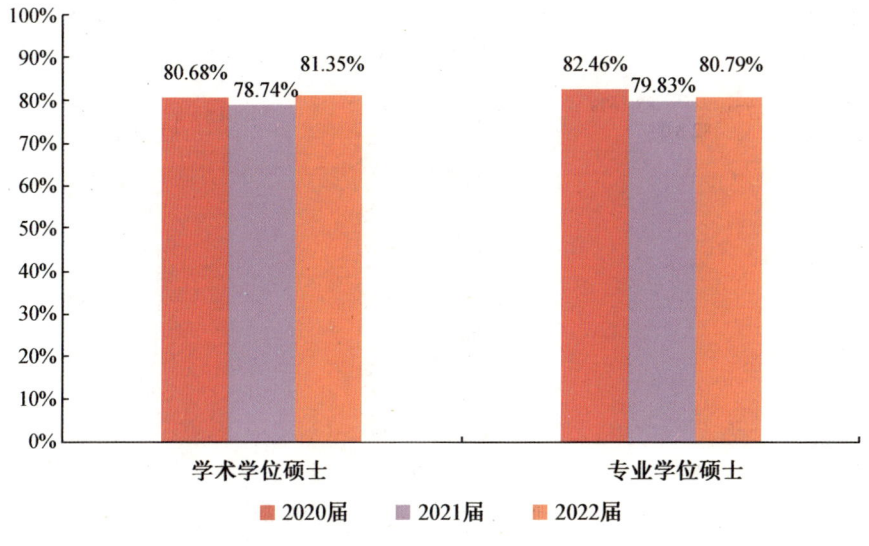

图 5-5 2020—2022 届硕士职业期待吻合度

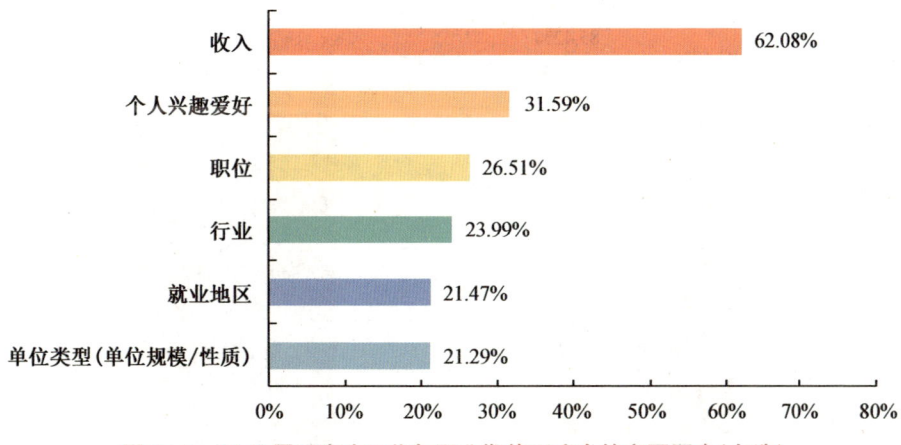

图 5-6 2022 届研究生工作与职业期待不吻合的主要因素（多选）

（三）工作满意度

2022 届毕业研究生工作满意度为 85.16%，其中，博士的工作满意度（92.09%）明显高于硕士（84.67%），专业学位硕士（84.10%）略低于学术学位硕士（85.42%）（图 5-7、图 5-8）。2022 届研究生对工作不满意的原因列前三位的依次是收入低（66.28%）、个人发展空间小（44.11%）和不符合个人的兴趣爱好（25.02%）（图 5-9）。

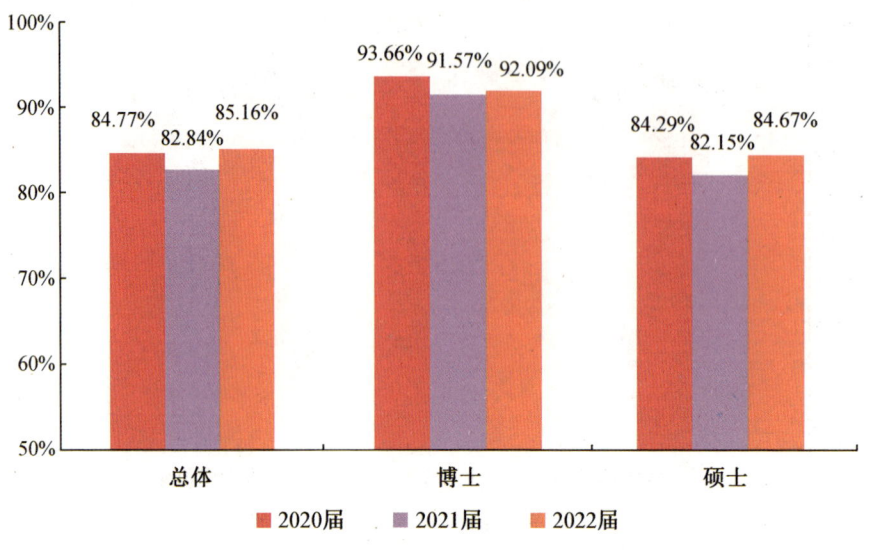

图 5-7　2020—2022 届研究生工作满意度

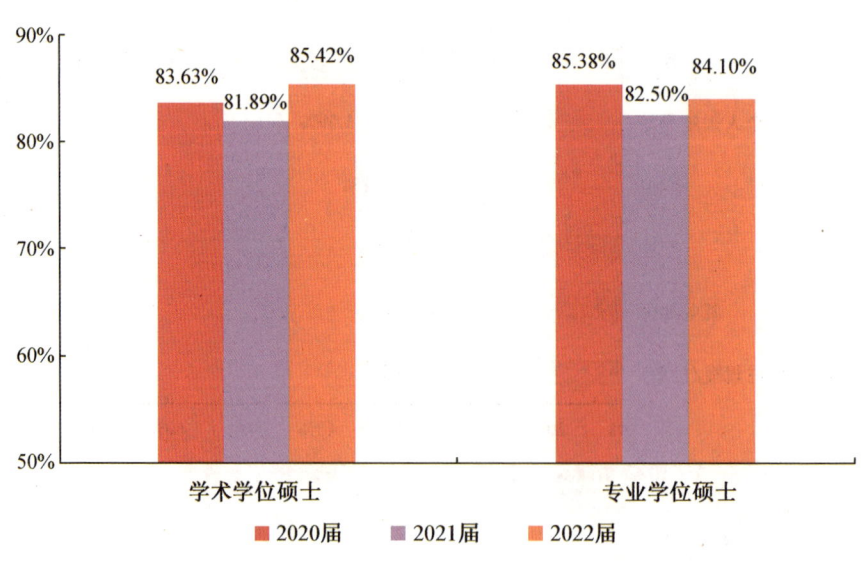

图 5-8　2020—2022 届硕士工作满意度

收入低 66.28%
个人发展空间小 44.11%
不符合个人的兴趣爱好 25.02%
单位发展前景不好 23.12%
所学专业用不上 18.27%
工作环境较差 17.52%
同事/上司难相处 9.40%

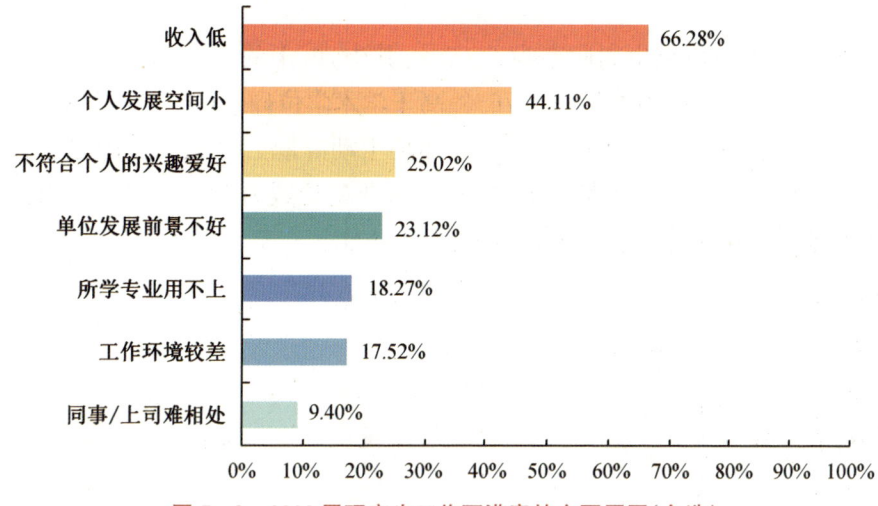

图 5-9　2022 届研究生工作不满意的主要原因（多选）

二、就业稳定

（一）履约情况

2022 届毕业研究生就业协议履约率为 77.35%，其中，博士（78.72%）略高于硕士（77.26%），专业学位硕士（76.47%）比学术学位硕士（78.32%）低 1.85 个百分点（图 5-10）。

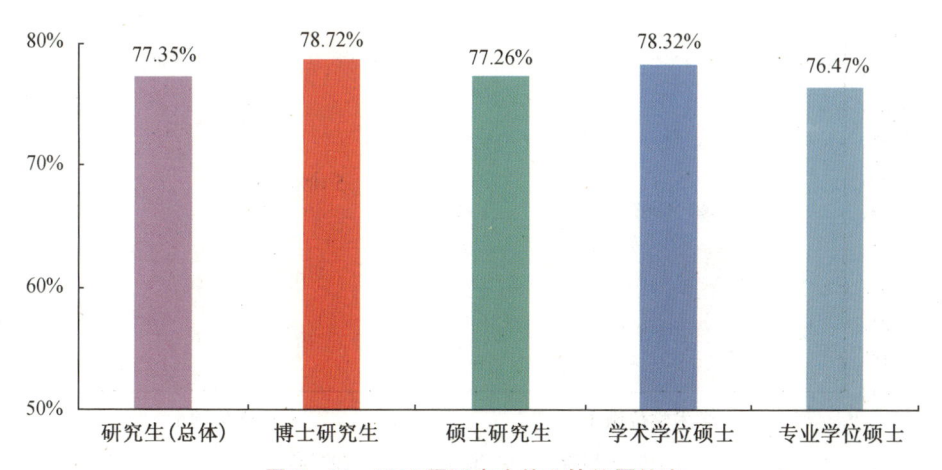

研究生（总体） 77.35%
博士研究生 78.72%
硕士研究生 77.26%
学术学位硕士 78.32%
专业学位硕士 76.47%

图 5-10　2022 届研究生就业协议履约率

135

(二) 离职情况

2022届毕业研究生离职率为6.67%,其中,博士的离职率(7.47%)高于硕士(6.62%),专业学位硕士(8.76%)高于学术学位硕士(3.75%)(图5-11、图5-12)。离职的研究生中,95.14%都是主动辞职。辞职的首因是个人发展空间小(38.71%),其次是考取公务员、事业单位或升学(31.21%),再次是有了其他更好的工作机会(29.10%)(图5-13)。

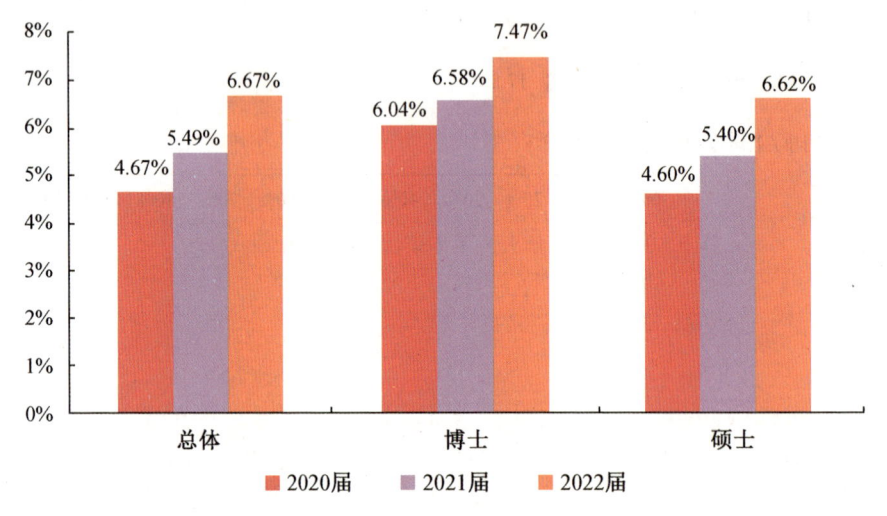

图5-11 2020—2022届研究生离职率

图5-12 2020—2022届硕士离职率

图 5-13 中各项数据：
- 个人发展空间小 38.71%
- 考取公务员、事业单位或升学 31.21%
- 有了其他更好的工作机会 29.10%
- 收入低 27.23%
- 单位发展前景不好 22.77%
- 工作环境较差 9.91%
- 同事/上司难相处 6.23%
- 单位未履行招聘时的承诺 5.00%
- 应征入伍 0.20%

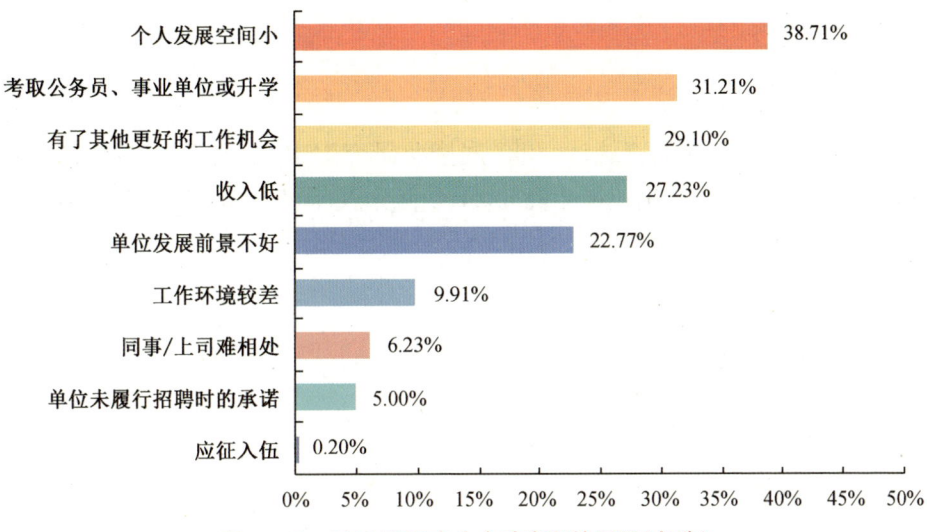

图 5-13 2022届研究生主动离职的原因（多选）

（三）社会保障

2022届毕业研究生"五险一金"全部享受的比例为97.95%，部分享受的比例为1.19%。"五险一金"各项目中享受比例最高的是"医疗保险"（99.00%），其次是养老保险（98.99%）（图5-14）。

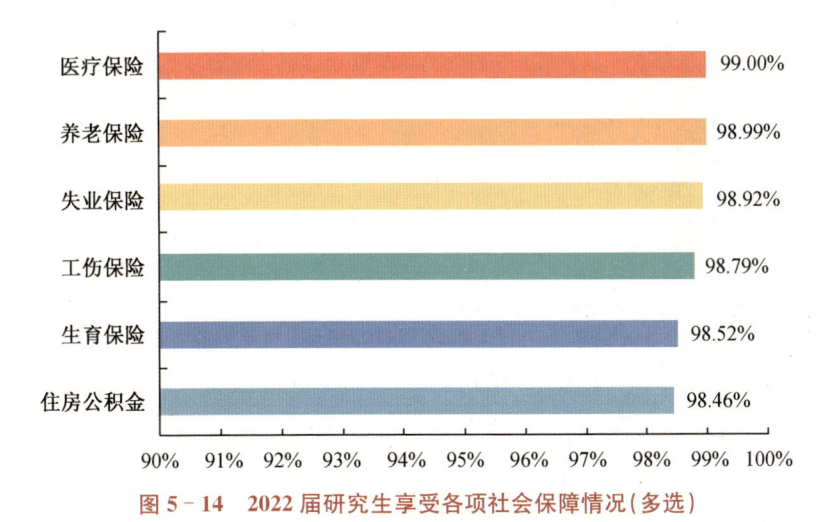

图 5-14 中各项数据：
- 医疗保险 99.00%
- 养老保险 98.99%
- 失业保险 98.92%
- 工伤保险 98.79%
- 生育保险 98.52%
- 住房公积金 98.46%

图 5-14 2022届研究生享受各项社会保障情况（多选）

三、就业公平

(一) 不同群体毕业生就业情况

根据毕业生就业调查统计,2022届毕业研究生中,女生工作、升学的比例均低于男生,待就业比例比男生高5.24个百分点(图5-15);困难生毕业去向分布与非困难生基本一致(图5-16)。

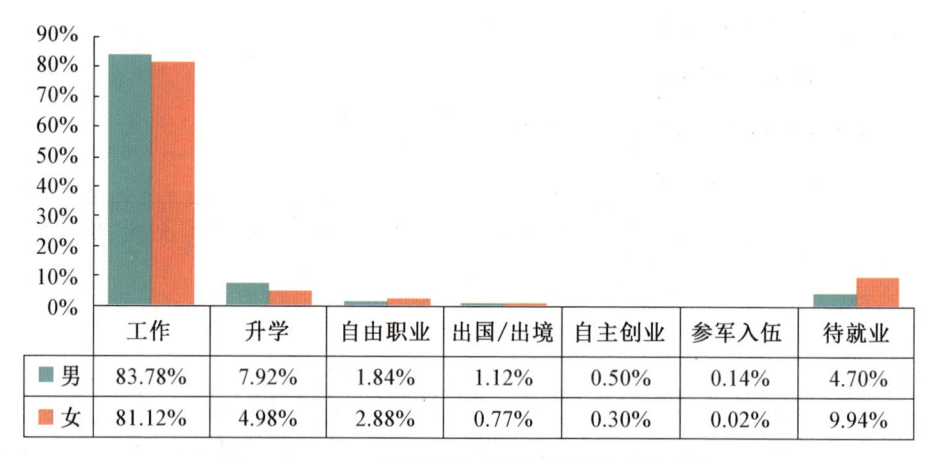

	工作	升学	自由职业	出国/出境	自主创业	参军入伍	待就业
男	83.78%	7.92%	1.84%	1.12%	0.50%	0.14%	4.70%
女	81.12%	4.98%	2.88%	0.77%	0.30%	0.02%	9.94%

图5-15 2022届不同性别研究生毕业去向分布

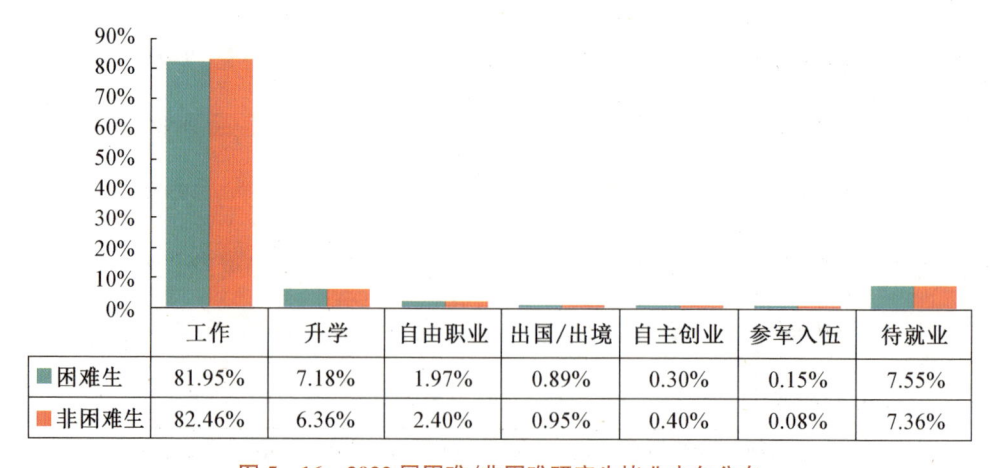

	工作	升学	自由职业	出国/出境	自主创业	参军入伍	待就业
困难生	81.95%	7.18%	1.97%	0.89%	0.30%	0.15%	7.55%
非困难生	82.46%	6.36%	2.40%	0.95%	0.40%	0.08%	7.36%

图5-16 2022届困难/非困难研究生毕业去向分布

（二）就业歧视情况

2022届毕业研究生遭遇就业歧视的比例为33.41%，其中，硕士遭遇歧视的比例(34.13%)明显高于博士(23.63%)，学术学位硕士(33.87%)与专业学位硕士(34.33%)基本一致(图5-17)。所遭遇的各种就业歧视中，列前三位的依次是毕业院校歧视(57.06%)、性别歧视(46.72%)和学历层次歧视(35.22%)(图5-18)。

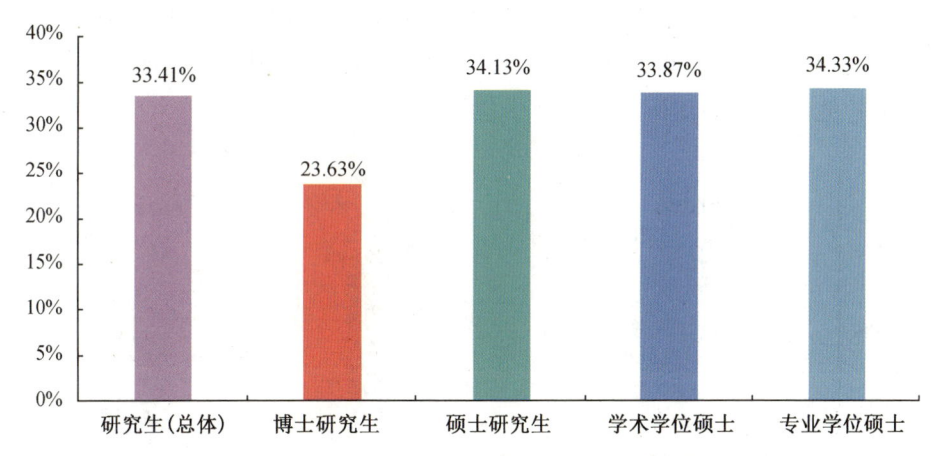

图5-17 2022届研究生遭遇就业歧视的比例

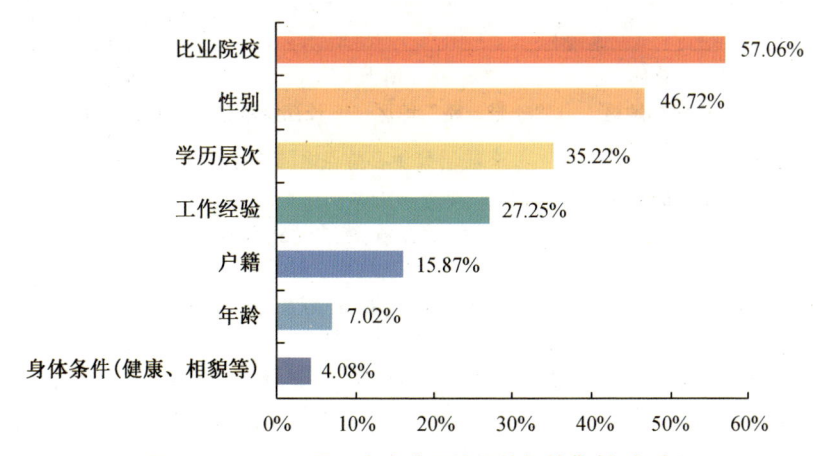

图5-18 2022届研究生遭遇就业歧视的类型(多选)

四、就业导向

(一) 重点区域就业

结合我省的地理位置以及国家的就业导向,选择长江三角洲、长江经济带、西部地区、"一带一路"地区四个重点区域进行分析。2022届毕业研究生在长江经济带就业的比例为84.05%,长江三角洲地区为78.30%,"一带一路"地区为24.63%,西部地区为4.54%(其中,除西部地区外,博士在其他三个区域就业的比例均低于硕士)(图5-19)。学术学位硕士在西部地区和"一带一路"地区就业的比例高于专业学位硕士(图5-20)。

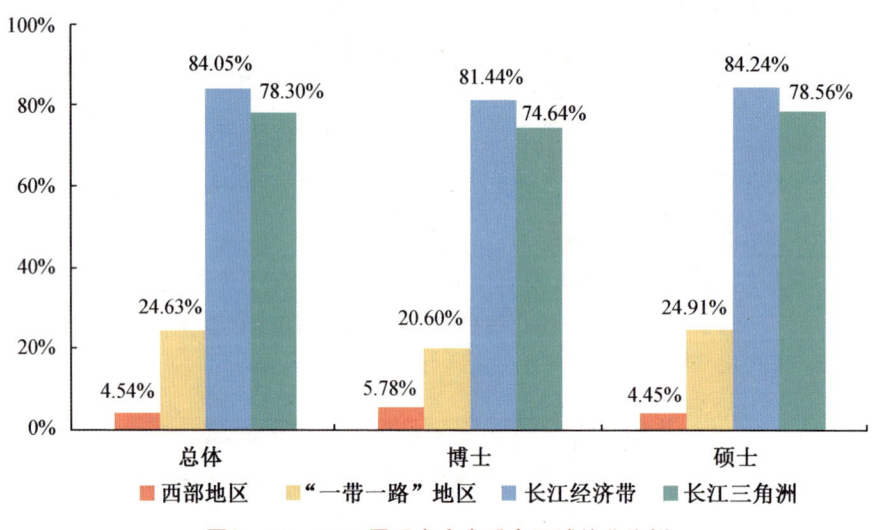

图5-19 2022届研究生在重点区域就业比例

注:1. 长江三角洲包括江苏、浙江、安徽和上海。

2. 长江经济带覆盖省份:上海、江苏、浙江、安徽、江西、湖北、湖南、重庆、四川、云南、贵州等11个省(市)。

3. 西部地区包括内蒙古、重庆、四川、贵州、云南、西藏、陕西、甘肃、宁夏、青海、新疆、广西等12个省(市、自治区)。

4. "一带一路"地区覆盖省份:新疆、陕西、宁夏、甘肃、青海、内蒙古、黑龙江、吉林、辽宁、广西、云南、西藏、上海、福建、浙江、广东、海南、重庆等18个省(市、自治区)。

图 5‑20 2022 届硕士在重点区域就业比例

（二）创业带动就业

在进行创业的 2022 届毕业研究生中，在专业相关领域中进行创业的比例为 70.89%。而在创业与专业不相关的原因中，列前三位的依次是创业领域更容易发展（43.48%）、出于自己的兴趣爱好（39.13%）和有好的创业项目（30.43%）（图 5‑21）。

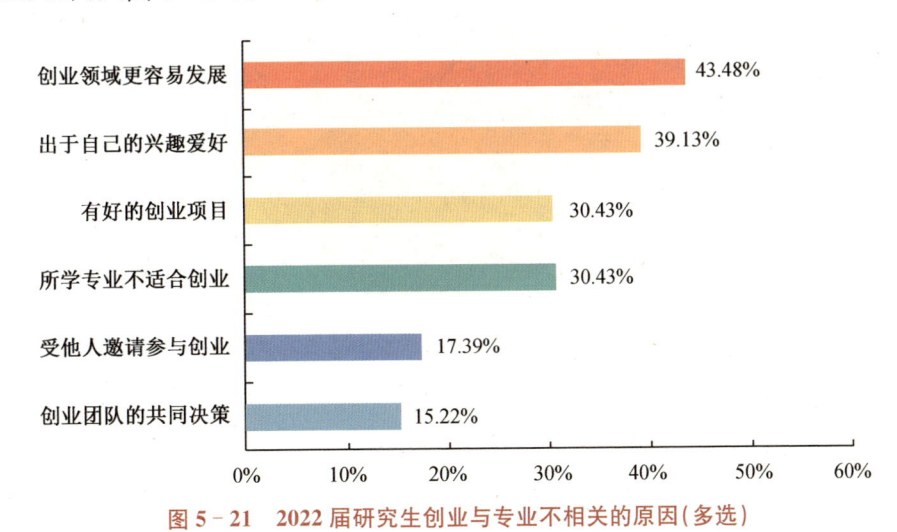

图 5‑21 2022 届研究生创业与专业不相关的原因（多选）

2022 届毕业研究生创业企业中，员工规模在 5 人及以下的占比 65.49%，其次是 6—10 人（15.49%）（图 5‑22）；创业企业招聘大学生的人数在 5 人及以下的占比 74.81%,其次是 6—10 人(13.33%)(图 5-23)。

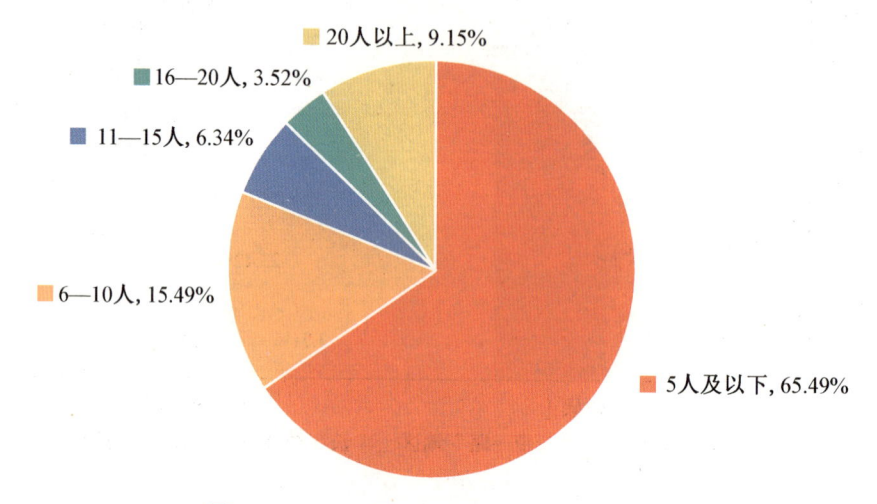

图 5-22　2022 届研究生创业企业的员工规模

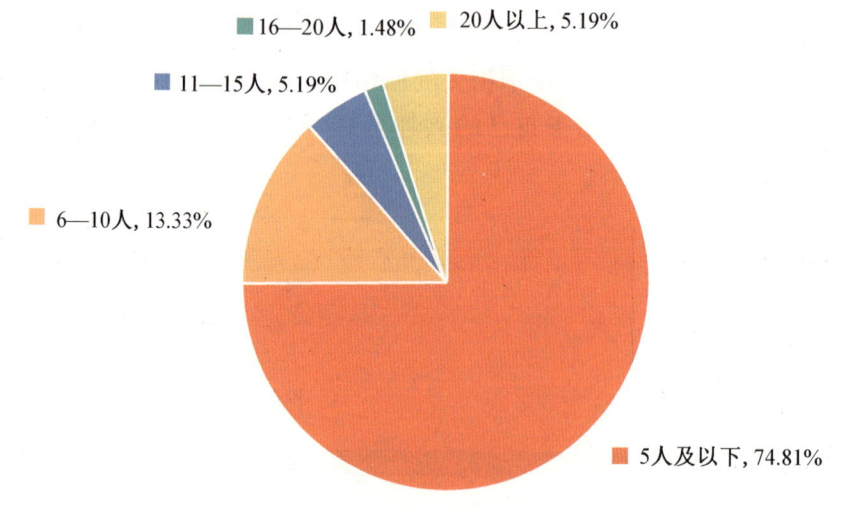

图 5-23　2022 届研究生创业企业中聘用大学生人数

五、就业回报

(一)周工作时长

2022 届毕业研究生周工作 35—45 小时的比例最大(51.47%),其次是 45—55 小时(25.30%)。其中,博士周工作 55 小时以上(25.77%)的比例明显高于硕士，硕士周工作35—45小时(52.55%)的比例明显高于博士；学术学位硕士与专业学位硕士周工作时长分布基本一致(图5-24)。不同工作时长的研究生平均月薪见表5-5。

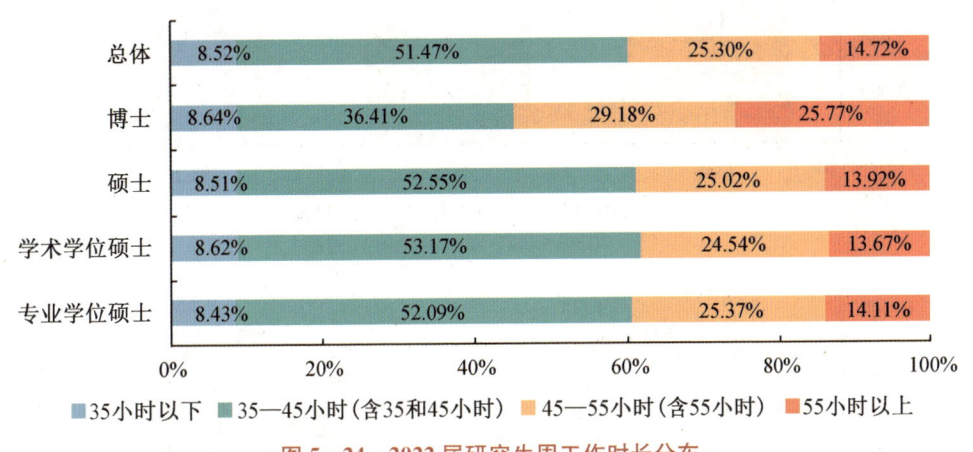

图5-24 2022届研究生周工作时长分布

表5-5 2022届不同工作时长的研究生月薪水平

周工作时长	平均数/元
35小时以下	8 139
35—45小时(含35和45小时)	9 283
45—55小时(含55小时)	10 553
55小时以上	9 919
总体	9 599

(二) 月薪

2022届研究生平均月薪是9 599元,且连续三届呈上升趋势。其中,博士(11 781元)比硕士(9 443元)高2 338元,专业学位硕士(9 529元)比学术学位硕士(9 328元)略高(图5-25、图5-26)。从月薪区间分布来看,23.88%的研究生月薪集中在8 001—10 000元,其次是6 501—8 000元(占比20.51%)(图5-27)。

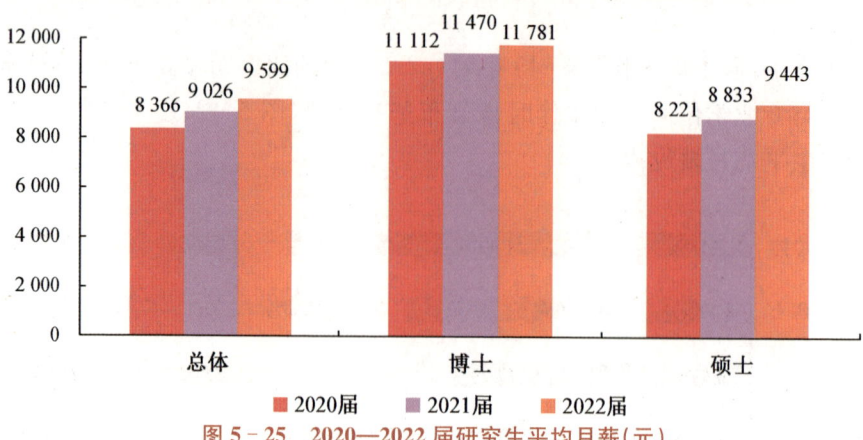

图 5-25　2020—2022 届研究生平均月薪(元)

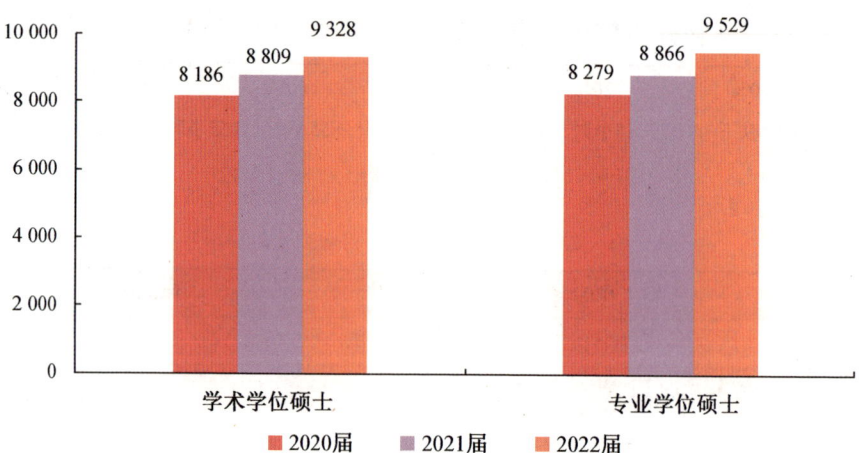

图 5-26　2020—2022 届硕士平均月薪(元)

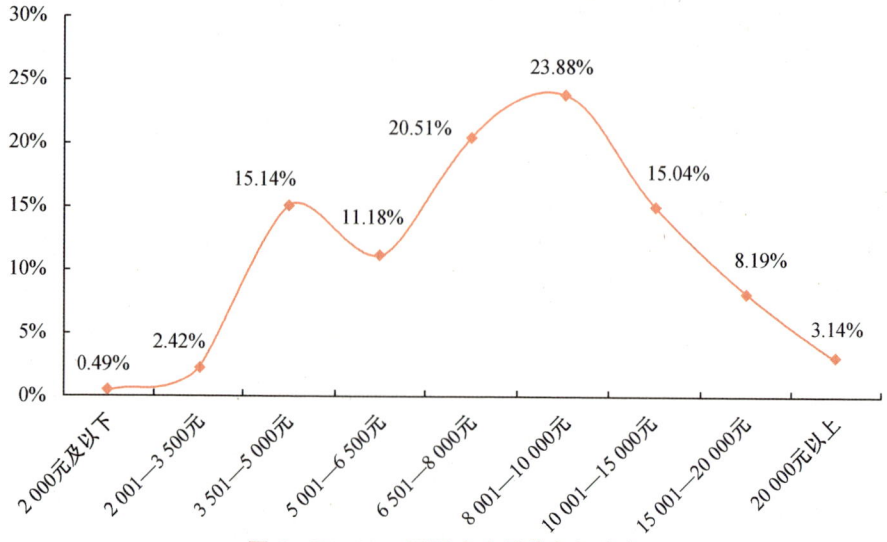

图 5-27　2022 届研究生月薪区间分布

(三) 薪酬满意度

2022届研究生薪酬满意度为72.38%。其中,博士(77.60%)高于硕士(72.01%)5.59个百分点,专业学位硕士(71.72%)与学术学位硕士(72.39%)基本一致(图5-28)。

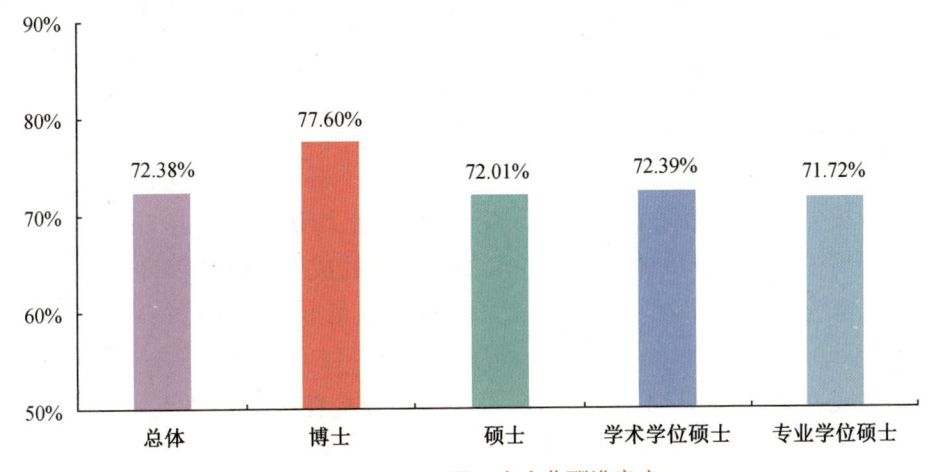

图5-28 2022届研究生薪酬满意度

第六章
研究生教育发展专项调查

江苏高校拔尖创新人才自主培养成效较好,学生认可度较高。在对省内16所"双一流"建设高校进行的拔尖创新人才自主培养的现状调查中发现,研究生对拔尖创新人才自主培养各个关键环节的平均认可度接近70%,表明当前江苏高校拔尖创新人才自主培养取得了较好的成效。在培养环境方面,平均认可度为72.97%;在课程与教学方面,平均认可度为74.39%;在导师指导方面,平均认可度为69.75%;在协同培养方面,平均认可度为79.95%;在科研与实践方面,平均认可度为52.54%。江苏高校在拔尖创新人才自主培养方面的实践举措涵盖了人才选拔、课程建设、导师遴选、科研与实践、协同培养、国际联培和评价改革等多个方面,成效显著,形成了拔尖创新人才培养的江苏特色经验。

江苏高校研究生学位论文的质量管理机制较为完备和规范。江苏高校在选题开题(98.08%)、过程检查(83.79%)、预答辩(81.45%)、送审评议(99.96%)、正式答辩(100%)等关键环节上对研究生学位论文基本实现了全过程高要求的质量管理,研究生对各关键环节的规范性、执行力度、专业性以及指导性的认可度较高(均在90%左右),并认为正式答辩(93.32%)和送审评议(93.27%)两个环节对于学位论文质量的提升作用最为明显。江苏高校在落实学位论文质量管理方面主要包含以下做法:(1)顶层设计,通过加强学位管理制度建设严格把控学位授予质量;(2)全程规划,基于关键控制点实现学位论文质量的闭环管理;(3)优质指导,创新论文指导模式和建立导师问责机制;(4)精准监控,严格把关论文撰写过程和规范阶段性评估流程;(5)持续改进,营造学位论文质量保障的生态系统;(6)聚焦关键,分类和多元评价学位论文的创新性成果。

第一节　拔尖创新人才自主培养

"全面提高人才自主培养质量,着力造就拔尖创新人才"被正式写入党的二十大报告,成为党和国家的明确意志。调查研究采用问卷调查和现场调研相结合的方式,全面了解江苏高校在拔尖创新人才自主培养中的培养现状和特色举措,为提升人才培养质量提供实践经验。

一、现状调查

本次调查向省内 16 所"双一流"建设高校的博士研究生和硕士研究生推送在线问卷,从研究生角度了解江苏高校拔尖创新人才自主培养的现状。问卷内容涵盖了制度保障、培养环境、课程建设、教学形式、导师指导、协同培养和科研实践等拔尖创新人才自主培养的各个关键环节,共收回有效问卷 3 069 份。

从问卷的构成来看,男生 1 489 人(占比 48.52%),女生 1 580 人(占比 51.48%);博士研究生 896 人(占比 29.20%),硕士研究生 2 173 人(占比 70.80%);学术学位研究生 1 910 人(占比 62.24%),专业学位研究生 1 159 人(占比 37.76%);所在学科是"双一流"建设学科的研究生有 1 991 人(占比 64.87%),所在学科不是"双一流"建设学科的研究生有 1 078 人(占比 35.13%)。

(一)制度保障

在拔尖创新人才自主培养的制度保障方面,37.96%的研究生表示所在的学院为学习或科研能力特别突出的研究生制定了特别培养计划;83.28%的研究生表示所在的学校/学院要求毕业生必须发表论文或有相应成果;59.04%的研究生表示所在的学校/学院允许其以多样化的成果来达成毕业要求,可见多元化的毕业成果认定是高校在拔尖创新人才自主培养中采取的重要措施;59.53%的研究生表示倾向选择用期刊论文发表来满足毕业要求(图 6-1)。

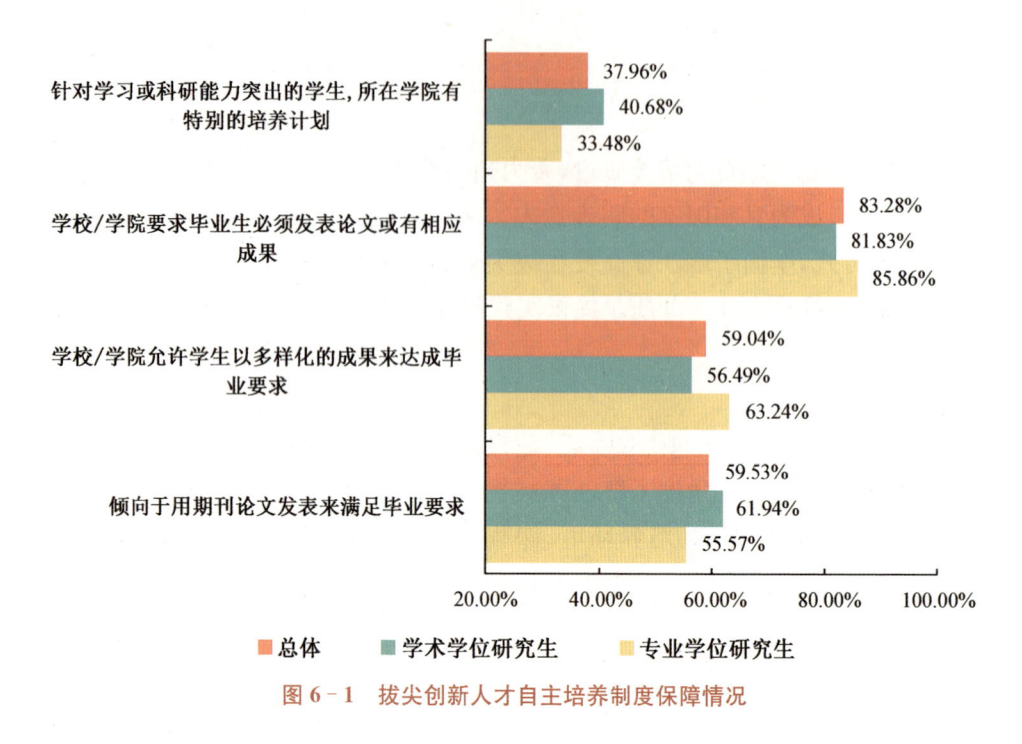

项目	总体	学术学位研究生	专业学位研究生
针对学习或科研能力突出的学生,所在学院有特别的培养计划	37.96%	40.68%	33.48%
学校/学院要求毕业生必须发表论文或有相应成果	83.28%	81.83%	85.86%
学校/学院允许学生以多样化的成果来达成毕业要求	59.04%	56.49%	63.24%
倾向于用期刊论文发表来满足毕业要求	59.53%	61.94%	55.57%

图6-1 拔尖创新人才自主培养制度保障情况

（二）培养环境

在拔尖创新人才自主培养的培养环境方面,69.47%的研究生认为自己拥有良好的科研工作环境和仪器设备;65.56%的研究生认为自己的科研工作能够获得足够的经费支持,其中,有68.69%的学术学位研究生认为自己获得了足够经费,这一比例高于专业学位研究生(60.40%),相对于其他题项来说差值较大,说明学术学位研究生和专业学位研究生在经费支持上还有较大差距;83.87%的研究生认为学校/学院有充足的场地开展日常学术交流;87.98%的研究生表示所在学校/学院会请院士或权威专家为其上"大师课"(图6-2)。

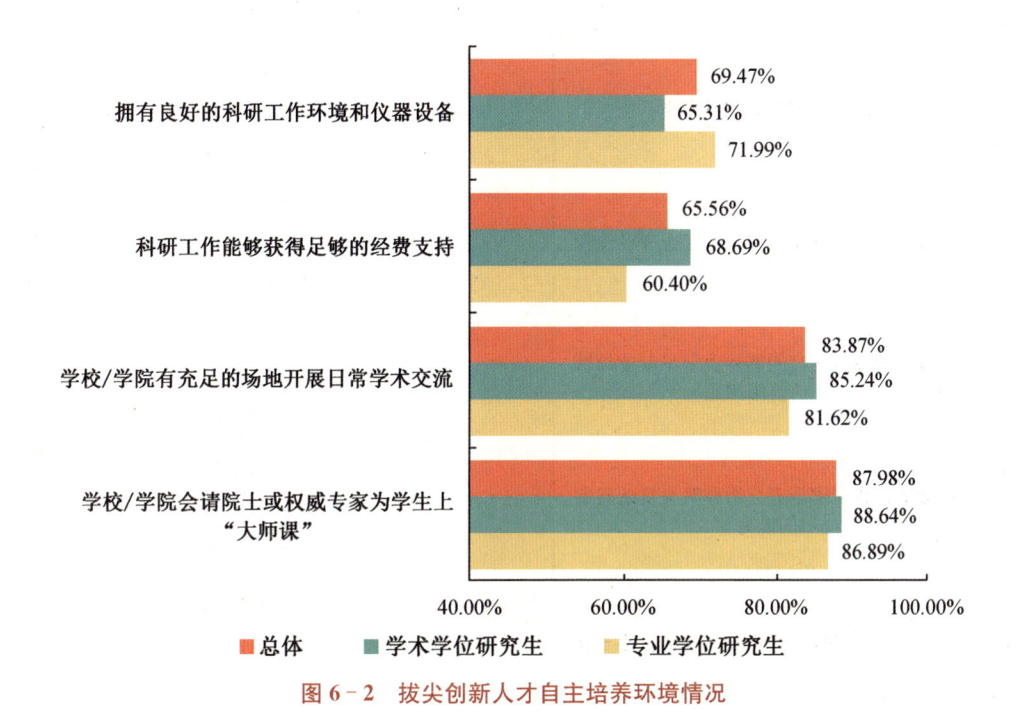

图 6-2 拔尖创新人才自主培养环境情况

（三）课程与教学

在课程方面，74.52%的研究生表示所在学校/学院课程设置具有学科交叉性；46.63%的研究生表示所在学院会与企业联合开设课程，比例相对不高。课程是实施产教融合的重要抓手，需要进一步提升校企联合开课的数量。71.03%的研究生认为所修读的课程内容能够体现学科专业领域的前沿问题；69.37%的研究生认为所修读的课程能够培养他们分析和解决复杂问题的能力；68.04%的研究生表示可以跨院系在全校范围内自由选课；38.42%的研究生选修了其他院系开设的课程，比例相对较低，没有充分利用跨院系选课制度的优势。在教学方面，78.66%的研究生表示授课教师能够采用多样化的方式进行教学（如研讨课、翻转课堂等）；78.37%的研究生表示教师在教学过程中，会有意识地培养学生的科研思维（图6-3）。

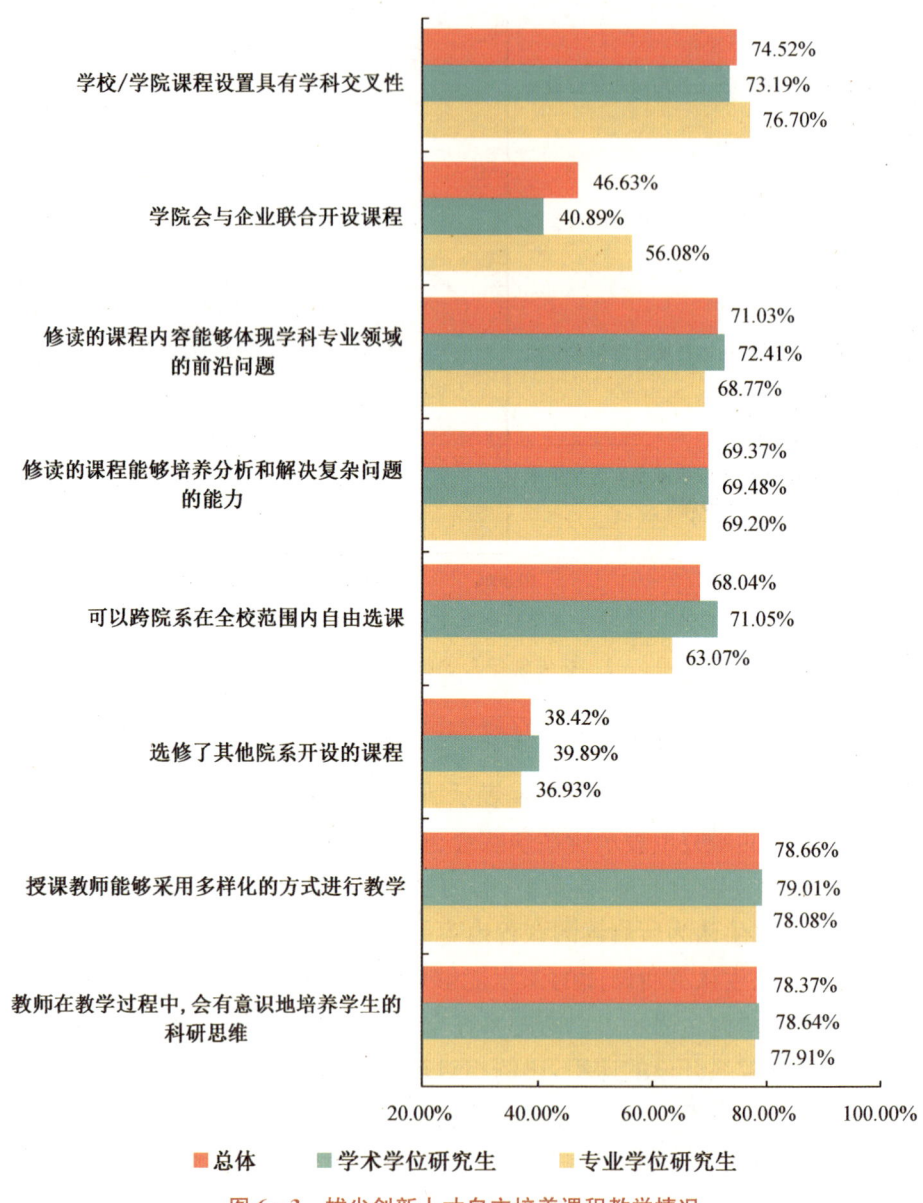

图 6-3 拔尖创新人才自主培养课程教学情况

（四）导师指导

在导师指导方面,除自己的导师指导外,76.31%的研究生表示得到了导师组（包括院内和跨院系）的联合指导;40.04%的研究生表示得到过多学科背景导师的联合指导;86.28%的研究生表示导师会为他们的论文投稿提供指导和帮助,比例相对较高。调研中有部分研究生导师提出,指导学生投稿论文是研究生培养过程中十分重要的一项工作,结合调查数据的结果来看,大多数导师对此已经形成共识。80.91%的研究生表示导师会让学生自主决定如何开展工作;71.78%的研究生表示导师会关心学生的非学术生活(如日常生活、就业等方面)(图6-4)。

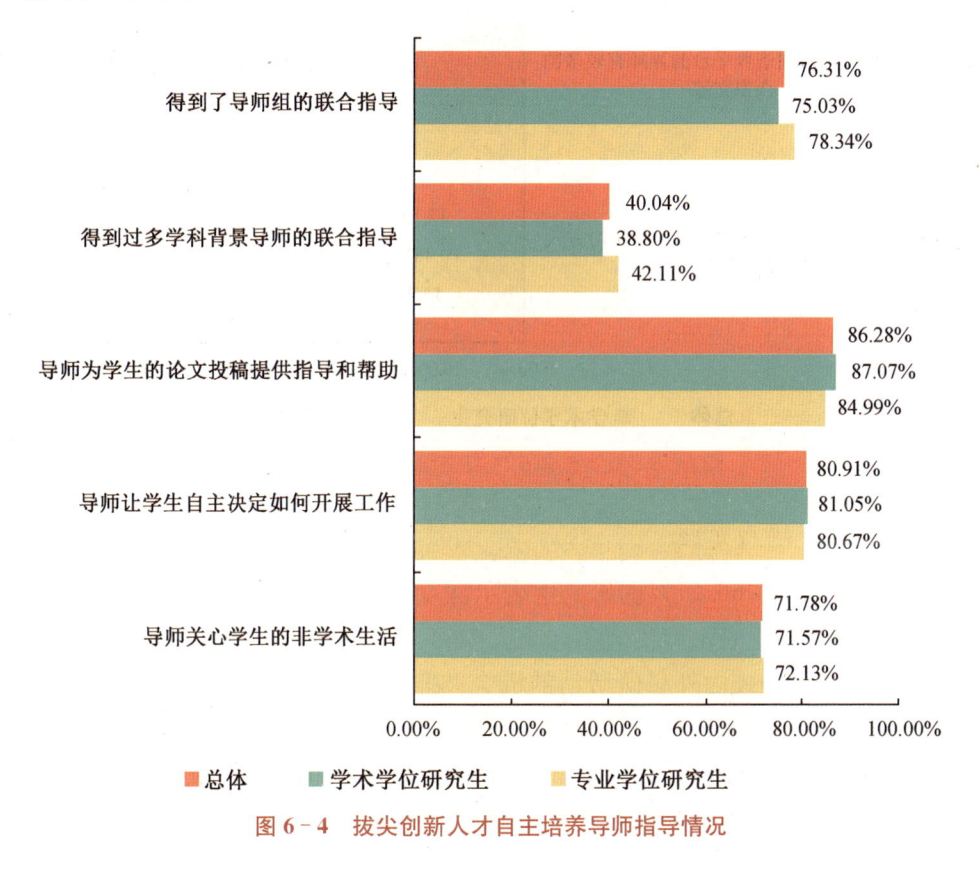

图6-4 拔尖创新人才自主培养导师指导情况

(五) 协同培养

在协同培养方面,78.50%的研究生认为所在协同培养平台的导师深度参与了其培养过程;73.95%的研究生表示校内导师与协同培养平台的导师有较多的合作交流;仅有12.59%的研究生认为协同培养平台的学习方式与校内的学习方式无太大差别(图6-5)。

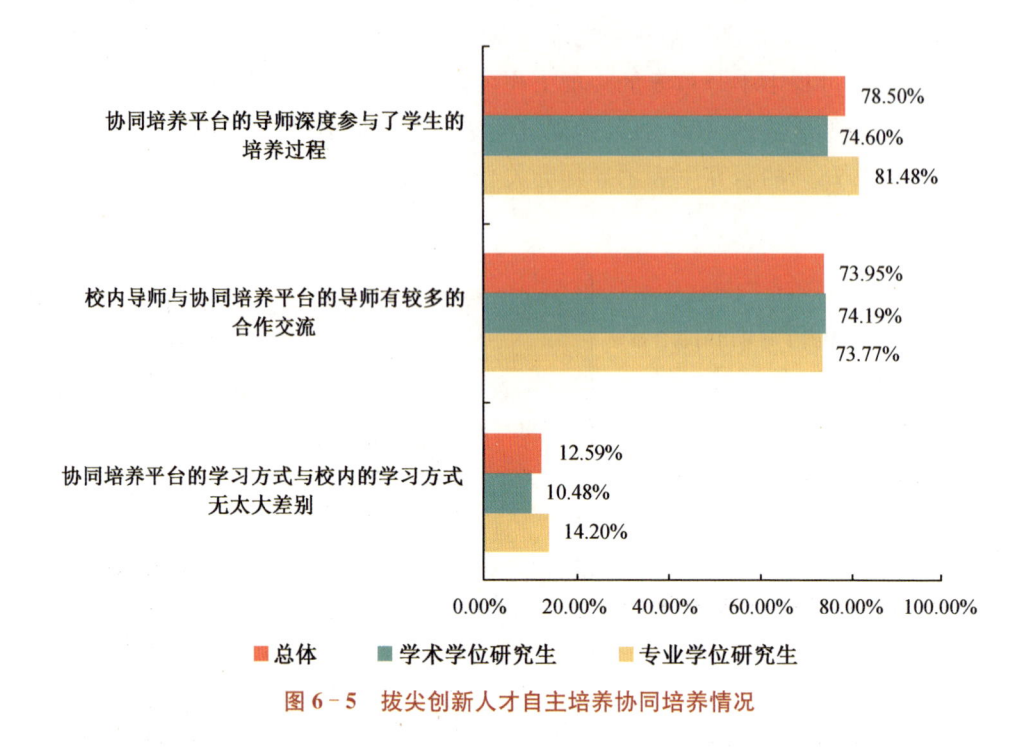

图 6-5 拔尖创新人才自主培养协同培养情况

（六）科研与实践

在科研方面，66.27%的研究生表示深度参与了导师的科研课题或项目；46.76%的研究生表示有机会参与交叉学科研究课题；48.00%的研究生表示获得了较多参与校内外科研活动的机会；50.18%的研究生表示所在学校/学院为其提供了较多进入重点实验室或校外科研平台的机会；58.13%的研究生表示能够借助科研平台提升科研能力。在专业实践方面，53.99%的研究生表示所在学校/学院为其提供了较多专业实践的机会；44.48%的研究生表示在实践训练中能够获取到跨学科的知识，可见实践训练也是学生获得跨学科知识的重要渠道，应当予以重视（图 6-6）。

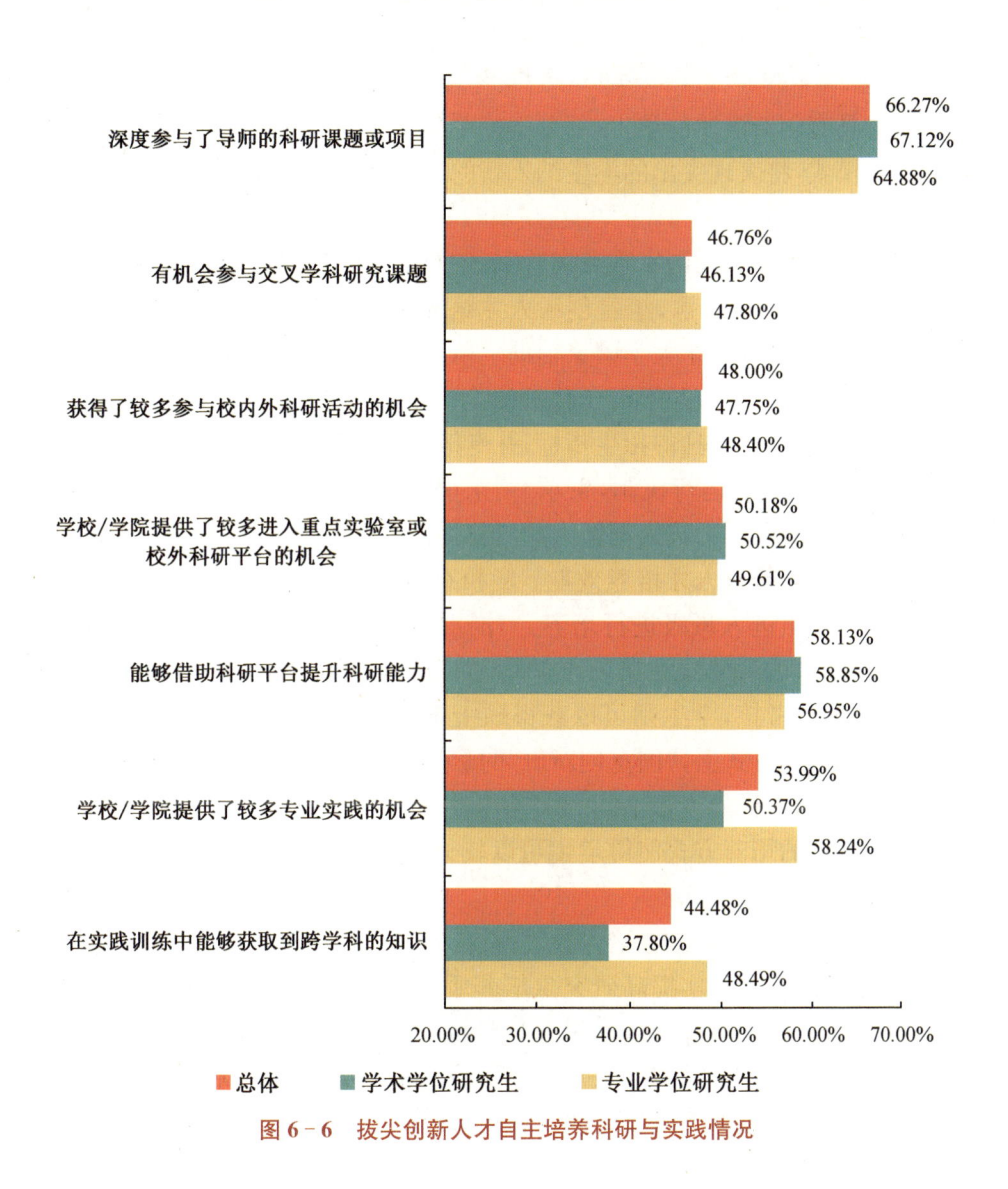

图 6-6 拔尖创新人才自主培养科研与实践情况

二、特色举措

本项调查深入南京大学、东南大学、苏州大学、南京航空航天大学、南京理工大学、江南大学、中国矿业大学和南京医科大学省内 8 所"双一流"建设高校,与各校研究生院和相关学院的管理人员展开座谈,深入了解拔尖创新人才自主培养过程中的特色举措,总结拔尖创新人才自主培养的江苏经验。

（一）超前选拔，贯通培养，实现拔尖创新人才的精准选才与培养

针对具有创新潜质的学生，部分学校单独开设"创新班"，打造全链条式的人才培养模式，将表现突出的学生纳入新的培养体系，实现拔尖创新人才的早期识别与重点培养。

南京医科大学依托国家重点实验室，创新培养机制，助力拔尖创新人才的早期选拔。**(1) 整合资源，组建创新人才培养平台**。学校吸纳相关领域内的优势科技力量，整合山东大学国家辅助生殖与优生工程技术中心、苏州南医大创新中心，组建了"生殖医学与子代健康全国重点实验室"。该实验室在机构设置上是独立的，有单独的招生指标，并专门制定培养方案。平台实行"开放、流动、联合、竞争"的运行机制，秉承"需求引领、传承创新、交叉融合、开放共享"的人才培养理念，为拔尖创新人才培养提供了良好的平台保障。**(2) 打通学制，超前培养，提升人才培养效能**。学校在本科阶段设立了"国重创新班"，选拔优秀的学生进入班级进行培养。"国重创新班"的培养方案采取灵活学制，在本科结束后为学生注册硕士学籍，如考核通过可进入博士阶段继续深造；如无法通过考核，学生则可以获得硕士学位，可进可出，给学生选择的权利。在具体培养方式上，"国重创新班"的学生可提前进入未来导师的课题组，但不确定导师，允许学生在不同的课题组轮转，最后选择最合适自己的导师。这种提前进组的培养方式使得学生可以较早地接受科研训练，增加科研训练的广度和深度。

苏州大学开启精英人才培养教改项目，通过全链条式的人才培养模式，充分发挥长学制优势，切实提高研究生培养质量。**(1) 启动本硕博全链条式人才培养模式改革**。学校出台《苏州大学本硕博一体化培养实施办法（试行）》，启动本硕博一体化人才培养计划。学校成立专门的本硕博一体化培养工作领导小组，从全球范围内选拔具备创新意识与创新潜能的学生，由基层培养单位提出申请，经研究生院审批后列入本硕博一体化培养计划。实行本科阶段和研究生阶段课程互通，学生在本科阶段可选修研究生相关课程，同时在本科一年级就可进入博士生导师实验室参与课题研究，实现本科毕业论文和研究生课题有机衔接，以充分发挥本硕博一体化长学制对学生科研能力培养的巨大优势。**(2) 多主体参与，充分授权，实现精准选才和超前培养**。学校深化博士研究生招生制度改革，充分发挥基层培养单位、学科和导师（组）在生源选拔中的自主权。实施硕士研究生优质生源提升计划，依托大数据分析技术，精准开展招生宣传。同时，积极探索人才超前培养模式，成立"精英班"，遵循自愿原

则，在一年级的时候选拔优秀学生进入"精英班"学习。"精英班"基于苏州大学的本硕博一体化培养体系，打通本科、硕士、博士三个阶段，在本科期间适当进行部分拔尖，让本科生提前接触研究生阶段的学习内容，同时节省他们研究生阶段的课程学习时间，将更多的精力投入相应的科研训练和实训实验中。

（二）拓宽内涵，打造金课，厚植拔尖创新人才发展沃土

课程和教学是实现拔尖创新人才自主培养的重要抓手，在人才培养中有着不可替代的作用。部分学校深化课程改革，遴选品牌课程，以高质量的课程教学建设带动高质量的人才培养。

南京大学围绕"立德树人"这一根本任务，加强研究生课程思政建设，彰显课程育人功效。同时，紧密结合学科发展，着力优化研究生课程结构，系统实施"三个一百"优质课程建设项目。**(1) 推动研究生德、知、行"螺旋式"上升发展**。强调课程思政由浅入深、循序渐进、不断深入，确保培养成效。通过"课课关联、人人分流"将本研培养对接贯通起来，实现"选择性进入、差异化起步、特色化培养、多次性选择和高水平提升"。促进研究生内涵式层次化成长，在不同的学段体现不同的特点，硕士研究生阶段重在主动获取、独立创新和创造训练，强调"入行"；博士研究生阶段重在批判获取、创新运用和知识创造，强调"入新"。**(2) 以"三个一百"优质课程建设项目为引领，推动课程改革，提升课程教学质量**。"三个一百"倡导以学生为中心、知识传授与能力培养并重的教学理念，注重课程内容的系统性与开放性、教学过程的主动性与参与性、学习成果的多样性与创造性，以及考核评价的多样化。注重将学术成果及时融入教学内容，将科研优势转化为教学优势，将学科资源转化为教学资源，促进科教融合、产教融合、教学相长。同时，吸取研究生课程建设经验，针对以往课程建设中以教师自主申报为主、缺乏学科整体规划的现象，要求院系结合学科发展，整体规划课程建设方案。在申报初期明确建设目标，加强考核与结项认定，将课程建设实效纳入院系"双一流"考核指标及院系教学工作考核指标体系中。目前已有44门课程获得结项认定，获批教育部优秀教材1部，江苏省研究生优秀课程6门、优秀教材3部、优秀教学案例7个。计划在"十四五"末形成"三个一百"优质课程分布格局，即拥有国内高水平、具有南大特色的品牌基础课程、一流核心课程、优质前沿课程各一百门，实现10%的研究生课程达到国内领先、世界一流的水平，带动全校研究生课程达到国内一流水平。

南京航空航天大学以"大师"引领"大课"，开发有品质的高层次研究生前沿课程。**(1) 打造"强国筑梦·大师引航"系列研究生前沿课**。为了提升研究

生开眼看世界、放眼看未来的能力，学校自 2020 年开始开设"强国逐梦·大师引航"系列课程，为研究生制订个性化培养方案，通过多维度课程体系培养未来行业领军人才，包括"梦想启航"大师课、"逐梦远航"大师课和"创梦未来"大师课。首批共建设 12 门系列前沿课程，做到工科学院全覆盖，授课团队包括院士 6 人、国家级人才 22 人、行业总师 8 人，主要突出"院士级师资、拔尖类学生、高阶性内容、研究生教学、多元化考核"五个特色。课程内容融入学科、行业前沿内容，采用研究性教学方法，更加突出探究式自主学习，引导广大研究生坚定理想信念、了解学科前沿、拓宽学术视野、提升科学精神和创新能力。

(2) 聚焦科研创新能力，打造有大品位的金课、教材和教学。 以"学科前沿、企业课程、国际课程和实践课程"为核心，构建四大特色课程群，形成具有示范效应的航宇学科品牌课程和精品教材；瞄准学科前沿和行业发展开展课程资源建设，综合运用探索型、案例式、项目参与式等教学方法；以教师承担的科研课题为载体，将科研成果转化为教学资源，并结合工程实际开发出一批具有自主知识产权的实验教学设备，显著提升研究生的科研创新能力。

（三）注重遴选，强化培训，让最有学术活力的导师培养拔尖创新人才

高质量的人才培养需要依靠高水平的导师队伍来引领。导师作为研究生培养的第一责任人，是研究生成长成才的指导者和引路人。江苏高校高度重视研究生导师队伍建设，不断完善硕士和博士研究生导师遴选办法，用最优秀的导师培养更优秀的人才。

东南大学改革导师选聘制度，助力青年导师专业发展，启用有能力的企业导师担任研究生第一导师。**(1) 推进导师遴选制度改革**。修订了东南大学硕导、博导遴选办法，对优秀的青年导师提供专项支持。对于年龄不超过 35 岁、科研成果突出的副教授（也包括上岗副教授、上岗副研究员），由本人提出申请，经学位评定分委员会推荐与研究生院审核后，按基本程序，单列指标，择优遴选为导师。**(2) 鼓励有能力的企业导师担任研究生第一导师**。大范围聘请研究生实践基地、研究生工作站的资深工程技术人员为企业导师，担任硕士研究生的第二导师，其中能力突出者可直接作为研究生的第一导师。**(3) 完善资格年审制度，把好质量关**。各院系综合考虑学科特点、师德表现、学术水平、科研成果和培养质量，健全导师招生资格年度审核。建立负面清单，在师德师风、年度考核、培养质量、导学关系等招生资格事项上实行一票否决，未达到审核标准将暂停或调减导师招生指标，对不活跃的导师减招乃至停招。

南京理工大学加强对导师的培训和考核，维持并提升导师队伍的活力。**(1) 优化导师队伍结构，对接国家战略需求**。在导师选聘上，以国家重大需求为引领，向国家急需紧缺学科倾斜，向解决"卡脖子"技术难题的学科倾斜。在进行导师选聘时，按照"必备条件审核—校外专家通讯评审—校内专家会议评审"的流程对申请人进行审核，层层把关，有效提高导师选聘质量。**(2) 加强导师定期培训，强化导师岗位意识**。形成覆盖"岗前培训—在岗轮训—交流学习"三个层次的导师培训体系，强化导师的专业发展。搭建"南京理工大学研究生导师网络培训平台"，上线"研究生导师如何履行好立德树人职责""指导研究生的理论和实践"等多门在线精品课程。对新聘导师开展线下岗前培训，导师通过岗前培训后才有招生资格。对在岗导师开展专题轮训，以"如何构建和谐的导学关系"为题举办专题培训班，并积极组织导师参加国家级、省级导师培训班进行交流学习。**(3) 优化导师考核机制，实现岗位动态调整**。采用周期审核与动态调整相结合的方式，将研究生培养质量纳入导师招生资格和年度考核。每年对导师履职情况进行综合评价，将考评结果作为绩效分配、评优评先、年度招生资格和招生计划分配的重要依据。将研究生学术不端行为与导师资格、招生资格挂钩，对于师德失范、未能有效履行岗位职责的导师，视情况采取约谈、限招、停招、退出导师岗位等措施。

（四）学科跨越，深化交叉，提升拔尖创新人才的跨学科技能

具备跨学科的知识是成为拔尖创新人才的重要条件。对此，各高校充分发挥优势学科的有利基础，形成学科交叉的催化作用，探索跨学科人才培养模式。

南京大学主动突破学科壁垒，整合多学科的知识和资源，将学科交叉作为培养创新人才的重要抓手。**(1) 以跨学科科研带动创新人才培养**。重点资助跨一级学科不同专业的博士研究生联合申请校级跨学科研究项目，鼓励构建小团队进行自由探索，开展学术研究或技术创新，资助期限一般为2年。在曾经获得过项目资助的博士研究生当中，已有多人在毕业后获"全国优博""杰青""优青"等荣誉或国家级项目资助。依托江苏省研究生科研实践创新项目，每年举办科技创新论坛，评选并邀请优秀项目的主持人进行现场的科研经验分享。借助这一平台，博士研究生们有机会了解其他领域的研究项目，促进了跨学科的交流和合作。**(2) 推出"跨学科博士培养项目"，为复合型人才培养提供保障**。主动服务国家重大战略需求，依托国家"科研博士计划"，导师跨学科联合招收培养博士研究生，原学科和拟跨学科须同属理工医科，目前已有

78个跨学科课题组入选该项目。**(3) 用好学科交叉催化剂，为跨学科人才培养探索新路径**。改传统的"博士生跨学科、导师在原来学科不动"的旧模式为"导师动、学生不动"的新模式，能够解决现行体制下博士研究生毕业学科归属不明确以及学位论文研究范式不统一等问题。在这一模式下，多学科导师组协同培养，而博士研究生仍然归属于自己本学院，打破了以往的学科壁垒，实现了知识和资源的有效整合。

南京理工大学厚筑基础，重视交叉，设立"鼎新创新人才班"，跨学科大类培养拔尖创新人才，学生在本科毕业后可取得"荣誉学位"。**(1) 突破现有学科限制，奠定跨学科发展基础**。依托电子与信息、兵器与装备、化工与材料三大优势学科群，设置电子信息、机械工程、材料化工三个专业方向，根据学生选择的研究方向，由院士团队指导制定个性化的培养方案。**(2) 重构学科知识体系，开展有深度的跨学科学习**。"鼎新创新人才班"将引领科技进步、促进产业变革的前沿性、革命性、颠覆性技术融入课程，形成学科交叉融合的知识体系。实施基础学科与优势学科相融合的本博贯通人才培养模式。学生在进入进阶与拓展阶段后，可获得更多国内外交流的机会，接触更多的科研项目训练。而在后续的研究生培养阶段中会加入重大科研项目训练，进行有深度的跨学科学习。

（五）加大投入，丰富形式，为拔尖创新人才提供更多科研与实践的机会

科研与实践是拔尖创新人才自主培养中的重要环节。部分高校加大支持力度，创新实践形式，为研究生提供更多参与科研与实践训练的机会。

中国矿业大学加大资助力度并扩大覆盖面，搭建学术平台，为研究生提供更多的科研创新与实践的机会。**(1) 设立研究生创新计划项目，全面提高研究生科研创新水平，增强实践创新能力**。创新计划项目包括博士研究生"未来科学家计划"和硕士研究生"未来杰出人才助力计划"两类。每类项目按研究周期不同又分为重点项目和一般项目。重点项目仅面向博士研究生，研究周期为2年；一般项目则同时面向全体研究生，研究周期为1年。自然科学类和工程技术类博士研究生重点项目的资助经费不低于4万元每项，人文社科类则不低于2.4万元每项。创新计划项目资助经费的主要来源为导师的科研经费和各院系每年的学科建设专项经费。**(2) 开展多项学术创新活动，强化学术交流**。2022年，学校承办了江苏省研究生科研实践创新活动4项。其中，江苏省研究生"安全与应急"学术创新论坛吸引了来自国内200余位专家和研

究生参与，举办期间在线观看人次达到3.97万次；承办的江苏省研究生"双碳"管理学术创新论坛分论坛五——"低碳生活与绿色消费"，设6个分会场，共61位研究生作报告；承办的江苏省研究生第一届新能源电动车技术与装备国际学术创新论坛邀请150余位专家和研究生代表参会；承办的江苏省研究生公共管理案例分析大赛历时6个多月，共收到省内21所高校的131篇参赛作品。此外，组织各类研究生学术创新活动150余次，包括研究生学术沙龙、学术论坛、前沿学术讲座等。

南京大学加大科研实践创新项目建设力度，提升科研实践质量，提升研究生科研素养。**(1) 积极组织多项研究生科研创新实践项目和活动**。2022年，全校入选江苏省研究生科研创新计划188项、研究生实践创新计划32项，累计发表高水平论文180余篇，获得专利20余项。举办江苏省研究生科研创新实践大赛2场、研究生暑期学校3项、研究生学术创新论坛3项。例如，主办的第四届"非传统同位素地球化学"暑期学校邀请近20位国内外同位素领域的专家进行授课，系统讲解了该领域最前沿的技术、理论方法和应用，提升研究生的学术素养。活动共吸引了50多名线下学员、1 000多名线上学员和4 000多位在线旁听参会者。**(2) 与企业充分对接共建实训平台**。针对以往实习流于形式、学生收获有限的弊端，学校邀请具有社会责任感的头部企业直接将分部办到校区附近或科技园区内，同时用实训代替实习。此举不仅方便校内师生到企业去学习，同时也帮助企业解决实际问题，更便于学校对协同培养质量进行全程监控。

（六）问题导向，强强联合，协同培养拔尖创新人才

拔尖创新人才培养是一项系统工程，传统"单打独斗"的培养模式难以满足培养需要。部分高校积极探索科教融汇和产教融合，借助行业企业和科研院所的优势资源，协同培养拔尖创新人才。

南京理工大学推进产学研深度融合，积极开展合作育人。**(1) 深入开展研究生联合培养工作**。与中国科学院（以下简称中科院）在苏科研机构联合开展研究生实践教学工作，研究生在完成课程学习计划后可进入中科院实践岗位学习，并与中科院共同确定实践岗位和岗位录用名单。以此为基础，研究生院和导师与中科院建立起长效合作机制。**(2) 以产业教授带动专业学位研究生协同培养**。优化产业教授工作机制，完善校企合作的人才培养模式，让产业教授充分参与研究生培养。搭建研究生联合培养和科研协同攻关平台，产业教授负责指导研究生，参与科研攻关。出台专门管理办法，明确产业教授在研

究生培养方面的工作职责,要求产业教授完成"五个一"工作,即指导至少一名研究生,开设一门企业课程或一个系列讲座,开展至少一项科研项目合作,提供一个实践场所或建立一个研究生工作站,转化一项高科技创新成果。

江南大学突出问题导向,积极回应企业需求,形成产教协同育人的共赢模式。**(1) 强强结合,共享育人资源**。在校内建设协同创新中心,由学校提供场所,允许科研企业将科研部门进驻,并与学校的科研组织强强联合。企业在研发过程中遇到问题后能够及时与学校对接,不仅便于培养研究生解决问题的能力,也利于服务企业发展。此举已形成良好的集聚效应,吸引了众多国内知名企业和校友加入,真正实现了产学研深度融合。**(2) 推进大院名企联合培养项目**。与头部企业开展产学研合作项目,参与共建食品生物技术研究所,双方联合培养集萃研究生,获得国家自然科学基金创新群体项目。持续推进"引企入教",支持引导企业深度参与教育教学改革,贯穿专业规划、教学设计、课程设置、实习实训等各个环节,促进企业需求融入人才培养全过程。充分发挥企业家在创新创业教育中的优势,邀请优秀企业家担任研究生相关项目课题导师、创新创意创业大赛评委,以创新创业实践驱动研究生创新意识与能力提升。**(3) 回应企业问题,注重双向赋能**。精准对接企业的人才需求,通过订单式培养、创业指导服务等政策,鼓励支持毕业生就业创业。建立企业发展人才"储备库",联合共建就业实践实习基地、工作站130余个,企业家辅导员单位累计为毕业生提供就业岗位机会1 000余个,不断拓宽互利共赢"朋友圈",努力推动形成"学校为企业助力、企业回馈教育事业、协同提升育人质量"的良性互动。

(七)打造品牌,激励交流,推进拔尖创新人才的高水平国际联合培养

在国际交流方面,部分高校既重视引入国际前沿知识,着重培养研究生的国际视野,又重视本土研究和教学成果的输出,真正实现"走出"与"引进"相结合。

东南大学探索国际化人才培养机制的创新,做有特色的国际交流。**(1) 成立国际化示范学院,为国际化人才培养提供示范性参照**。示范学院通过海外招聘引进外籍院长以及教学科研骨干,组成外国专家团队,与中方团队合作,负责学院的教学、科研、管理工作,现已引进全职和兼职的外籍教授、副教授16位。示范学院设立由中方相关人员和外国专家团队共同组成的管理委员会,商议决定学院重大事项。中外双方联合开设了30门研究生课程,采取固定的课程编号,在培养方案中,这些课程均由外方教授全英文授课,中方合作教授视情况予以总结性和解释性的讲解。学院要求学术研究生每人至少选2门全英文课程。**(2) 做好学生成果和教学成果的国际化展示,讲好中国**

故事。研究生多次在国际重要平台和顶级会展上展示成果，主动在对外交流中提供中国经验。学校借助国际服务课题，带领学生到"一带一路"沿线国家开展历史文物的保护与申遗工作，得到了当地政府的高度肯定。同时，组织研究生到埃塞俄比亚、柬埔寨等地做开放区研究，向外输出中国城镇化的成功经验，践行"人类命运共同体"理念。

中国矿业大学"走出"与"引进"共举，推动人才培养国际合作。**(1) 深化合作交流，持续提升研究生教育国际化水平**。资助青年导师和博士生参加国际学术会议。完善多元资助机制，实现博士生国际学术交流全覆盖，具有1年左右国际联合培养经历的博士生比例达到20%以上。推进研究生国际双向交流，探索国际团队联合指导和海外基地联合培养，完善互授联授学位机制，聘请澳大利亚工程院院士等13名国际知名专家担任研究生联合培养导师。**(2) "线上＋线下"联动，搭建国际交流平台**。主办"第九届能源、资源、环境与可持续发展"等国际学术会议，协助联合国教科文组织国际矿业工程教育能力中心，组织青年学者参加由该中心与圣彼得堡矿业大学联合举办的第18届学生与青年学者线上国际论坛，并获得圣彼得堡金奖。确保江苏高校优势学科在建设周期内建立至少1个研究生海外联合培养基地，扩大"留学矿大"品牌影响力，完善来华国际研究生招生和培养管理制度，严格招生和学业标准，建立来华国际研究生学位论文抽检制度，保障留学生学位授予质量。

（八）创新评价，完善机制，引领拔尖创新人才个性化发展

创新型的人才需要多元的评价方式，不适宜以一套标准衡量所有学生的成就。对此，部分高校积极探索多元化的毕业资格认定方式，不以论文发表情况作为学生能否毕业的唯一标准。

南京大学创新学位论文成果评价体系，体现分类和多元化。**(1) 做好顶层设计，修订博士学位授予的质量标准**。允许博士生以学位论文、学术期刊论文、学术会议论文、专利、专著、研究报告等多种形式展示创造性成果。院系学位评定分委员会根据指导意见，修订贯穿博士生培养全过程的培养方案，形成了28套分类和多元化的博士学位授予质量标准评价方案。**(2) 实施分类评价，形成"1＋N"模式**。在"1＋N"模式中，"1"强调的是质量，"N"代表数量。对于基础研究，做到对标科学前沿：1——鼓励发表高质量论文，学位评定分委员会制定所辖各学科的3类高质量论文的期刊和会议目录，每2年进行修订和更新，博士研究生需至少发表1篇与学位论文相关的高质量学术论文；N——完成学位评定分委员会认可的其他研究成果（至少1项），包括以第一

作者身份发表的其他高水平论文、参加研究生创新大赛获得的国家级奖励、与学位论文相关的授权发明专利等研究成果。对于应用研究,做到对标国家需求:1——高质量完成1项国家需求科研任务,作为主要完成人参加国家或国防工程研究项目、行业领军企业委托项目,做出实质性、创新性贡献;N——完成学位评定分委员会认可的其他研究成果(至少1项),包括以第一作者身份发表的高水平论文、与论文相关的授权发明专利、与论文相关的研究成果获得转让并为学校实现可观经济效益、完成通过鉴定的省部级以上应用成果等。对于重大创新性研究,需要在学位论文开题阶段提出申请,由学位评定分委员会组织专家对相关课题的原创性、学术或应用价值进行严格审核,对于审核通过者,学位评定分委员会可提出满足申请博士学位要求的个性化方案并在学院进行备案,以作为其申请学位时的成果认定依据。

东南大学形成以标志性成果质量为核心的毕业成果考核导向,完善科研成果认定体系。**(1) 明确研究生申请学位时科研成果署名和认定要求**。规定研究生用于申请学位时的科研成果应是攻读学位期间,在导师(或副导师)指导下所做出的与学位论文密切相关的科研成果。对取得重大理论创新成果、前沿技术突破、参与重大工程设计、重大产品研发,或解决重大工程技术难题、在经济社会事业发展中做出重大贡献的研究生,若学位论文水平高,在申请学位时科研成果可不作限制性要求。**(2) 修订博士研究生学位申请成果认定标准,实行分类认定**。建筑学院根据学科特点,设置8种成果类型,具体包括学术论文、学术专著、发明专利、行业标准、科研获奖、工程设计获奖、竞赛获奖、作品参展。同时,将各类成果细分为三个等级:A类成果(突出成果)、B类成果(重要成果)和C类成果(一般成果)。博士研究生申请学位时,需满足下列条件之一:完成A类成果(突出成果)1项;完成B类成果(重要成果)2项;完成B类成果(重要成果)1项,且完成C类成果(一般成果)2项,形成了较为完善的科研成果认定体系。

第二节 学位论文过程管理

学位论文质量是衡量研究生教育质量的核心要素,是研究生教育质量监测的重要指标和着力点。2020年9月,在教育部、国家发展改革委、财政部下发的《关于加快新时代研究生教育改革发展的意见》中明确指出,各培养单位要完善质量控制和保证制度的贯彻落实,必须以学位论文为核心抓手,落实全过程管理责任,细化强化导师、学位论文答辩委员会和学位评定委员会权责,杜绝学位"注水"。已有研究指出学位论文存在论文规范性不足、缺乏创新性、文献综述质量较低、论证严谨性不够等典型问题,同时也存在学位论文评价的科学性和合理性不足等此类学位论文质量管理方面的共性问题,完善学位论文质量保障体系对于实现研究生教育高质量发展具有重要意义。

一、现状调查

本次调查面向全省普通高校应届毕业研究生(2023年6月30日前完成学位论文答辩)推送在线问卷,以了解全省高校对研究生学位论文质量管理的现状。调查内容主要包括研究生学位论文质量管理过程中开题选题、过程检查、预答辩、送审评议、正式答辩等环节的落实情况。本次调查最终回收有效问卷10 475份,其中,学术学位占45.90%,专业学位占54.10%;硕士研究生占91.19%,博士研究生占8.81%;样本涉及12个学科门类(表6-1)。

表6-1 研究生学位论文质量管理调查样本分布

类别		人数/人	占比/%
学位类型	学术学位	4 808	45.90
	专业学位	5 667	54.10
学位层次	硕士研究生	9 552	91.19
	博士研究生	923	8.81
学科门类	哲学	91	0.87
	经济学	192	1.83
	法学	480	4.58
	教育学	1 073	10.24
	文学	555	5.30
	历史学	70	0.67
	理学	1 012	9.66
	工学	3 780	36.09
	农学	404	3.86
	医学	1 262	12.05
	管理学	1 026	9.79
	艺术学	530	5.06

（一）选题开题

选题开题是指学位论文在开始阶段对选题的确定，是研究生学位论文工作的起点。经统计，10 274 位研究生在学位论文的工作过程中参与了选题开题环节，占比 98.08%。在选题开题的组织者方面，79.56% 的学位论文开题由院系集中组织，20.44% 由导师自行组织。博士生学位论文的开题选题由院系集中组织(59.57%)和导师自行组织(40.43%)的比例大致相当，而硕士生的学位论文选题开题主要通过院系集中组织进行(81.44%)。在不同学位类型上，学术学位和专业学位研究生的学位论文选题开题没有太大差别，主要是通过院系集中组织进行，占比均在 80% 左右(图 6-7)。

	博士研究生	硕士研究生	学术学位研究生	专业学位研究生	总体
院系集中组织	59.57%	81.44%	77.26%	81.50%	79.56%
导师自行组织	40.43%	18.56%	22.74%	18.50%	20.44%

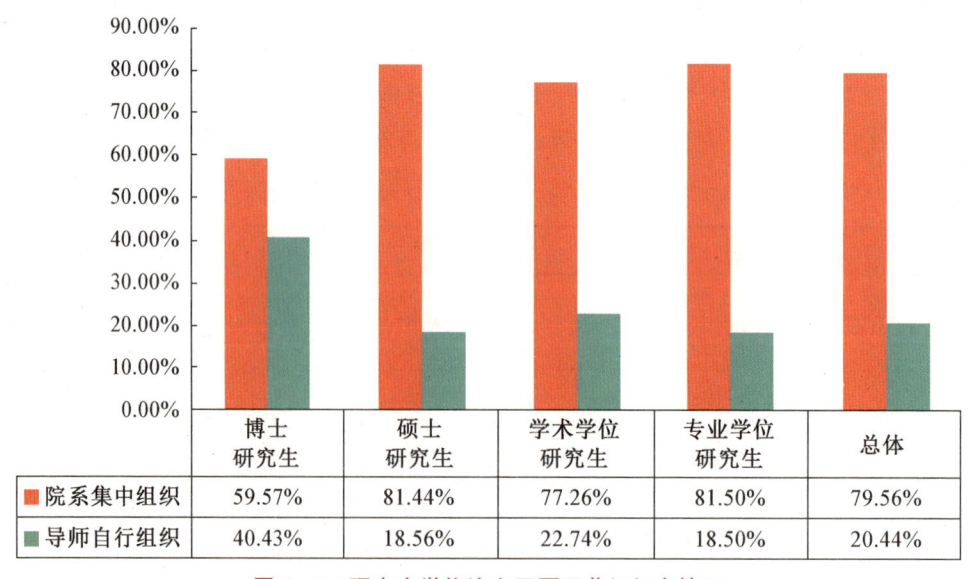

图 6-7 研究生学位论文开题环节组织者情况

在论文选题开题过程中，89.23% 的研究生认为院系或导师为学位论文的开题环节制定了完整的执行流程和明确的学术标准；87.53% 的研究生认为论文开题基本能够做到定期举行；89.69% 的研究生认为专家评委在论文开题过程中能够严格把关；89.39% 的研究生则认为专家评委能够在论文开题过程中为自己的论文提出具有可行性的建议；87.96% 的研究生认为导师会帮助自己在论文开题的时间上做好规划和前期准备(图 6-8)。

除了定期举办开题报告会这一项，博士生对于学位论文选题开题各项指标的认可度(90% 左右)均高于硕士研究生。学术学位和专业学位研究生在学位论文选题开题的情况上基本一致。

第六章 研究生教育发展专项调查

图 6-8 研究生学位论文开题环节实施情况

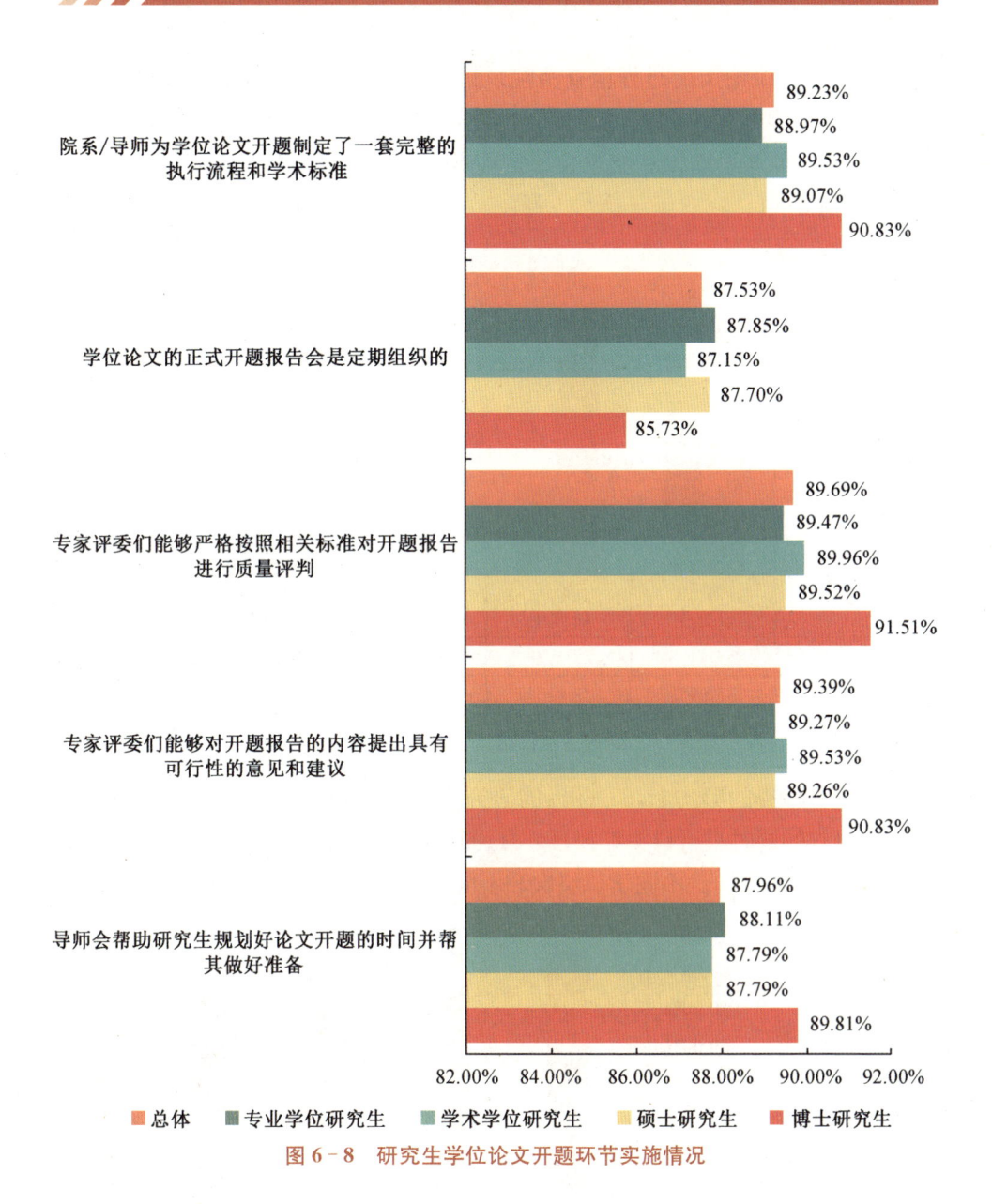

院系/导师为学位论文开题制定了一套完整的执行流程和学术标准
- 总体：89.23%
- 专业学位研究生：88.97%
- 学术学位研究生：89.53%
- 硕士研究生：89.07%
- 博士研究生：90.83%

学位论文的正式开题报告会是定期组织的
- 总体：87.53%
- 专业学位研究生：87.85%
- 学术学位研究生：87.15%
- 硕士研究生：87.70%
- 博士研究生：85.73%

专家评委们能够严格按照相关标准对开题报告进行质量评判
- 总体：89.69%
- 专业学位研究生：89.47%
- 学术学位研究生：89.96%
- 硕士研究生：89.52%
- 博士研究生：91.51%

专家评委们能够对开题报告的内容提出具有可行性的意见和建议
- 总体：89.39%
- 专业学位研究生：89.27%
- 学术学位研究生：89.53%
- 硕士研究生：89.26%
- 博士研究生：90.83%

导师会帮助研究生规划好论文开题的时间并帮其做好准备
- 总体：87.96%
- 专业学位研究生：88.11%
- 学术学位研究生：87.79%
- 硕士研究生：87.79%
- 博士研究生：89.81%

（二）过程检查

过程检查是指在学位论文开题完成后、论文写作完成前，研究生每隔一段时间需汇报学位论文的进展。经统计，8 777 位研究生在学位论文工作中参与了过程检查环节，占比 83.79%。在过程检查的组织者方面，由院系集中组织的过程检查占 76.13%，导师自行组织的过程检查占 23.87%（图 6-9）。

博士生学位论文的过程检查由院系集中组织与导师自行组织的比例约为2∶1,而硕士生学位论文的过程检查由院系集中组织与导师自行组织的比例约为3∶1。学术学位和专业学位研究生学位论文的过程检查方式占比基本相似,约为3∶1。

	博士研究生	硕士研究生	学术学位研究生	专业学位研究生	总体
院系集中组织	64.31%	77.19%	75.48%	76.66%	76.13%
导师自行组织	35.69%	22.81%	24.52%	23.34%	23.87%

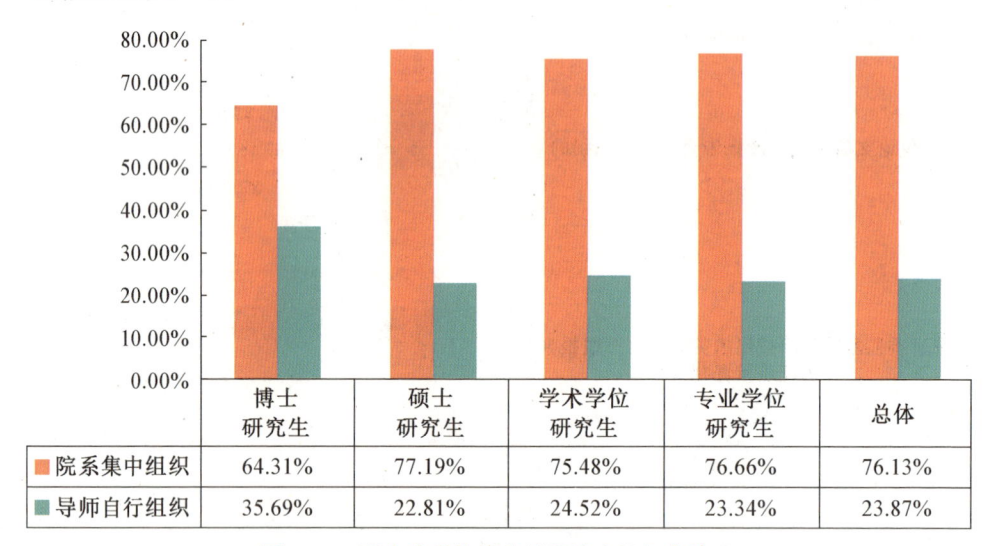

图6-9 研究生学位论文过程检查组织者情况

在过程检查的形式上,85.69%的研究生表示学位论文过程检查需要在提交书面报告的同时进行口头汇报,14.31%的研究生表示仅需要提供可被评阅的书面报告(图6-10)。不同学位层次和不同学位类型的情况与总体情况一致。

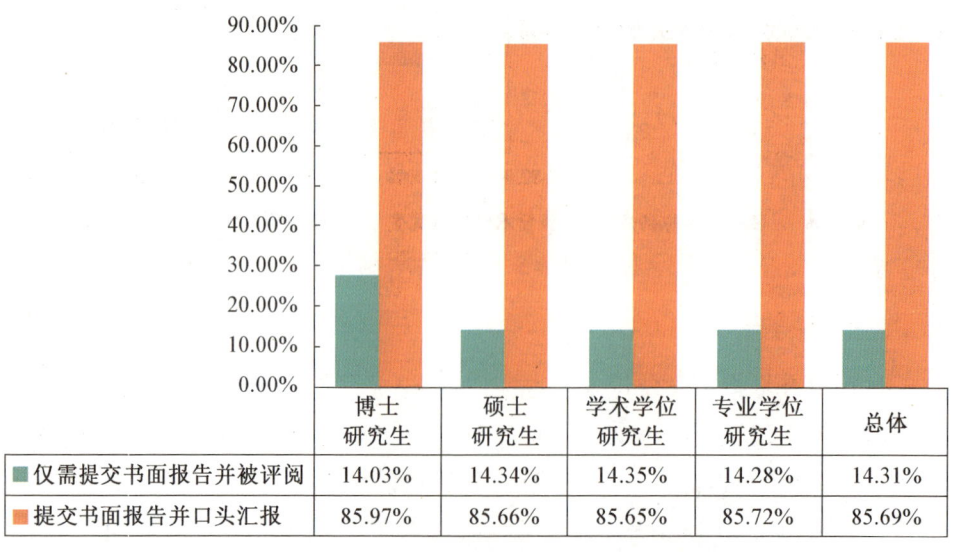

	博士研究生	硕士研究生	学术学位研究生	专业学位研究生	总体
仅需提交书面报告并被评阅	14.03%	14.34%	14.35%	14.28%	14.31%
提交书面报告并口头汇报	85.97%	85.66%	85.65%	85.72%	85.69%

图6-10 研究生学位论文过程检查的具体形式情况

在过程检查的频率方面，42.98%的研究生表示院系或导师3个月内会对学位论文工作的进展情况进行一次检查，40.78%的研究生表示院系或导师3—6个月会检查一次，而有3.66%的研究生表示院系或导师超过1年的时间才会对学位论文进行一次过程检查（图6-11）。

30%以上的博士生表示院系或导师超过半年才进行一次学位论文过程检查，超过1年进行过程检查的比例接近13%。85%以上的硕士生表示院系或导师至少在半年内进行一次学位论文过程检查。专业学位研究生学位论文进行过程检查的频率比学术学位略高，半年内至少进行一次的比例约高5%。另外，约有5%的学术学位研究生超过1年才进行一次学位论文过程检查。

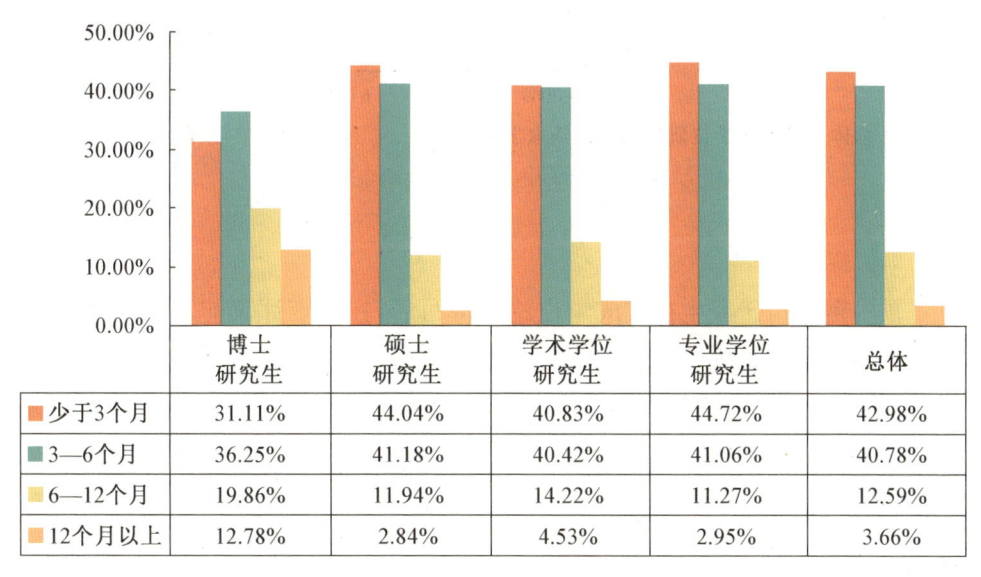

	博士研究生	硕士研究生	学术学位研究生	专业学位研究生	总体
少于3个月	31.11%	44.04%	40.83%	44.72%	42.98%
3—6个月	36.25%	41.18%	40.42%	41.06%	40.78%
6—12个月	19.86%	11.94%	14.22%	11.27%	12.59%
12个月以上	12.78%	2.84%	4.53%	2.95%	3.66%

图6-11　研究生学位论文过程检查的组织频率情况

在学位论文的过程检查中，88.91%的研究生认为过程检查有完整的流程和明确的标准，88.69%的研究生认为通过学位论文的过程检查可以获取一些推动学位论文工作的可行性建议（图6-12）。

在学位论文过程检查的制度规定上，博士生的认可度略低于硕士生，但对过程检查的具体作用评价略高。学术学位和专业学位研究生对学位论文过程检查环节的认可度基本相同。

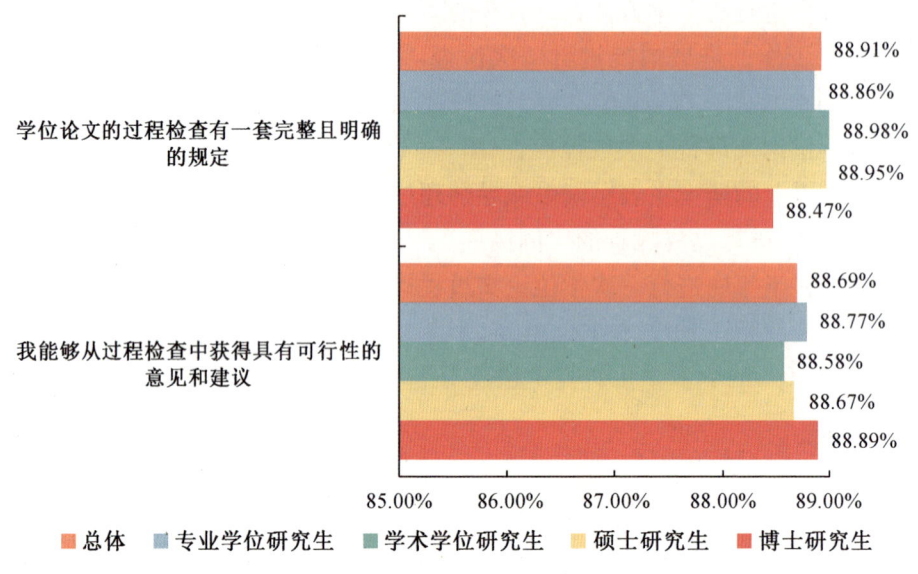

图 6-12　研究生学位论文过程检查实施情况

（三）预答辩

预答辩是指研究生在完成学位论文撰写后，在送审评议前对学位论文进行的答辩预演。经统计，8 532位研究生表示参加了学位论文预答辩环节，占比81.45%。在预答辩的组织者方面，72.34%的预答辩由院系集中组织，27.66%的预答辩由导师自行组织（表6-13）。

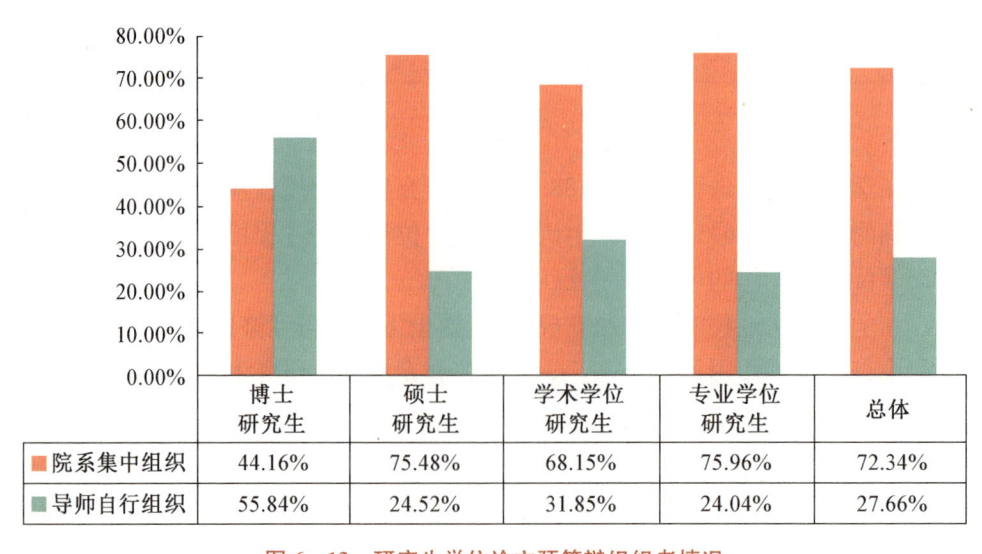

	博士研究生	硕士研究生	学术学位研究生	专业学位研究生	总体
院系集中组织	44.16%	75.48%	68.15%	75.96%	72.34%
导师自行组织	55.84%	24.52%	31.85%	24.04%	27.66%

图 6-13　研究生学位论文预答辩组织者情况

超过50%的博士生学位论文的预答辩由导师自行组织,而超过75%的硕士生学位论文的预答辩由院系集中组织进行。学术学位研究生学位论文预答辩由院系组织的比例不超过70%,专业学位则高于75%。

在预答辩之前,91.26%的研究生表示导师会对学位论文进行严格的审阅。在预答辩的过程中,90.82%的研究生认为该环节拥有完整且明确的程序和标准,87.87%的研究生认为预答辩会定期举行,91.53%的研究生认为专家评委会在预答辩环节对学位论文严格把关,91.50%的研究生认为专家评委能根据预答辩的内容提出具有可行性的建议。在预答辩的结果上,91.01%的研究生表示学位论文必须通过预答辩才能进入下一环节,91.56%的研究生认为预答辩的结果符合自己的预期,91.02%的研究生表示导师会在预答辩之后根据专家评委的意见和建议为学位论文的修改提供指导和帮助(图6-14)。

除了"定期举行"指标外,博士生对学位论文预答辩各项指标的认可度均高于硕士生。同样,除在"定期举行"指标上差距较大以外,学术学位研究生对学位论文预答辩各项指标的认可度与专业学位研究生基本一致。

(四)送审评议

送审评议是指将学位论文送其他专家进行评阅,一般是通过外部评价对学位论文进行外部质量监控。在送审评议方式上,89.84%的学位论文采用"校外专家双盲审"(即研究生与专家的信息均不公开)的方式,3.94%采用"校外专家单盲审"(研究生与专家一方的信息不公开),4.44%采用"校外专家明审",1.75%采用"校内专家明审",另有0.04%的论文仅有导师自行审阅(图6-15)。

超过95%的博士生学位论文通过"盲审"的方式进行送审评议,其中"校外专家双盲审"的比例超过93%。硕士生学位论文"盲审"比例也超过了93%,其中"校外专家双盲审"的比例接近90%。学术学位研究生学位论文采用"盲审"方式进行评议的比例略低于专业学位研究生。

在送审的评议专家数量上,超过5位专家评阅的占比4.42%,5位专家评阅的占比11.96%,3—4位专家评阅的占比32.18%,2位专家评阅的占比51.07%,另有0.38%的学位论文仅由1位专家评阅(图6-16)。

绝大多数(93.77%)的博士生学位论文需要送不少于3位专家进行评议,其中需送5位及以上专家的比例已经超过30%。近45%的硕士生学位论文安排送3位及以上专家进行评议。学术学位与专业学位研究生学位论文的送审评议专家数基本相当,大多为3人及以下(占比均超过80%)。

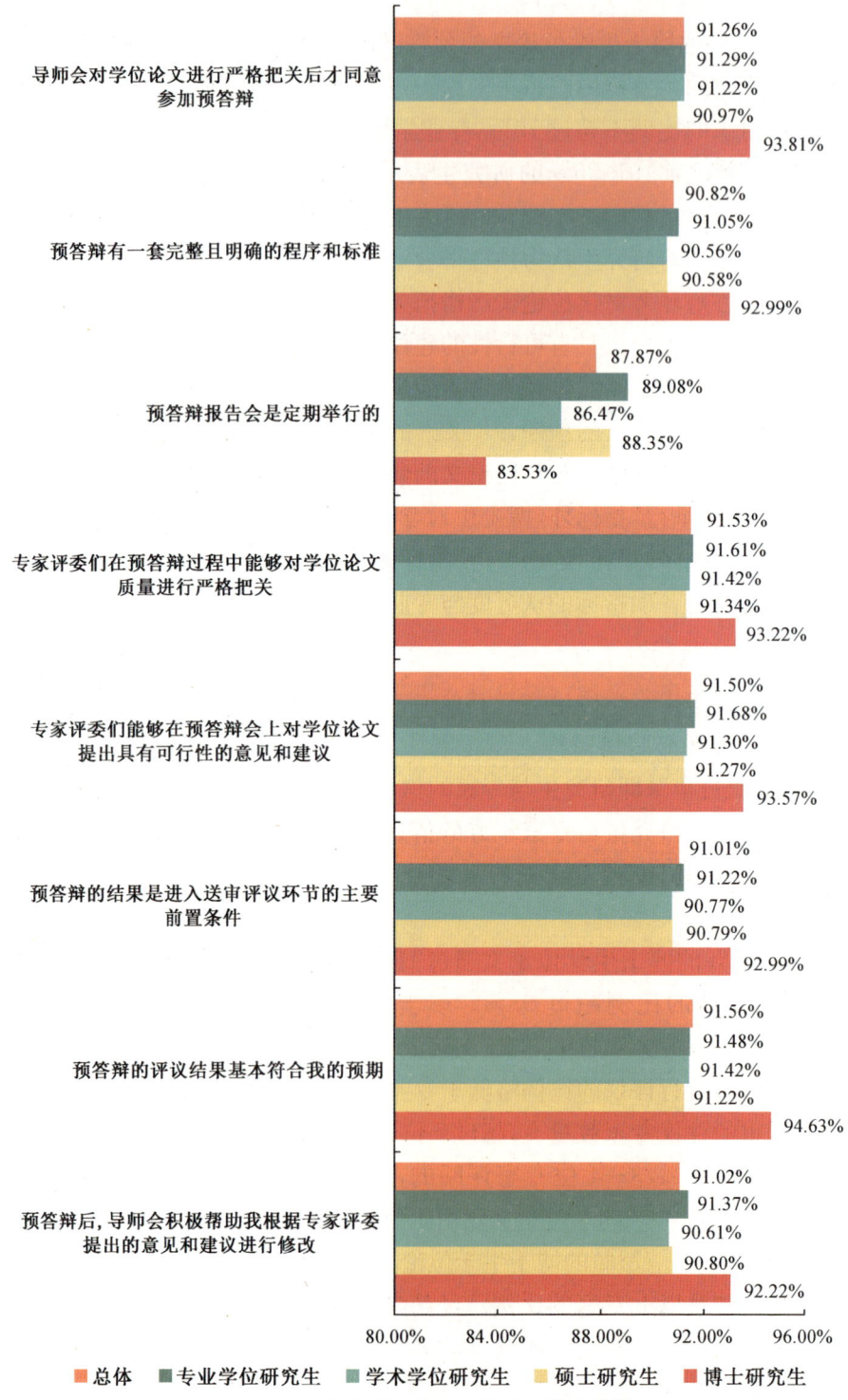

图 6-14 研究生学位论文预答辩环节实施情况

	博士研究生	硕士研究生	学术学位研究生	专业学位研究生	总体
■校外专家双盲审	93.11%	89.52%	88.35%	91.11%	89.84%
■校外专家单盲审	2.56%	4.07%	4.33%	3.60%	3.94%
校外专家明审	2.67%	4.61%	5.61%	3.43%	4.44%
■校内专家明审	1.56%	1.77%	1.69%	1.80%	1.75%
■仅导师自审	0.11	0.03	0.02	0.05	0.04

图 6-15　研究生学位论文送审评议方式情况

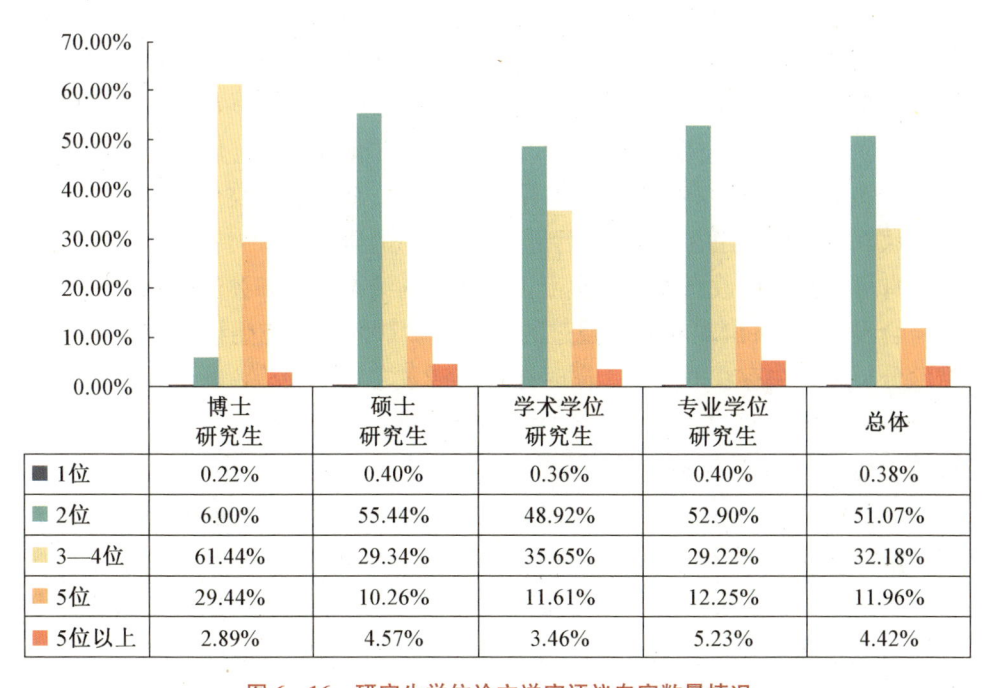

	博士研究生	硕士研究生	学术学位研究生	专业学位研究生	总体
■1位	0.22%	0.40%	0.36%	0.40%	0.38%
■2位	6.00%	55.44%	48.92%	52.90%	51.07%
3—4位	61.44%	29.34%	35.65%	29.22%	32.18%
■5位	29.44%	10.26%	11.61%	12.25%	11.96%
■5位以上	2.89%	4.57%	3.46%	5.23%	4.42%

图 6-16　研究生学位论文送审评议专家数量情况

91.10%的研究生表示导师会在送审评议前对学位论文的质量进行严格把关,92.41%的研究生认为送审评议环节的流程和标准都非常明确,90.24%的研究生认为评阅专家能够认真负责地对学位论文做出客观公正的评价,89.77%的研究生认为评阅专家可以提供正确的意见和具有可操作性的建议,89.40%的研究生认为送审评议的结果符合自己的预期。89.64%的研究生表示如果出现结果为不合格的情况,导师会积极帮助自己分析和解决存在问题;88.60%的研究生表示如果因为学术观点分歧造成评阅结果不合格,学校和院系制定有公正可行的处理方案(图6-17)。

博士生对"送审评议前导师的质量把关"和"送审评议的程序和标准"的认可度明显高于硕士生,但对"送审评议的预期结果""导师帮助分析和解决'不合格'论文中的问题",以及"在遇到送审评议结果不公正待遇时的救济方式"三个方面的认可度略低于硕士研究生。同样,学术学位研究生对"送审评议前导师的质量把关"和"送审评议的程序和标准"的认可度明显高于专业学位研究生,而在其他指标上前者均略低于后者。

(五)正式答辩

正式答辩是指研究生面向领域专家对学位论文内容进行现场汇报,并对专家的质疑和提问进行回应,一般由院系统一组织。经统计,92.68%的研究生表示学校或院系对学位论文的正式答辩制定了一套完整的程序和明确的标准,但76.43%的研究生也表示该标准中根据外审结果决定是否允许申请学位论文答辩的要求过高。在正式答辩过程中,92.18%的研究生认为答辩委员能够认真负责地做出客观公正的评价,91.94%的研究生认为答辩委员能够提出具有可行性的修改意见。而对于正式答辩的结果,91.99%的研究生认为基本符合预期;如果出现答辩未通过的情况,89.70%的研究生认为导师会积极帮助分析和解决存在的问题。同时在答辩通过之后,89.85%的研究生表示导师仍会积极地帮助自己进一步完善学位论文,88.65%的研究生表示院系也会通过其他技术手段(例如查重)帮助自己提高学位论文质量(图6-18)。

除了在"导师会在答辩不通过时帮助分析和解决存在的问题"指标上低于硕士研究生,博士研究生在学位论文正式答辩的其余各项指标上的认可度均高于硕士生。相对于学术学位研究生,专业学位研究生也同样认为"根据送审评议结果允许申请答辩要求过高"。学术学位研究生更加认可学位论文正式答辩过程中的各项指标,而专业学位研究生则更加认可导师和院系根据其正式答辩的结果提供的支持和帮助。

第六章 研究生教育发展专项调查

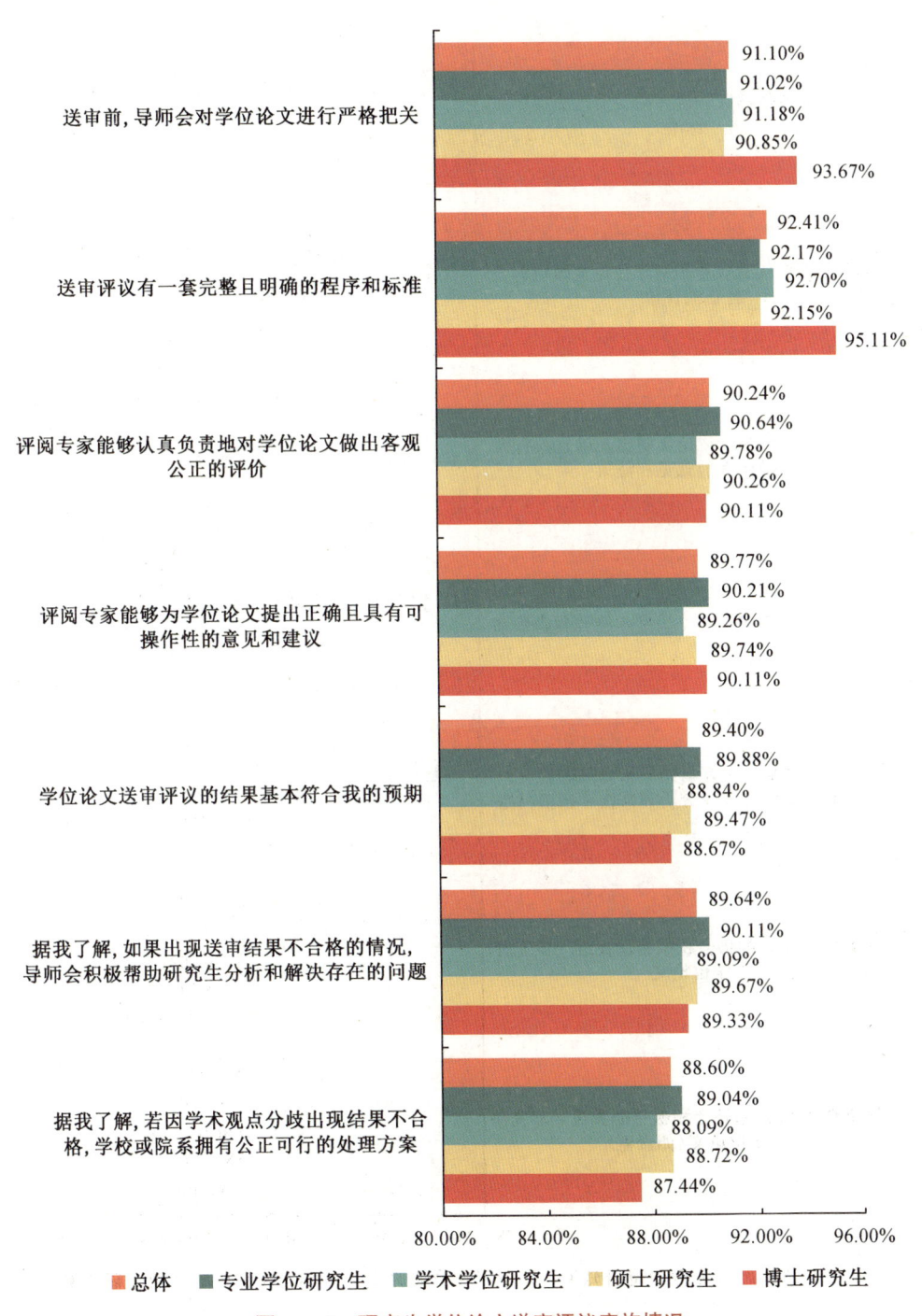

指标	总体	专业学位研究生	学术学位研究生	硕士研究生	博士研究生
送审前,导师会对学位论文进行严格把关	91.10%	91.02%	91.18%	90.85%	93.67%
送审评议有一套完整且明确的程序和标准	92.41%	92.17%	92.70%	92.15%	95.11%
评阅专家能够认真负责地对学位论文做出客观公正的评价	90.24%	90.64%	89.78%	90.26%	90.11%
评阅专家能够为学位论文提出正确且具有可操作性的意见和建议	89.77%	90.21%	89.26%	89.74%	90.11%
学位论文送审评议的结果基本符合我的预期	89.40%	89.88%	88.84%	89.47%	88.67%
据我了解,如果出现送审结果不合格的情况,导师会积极帮助研究生分析和解决存在的问题	89.64%	90.11%	89.09%	89.67%	89.33%
据我了解,若因学术观点分歧出现结果不合格,学校或院系拥有公正可行的处理方案	88.60%	89.04%	88.09%	88.72%	87.44%

图 6-17 研究生学位论文送审评议实施情况

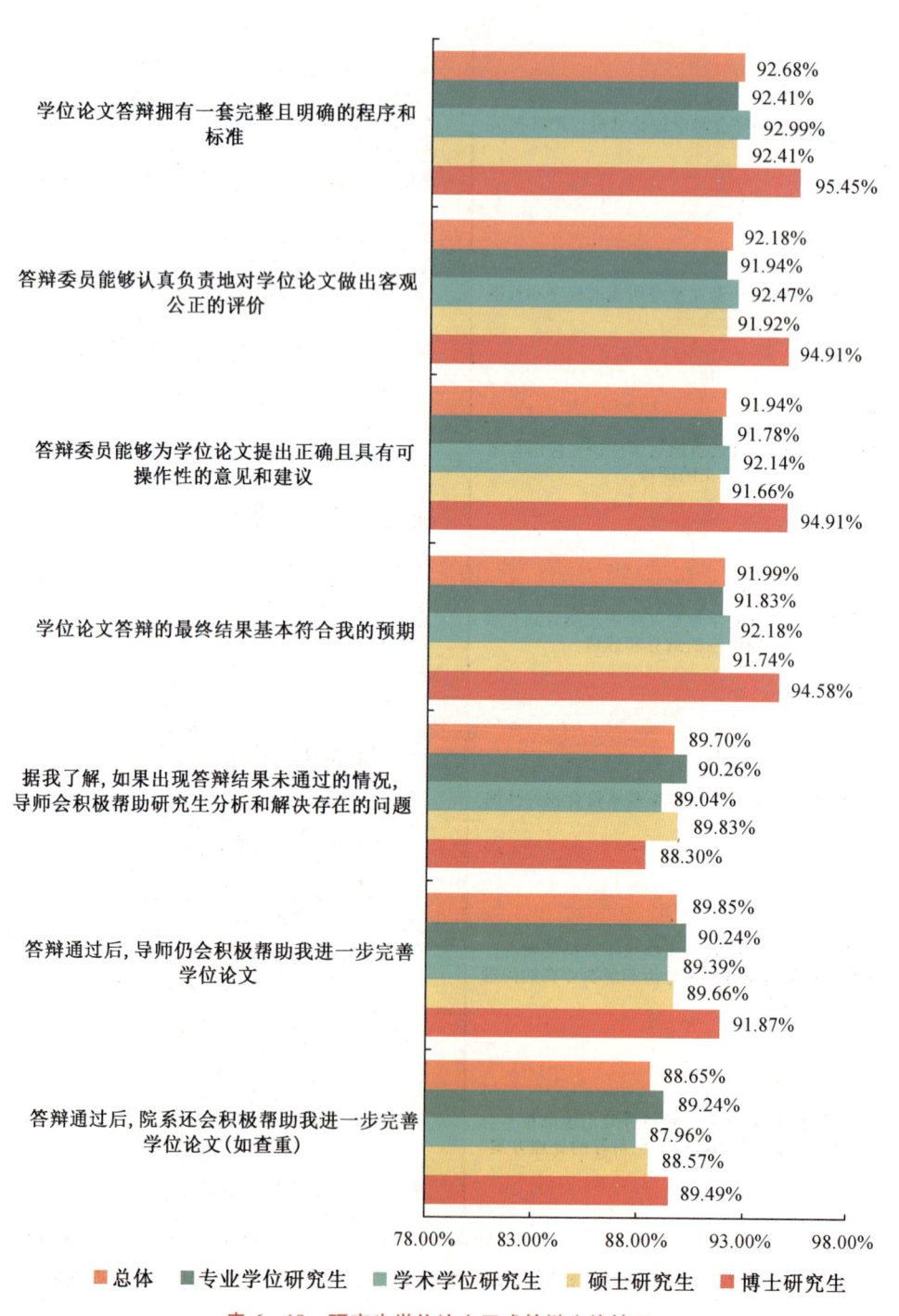

项目	总体	专业学位研究生	学术学位研究生	硕士研究生	博士研究生
学位论文答辩拥有一套完整且明确的程序和标准	92.68%	92.41%	92.99%	92.41%	95.45%
答辩委员能够认真负责地对学位论文做出客观公正的评价	92.18%	91.94%	92.47%	91.92%	94.91%
答辩委员能够为学位论文提出正确且具有可操作性的意见和建议	91.94%	91.78%	92.14%	91.66%	94.91%
学位论文答辩的最终结果基本符合我的预期	91.99%	91.83%	92.18%	91.74%	94.58%
据我了解，如果出现答辩结果未通过的情况，导师会积极帮助研究生分析和解决存在的问题	89.70%	90.26%	89.04%	89.83%	88.30%
答辩通过后，导师仍会积极帮助我进一步完善学位论文	89.85%	90.24%	89.39%	89.66%	91.87%
答辩通过后，院系还会积极帮助我进一步完善学位论文（如查重）	88.65%	89.24%	87.96%	88.57%	89.49%

表 6-18　研究生学位论文正式答辩实施情况

（六）提升作用

整体上，研究生认为正式答辩(93.32%)和送审评议(93.27%)两个环节对于学位论文质量的提升作用比较明显，而预答辩(89.27%)和过程检查(88.01%)两个环节对学位论文质量提升的促进作用相对较弱(图6-19)。

从不同群体上看，博士生认为正式答辩(94.26%)和送审评议(92.42%)两个质量管理末端环节对于学位论文质量提升的促进作用最明显，而过程检查(78.66%)的作用则较弱。硕士生认为除了正式答辩和送审评议以外，选题开题(90.05%)对论文质量提升的作用也比较明显。学术学位和专业学位研究生也都认为质量管理的末端环节作用明显，而选题开题环节对专业学位研究生学位论文的质量提升同样有着一定的推动作用。

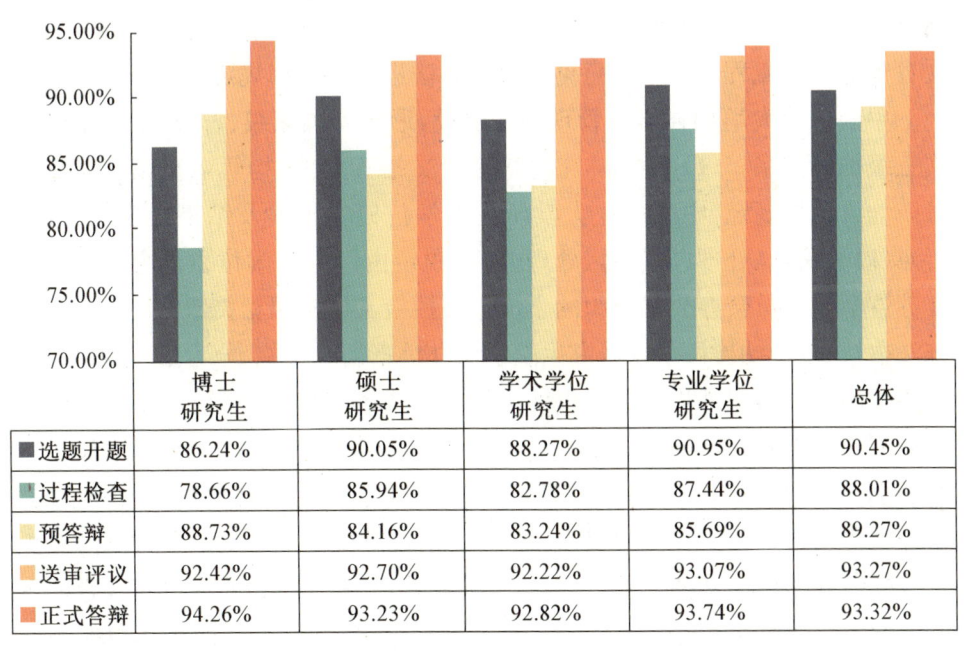

	博士研究生	硕士研究生	学术学位研究生	专业学位研究生	总体
选题开题	86.24%	90.05%	88.27%	90.95%	90.45%
过程检查	78.66%	85.94%	82.78%	87.44%	88.01%
预答辩	88.73%	84.16%	83.24%	85.69%	89.27%
送审评议	92.42%	92.70%	92.22%	93.07%	93.27%
正式答辩	94.26%	93.23%	92.82%	93.74%	93.32%

图6-19　研究生学位论文质量管理各环节对学位论文质量提升作用的情况

二、特色举措

近年来，江苏高校围绕学位论文质量提升的目标，展开了积极的探索，并在此过程中涌现出一批行之有效的特色举措。

（一）顶层设计，通过加强学位管理制度建设严格把控学位授予质量

南京大学通过修订学位论文授予质量标准、加强对盲审意见的解读和应对等举措，进一步强化对研究生学位论文质量的把控。**(1)破除"五唯"，制定博士学位标准，助力博士生成长成才**。学校制定《南京大学关于博士学位授予质量标准修订的指导意见》(以下简称《指导意见》)，对博士生学位论文的成果形式、学科差异、创造性成果等进行了规定，院系的学位评定分委员会可根据《指导意见》，结合人才培养目标、学科水平和特点制订各自的博士学位授予质量具体标准，含学位论文质量标准、创造性成果评价标准，上报校学位评定委员会批准后实施。**(2)加强盲审意见解读，细化盲审处理结果**。为方便院系、导师、博士生有序推进学位论文的有关工作，正确理解、处理盲审意见和结果，南京大学制定了《关于博士学位论文盲审和组织答辩工作的实施细则》，对论文盲审的评阅流程和对盲审意见的处理办法进行了详细规定。

中国矿业大学加强学位管理制度建设，形成了国家级、省级、校级学位论文三级抽检体系。**(1)制定研究生学位论文抽查办法，构筑多重论文质量监管防线**。学校制定《中国矿业大学研究生学位论文抽检及结果处理办法(试行)》(以下简称《处理办法》)，《处理办法》规定由国务院学位委员会办公室和江苏省学位委员会办公室组织的学位论文抽检工作按照相关部门的抽检管理办法执行，校级抽检由学校研究生院学位办负责组织实施，分为指定抽检和随机抽检两类。指定抽检对象为提前申请学位者、延期申请学位者和博士研究生分流为硕士研究生的学位论文。对于指定抽检以外的学位论文，学校按照所有学科(专业)不低于5%的比例进行随机抽检。同时，针对以下两种情况，学校会将随机抽检的比例提高至10%：一是该学位论文所属学科(专业)在近三年校内外学位论文抽查、抽检中的结果较差；二是该学位论文的指导教师在同一学年毕业学生人数较多。**(2)规范学位论文评阅标准，严控学位授予质量**。所有的博士学位论文和被抽查到的硕士学位论文在答辩前均由研究生院负责组织盲审。对于盲审不通过的博士学位论文，如专家评阅意见只有一个C档且无D档，则该学位论文自所有评阅意见返回之日起至少2个月后方可申请重新送审；如专家评阅意见中有2个及以上C档或有D档，则该学位论文自所有评阅意见返回之日起至少6个月后方可申请重新送审。博士学位论文若"总体评价意见"有一份及以上为C档或D档，则评审不通过，应对学位论文做出实质性修改后重新送审。原则上每篇学位论文最多送审2次。

（二）全程规划，基于关键控制点实现学位论文质量的闭环管理

苏州大学抢抓学位论文开题环节，有效推进研究生培养过程管理和监督进程。**(1) 强调开题报告的翔实性，厚筑学位论文的研究基础**。研究生学位论文开题报告应在导师指导下，根据培养目标、研究领域和专长，与导师商定论文选题，在广泛查阅文献资料、深入调研或有充分实验依据的基础上撰写开题报告。**(2) 建立论文开题考核小组，规范论文开题流程**。研究生学位论文开题实行个人申请制。院系学位评定分委员会在收到申请后 2 周内召开评定会议，主要对申请人的科研记录进行核查，并对申请人的开题申请做出退回或同意的决定。**(3) 严格把关选题变更，确保学术论文有续推进**。学生的开题报告通过后，原则上不得随意改题。如有特殊原因需改选题，必须由研究生提交书面报告，经导师同意、培养单位批准后，报研究生院备案，并重新做开题报告。

江南大学基于关键节点实现学位论文全过程管理，切实做好研究生学位论文质量动态反馈工作。**(1) 建立动态筛选机制，强化学位论文的过程监管力度**。学校利用大数据、信息化手段实现研究生学业进度实时监控，设置研究生课程学习、论文开题、专业实践、毕业答辩等关键节点提醒，帮助研究生导师和研究生及时掌握学习进度。同时，试点开展博士、硕士研究生限期中期考核，推进论文阶段小结等过程管理举措，并在各个节点加大分流退出力度，切实保障研究生培养质量。**(2) 推进学位论文全盲审，实现质量保障网络全覆盖**。严格落实论文评审工作，对博士学位论文实行全盲审，鼓励学院对硕士学位论文进行全盲审，对送审结果较差的学科实施警告、整顿或减少招生计划等形式的处理，对抽查存在问题的论文，实行学位质量问责制度。严格实施博士学位论文预答辩和硕士学位论文按学院分组答辩制度，为学位论文质量的提升提供必要保障。

（三）优化指导，创新论文指导模式和建立导师问责机制

中国矿业大学通过加强研究生导师培训，创新导师指导模式，为学位论文质量提升提供必要的师资条件。**(1) 完善研究生导师培训体系，有效践行立德树人的责任感与使命感**。根据《教育部关于全面落实研究生导师立德树人职责的意见》和《中国矿业大学关于研究生教育高质量发展的若干意见》文件精神，学校将导师参加学校组织的岗位培训作为导师招生上岗考核的条件之一，举办"中国矿业大学导师综合素能提升研修班——专业学位专题培训"。

(2) 采用导师联合指导，满足学位论文对多学科知识的指导需求。各学院导师利用团队关系，在不同院校、科研机构，甚至企业研发部门中建立学术联系，并经常开展学术交流活动；或是依托项目课题，在校内不同学科之间或者校际形成导师团队，对研究生的论文选题、实验推进等方面进行联合指导。

南京大学在抽检过程中针对不同的问题论文建立了严格的导师问责制，促使导师创新、改革指导模式，为学位论文质量保障提供情感支持。**(1) 强化导师责任意识，将学位论文质量与导师自身利益直接挂钩**。针对抽检结果为"存在问题学位论文"的博士学位论文（国务院学位委员会抽检）和抽检结果中有1个或1个以上专家的总体评价为"不合格"的硕士学位论文（江苏省学位委员会办公室抽检），学校对所在院系主要负责人、分管负责人及研究生导师进行约谈，并在招生名额、岗位资格、指导资格等方面做出不同程度的惩处。**(2) 创新学位论文指导模式，彰显人文关怀**。南京大学各院系的导师着重关注研究生在学位论文撰写过程中的心理状态，积极帮助研究生应对焦虑情绪和心理问题。一方面，导师尊重学生的研究兴趣，激发学生的科研潜力。比如在学位论文的选题环节，部分导师倾向于遵循学生的研究兴趣，鼓励学生在平时的课程学习和论文写作中用好课题组资源，做自己真正喜欢的研究。另一方面，院系坚持对研究生心理状态进行常态化评估，阶段性监测学生的心理健康状况，以便实现对潜在心理问题的预判与及时干预。

（四）精准监控，严格把关论文撰写过程和规范阶段性评估流程

苏州大学为培养研究生严谨的科学作风，规范科研行为，制定了科研记录规范管理办法，以确保科研记录内容的客观、真实、规范和完整，提高研究生学位论文质量。**(1) 按学科分类制定科研记录的内容与范式**。理工科类研究生科研记录的内容需包括研究名称、研究方案设计、研究时间、研究地点、研究材料、研究方法、研究过程、研究结果和结果分析等内容。人文社科类研究生科研记录的主要内容需包括读书笔记、学术报告与交流讨论记录、资料调查与整理记录等方面。**(2) 定期检查科研记录结果，评估学位论文的推进成效**。学校定期对科研记录本进行检查，并将检查结果作为研究生开题、中期考核、预答辩和答辩的重要内容。同时，研究生院、研究生教育督查与指导委员会及院系将不定期地对科研记录本进行抽查，结果为不合格者，将不允许其申请开题、中期考核及答辩。

南京理工大学多措并举强化对研究生学位论文质量的监测，严格把好学位论文质量关。**(1) 采用论文自检机制，有效规避学位论文质量问题**。学校在博士学位论文送审前实行预评审和预答辩制度。预评审在预答辩前对学位论文进行前期质量把关,并为预答辩提供参考性意见;预答辩的目的是在送审前判定博士学位论文是否达到标准,同时找出存在的问题和不足,以便对学位论文做进一步的完善。**(2) 优化学位授予后论文抽检制度,加强学位论文自检力度**。校学位评定委员会通过研究生信息综合管理系统对学位授予后的论文进行自我抽检,筛选出具有风险的学位论文进行再次送审,并将此作为研究生学位论文质量的重要监测方式。自检论文若存在问题,学院会要求研究生再一次进行修改,并对存档论文进行替换,进而一定程度上减少学位论文在国家抽检中存在的风险。每轮校级的论文自检至少需要一周的时间,研究生均需要根据专家意见对学位论文进行修改,能够在一定程度上避免导师一人决策权过大的问题。

(五) 以生为本,营造学位论文质量保障的生态系统

苏州大学加强对研究生学位论文的细节处理与关注,保证研究生认真踏实地进行学位论文撰写。**(1) 隐略论文中的科研成果,秉持论文撰写的积极态度**。苏州大学放射医学与防护学院在盲审要求中强调,既已获得的科研成果不得反映在学位论文当中,尽可能让专家在评审中摒除主观意向,保持客观、公正、透明的基本原则。之前,部分研究生侥幸地认为,在学位论文中展现已有的科研成果可以弥补学位论文上的瑕疵与不足。如今,学院要求将已有成果隐去,将迫使这部分研究生必须摆正学位论文撰写的态度。**(2) 增加论文送审机会,为研究生学位论文撰写免除"后顾之忧"**。苏州大学本着以生为本的理念,增加了7月和8月申请学位的机会,盲审送审的时间节点也改为每个月10号。同时,研究生院也会在评审平台上提醒评审专家按时完成评审,确保学生能够及时得到学位论文的意见反馈。如此一来,学生可以不必为了"踩着时间点"送审而急于求成,促使研究生脚踏实地地完成学位论文,保障学位论文质量。

东南大学积极创设学位论文质量管理资源支持体系,为研究生完成高质量的学位论文提供必要的外部支撑。**(1) 借力数字化手段,满足研究生实际需求**。东南大学集成电路学院采用云录课的形式来弥合不同高校之间本硕课程的差异性,为外校生源搭建网络修课平台,保证研究生课程学习的有效衔接,进而满足研究生学位论文撰写的专业需求。**(2) 细化学位论文申诉方案,充分保障研究生权益**。对于首次盲审返回的评阅意见中仅有1份是C或D且其余均为A或B的学位论文,若研究生及其导师认为是由学术观点分歧所

致,或其他非学术原因导致的结果不公平,可填写《研究生学位(毕业)论文评阅学术观点分歧申诉表》,向所在院系的学位评定分委员会提出申诉。但对于首次盲审结果中有 2 份及以上是 C 或 D,或非首次盲审结果中有 1 份及以上是 C 或 D 的学位论文,不得提出申诉。

南京医科大学根据不同学科和学位类型,为研究生提供学位论文撰写和过程管理的便利。**(1) 启用项目班主任计划,架构校医合作的桥梁**。南京医科大学公共卫生学院选拔了一批年轻教师作为项目班主任,与实践基地进行密切对接,全程参与研究生培养,包括开题、中期考核和答辩等环节。学位论文开题原则上都在实践基地进行,但必须确保项目班主任和校内导师的参与。**(2) 根据不同的学位类型设定匿名评审抽检比例**。所有的博士学位论文每篇送 3 位校外专家进行双盲评审,所有的非学历教育硕士学位论文每篇送 2 位专家双盲评审,随机抽取 20% 申请答辩的学历教育硕士学位论文送 2 位专家双盲评审,所有校外盲审由研究生院组织。未被抽中盲审的硕士学位论文由二级学院先安排 1 位专家进行预评审,通过后方可按照学校相关要求送审(需送审 3 位专家,其中至少 1 名校外专家)。

(六)坚决"破唯",落实学位申请创新性成果的多元分类评价

南京航空航天大学通过制定成果分类评价标准以及构建过程性质量监督体系,将正确的质量评价导向落到实处。**(1) 坚持"一院一策",积极推进研究生分类评价改革**。学校出台《南京航空航天大学研究生申请学位创新成果规定》,形成"一院一策"研究生创新成果评价标准,坚决破除"五唯",树立注重质量贡献的评价导向。**(2) 设立学位论文专项基金,促进创新创优项目扎实落地**。学校设立博士学位论文创新与创优基金,加强对学校博士研究生创新意识、创新能力的培养,引导博士生选择创新性强,尤其是具有原创性的研究课题。此外,研究生院为获基金资助的博士生建立培养档案,通过受资助博士生的学习记录和研究成果等来评估基金使用的成效。

南京理工大学细化研究生学位申请的创新成果要求,有效贯彻落实破除"五唯"相关要求。**(1) 分层分类,构建多元化的学位申请成果标准**。学校综合参考《南京理工大学博士、硕士学位授予工作实施细则》和具体的工作实际,将学位论文水平设定为研究生申请学位的主要依据。同时,对研究生申请学位的创新成果重在质量评价,不强调数量评价。研究生申请学位的创新成果应与学位论文研究内容紧密相关,可以学术期刊论文、学术会议论文、学术专著、发明专利、科研获奖、技术标准、研究报告、文学艺术作品等多种形式呈现。

另外,根据专业学位特点,将全日制硕士专业学位论文类型分为产品研发、工程设计、应用研究、工程/项目管理、调研报告、案例分析、企业诊断、专题研究、文学艺术作品、翻译项目十大类型。**(2) 学科自治,强调研究生科研能力的自主培养**。学校对研究生申请学位的创新成果不再做具体要求,各院系参考相关规定,并结合学科(专业领域)特点和实际情况,制定创新成果具体标准,要体现原创性、前沿性和应用性,采用多样化成果呈现形式,并对学术学位研究生和专业学位研究生的创新成果标准予以区别。

第七章
研究生教育改革国际经验借鉴

在研究生学术道德与规范方面,国外高校已形成涵盖"明责—知责—察责—追责"一体化、全链条式的学术道德与规范体系。通过对哈佛大学和剑桥大学研究生学术道德与规范的政策制度(明责)、教育培训(知责)、管理体系(察责)以及问题处理(追责)四个方面进行梳理,发现哈佛大学和剑桥大学严守学术规范,坚守道德底线,主要通过以下四种举措加强研究生学术道德与规范建设:(1)有制可依,推进研究生学术道德与规范政策制度的系统化建设;(2)多措并举,促进研究生学术道德与规范教育培训形式的多样化;(3)监管联动,实现校内研究生道德与规范组织机构的统筹化;(4)体系严整,实现研究生学术道德与规范审查制度流程的规范化。

在研究生产教融合方面,国外高校已形成动力充足、模式多元、机制完善的产教融合运行格局。通过对东北大学、筑波大学、加州大学伯克利分校、京都大学、詹姆斯·库克大学、麻省理工学院6所高校产教融合的动力来源、合作模式和保障机制三个方面进行梳理,发现6所案例高校坚持"以教兴产,以产促教",主要通过以下三种举措实现研究生产教深度融合:(1)激发校企动力,实现高校与企业"双向赋能"研究生人才培养;(2)探索多元模式,构建多样态研究生产教融合联盟;(3)健全保障机制,提升研究生产教融合制度化支撑。

在学位论文质量保障方面,国外高校已形成主体多元、制度精细、全程化、生本化的学位论文质量保障体系。通过对密歇根大学和爱丁堡大学学位论文质量保障的主体、制度和过程三个方面进行梳理,发现密歇根大学和爱丁堡大学坚守研究生学位论文质量"全过程"管理理念,主要通过以下四种举措强化学位论文质量保障:(1)质量保障主体多元化,聚力协同担负研究生学位论文质量"守门人"职责;(2)质量保障制度精细化,强化研究生学位论文自主化管理;(3)质量保障过程链条化,实现研究生学位论文质量监控全覆盖;(4)质量保障范式生本化,聚焦研究生科研学术能力持续提升。

第一节　学术道德与规范

学术道德与规范是社会道德在科学技术活动中的表现,是科技工作者在从事科学技术活动时所应遵循的基本行为准则,主要包括科研诚信、科研伦理和学术规范等。近年来,我国高校在学术道德与规范建设的工作机制、制度规范、教育引导、监督惩戒等方面取得了显著成效,但仍存在一些短板和薄弱环节,违反学术道德与规范的现象时有发生。相比而言,西方发达国家特别是一些欧美国家,早已形成了较为完善的治理体系,成为各国学术道德与规范建设的重要参照。[①][②] 哈佛大学和剑桥大学作为代表美国和英国的世界顶尖学府之一,在学术道德与规范方面累积了许多优秀经验。因此,本节拟选取哈佛大学和剑桥大学作为研究对象,应用"四轮驱动"模型,从"明责—知责—察责—追责"四个视角出发[③],围绕科研诚信、科研伦理及学术规范三个方面,对其在政策制度、教育培训、管理体系和问题处理等方面的具体举措进行分析,以期为我国高校研究生学术道德与规范治理和建设提供借鉴。

一、明责:研究生学术道德与规范的政策制度

"明责"是指通过政策、制度、规范、标准等形式明确规定和指出相关责任与标准。综合来看,哈佛大学和剑桥大学制定并颁布了一系列完善的学术道德与规范政策制度,确保其研究生学术道德与规范相关事项"有制可依"。

(一)研究生科研诚信的政策制度

从国家层面看,美国和英国发布了许多有关科研诚信的政策文件,科研诚信形成了较为完备的制度体系。例如,美国负责资助科学研究的联邦机构在"负责任的研究行为"(Responsible Conduct of Research,RCR)中专门提及了科研诚信,它将科研诚信解析为系列具体活动,包括作者身份、数据共享以及

---

① 冯磊.英国学术不端治理体系的结构及特点研究[J].高教探索,2018(05):69-74.
② 刘晓娟,刘慧平,潘银蓉,等.世界一流大学的科研诚信教育与启示——以2019年QS大学排行榜22所大学为例[J].中国高校科技,2021(09):4-9.
③ 周湘林.高等学校科研诚信问责制机理与构建——基于案例的探索性研究[J].教育研究,2021,42(06):126-137.

研究不端行为等。① 不仅联邦政府对其资助的科研活动强制实施科研诚信政策，各个高校也同样有责任进行科研诚信建设。以哈佛大学为例，除了学校层面制定的一般政策，每个学院都要根据联邦政府的要求制定和实施自己的科研诚信政策。② 整体而言，哈佛大学研究生科研诚信相关政策制度主要包括作者身份、研究数据管理以及研究不当行为三个方面（表7-1）。其中，作者身份政策主要对出版物中作者身份标准、排序，以及作者争议与解决方案等进行规定；研究数据管理相关政策主要是对数据的获取、使用、管理、存储、所有权，以及保密、敏感数据等进行规定；研究不当行为相关政策主要围绕科研不当行为及其处理程序等进行规定。剑桥大学恪守英国大学联盟的《支持科研诚信协议》(The Concordat to Support Research Integrity)，其科研诚信政策文件分类基本与哈佛大学一致，并且实施了科研诚信年度报告制度。其治理政策和程序由负责科研的副校长监督执行，确保学校的科研诚信制度体系建设符合英国及国际的要求。

表7-1 案例高校研究生科研诚信的政策制度

分类	哈佛大学	剑桥大学
作者身份	①《作者身份和致谢指南》(Guidelines on Authorship and Acknowledgement)《作者最佳实践指南》(Authorship Best Practices Guidance)《作者身份讨论工具》(Authorship Discussion Tool)《哈佛医学院作者指南》(Harvard Medical School Authorship Guidelines)③	①《作者身份指南》(Guidelines on Authorship)
研究数据	①《哈佛企业信息安全政策》(Harvard Enterprise Information Security Policy)②《哈佛研究数据安全政策》(The Harvard Research Data Security Policy)③《数据使用协议政策》(Policy on Date Use Agreements)	①《剑桥大学数据管理政策框架》(University of Cambridge Research Data Management Policy Framework)②《数据管理指南》(Research data management guidelines)

---

① 科学技术办公室联邦研究不端行为政策(2000)将研究不端行为定义为"在提出、执行或审查研究或报告研究结果时捏造、伪造或剽窃"。

② Harvard University Office of the Vice Provost for Research. Research Integrity[EB/OL]. [2023-09-16]. https://research.harvard.edu/2021/02/17/research-integrity/.

③ Harvard University. Guidelines on Authorship and Acknowledgement[EB/OL]. [2023-09-16]. https://research.fas.harvard.edu/links/guidelines-authorship-and-acknowledgement.

(续表)

分类	哈佛大学	剑桥大学
	④《研究数据所有权政策》(Research Data Ownership Policy)①	
研究不当行为	①《回应研究不当行为指控的临时政策和程序》(Interim Policy and Procedures for Responding to Allegations of Research Misconduct) ② 各学院积极响应上述制度,例如设计研究院(Graduate School of Design)的《学术诚信政策等》(Academic Integrity Policy)等。②	①《科研诚信声明》(Research Integrity Statement) ②《良好研究实践指南》(Good Research Practice) ③《研究不当行为政策》(Misconduct in Research Policy) ④《良好研究实践指南》的清单(Research Integrity and Good Research Practice Checklist for Supervisors of Research Students)

资料来源：1. Harvard University Office of the Vice Provost for Research. Research Integrity[EB/OL]. [2023-09-16]. https://research.harvard.edu/2021/02/17/research-integrity/；2. University of Cambridge. Research Integrity[EB/OL]. [2023-09-16]. https://www.research-integrity.admin.cam.ac.uk/.

(二) 研究生科研伦理的政策制度

研究人员在开展任何工作之前和整个研究进程中,必须考虑研究项目中可能涉及的道德伦理风险,了解院系、学校科研伦理相关政策制度,如有疑问必须寻求建议。哈佛大学与剑桥大学在促进研究生遵守科研伦理要求方面颁发了很多政策文件。其中,哈佛大学科研伦理相关政策制度主要体现在人类受试者(human subjects)、动物研究、环境安全、涉及胚胎干细胞,以及涉及重组DNA(rDNA)或生物危害等方面(表7-2)。其中,有关人类受试者的政策制度主要依据《贝尔蒙特报告》确定的解决人类受试者研究中出现的伦理问题的基本伦理原则和指导方针。③ 剑桥大学科研伦理政策制度主要体现在人类受试者和动物研究两个方面。剑桥大学任何涉及人类参与者或访问敏感数据的研究都需要在研究进行之前获得伦理和风险评估批准,在伦理批准得到确

---

① Harvard University Office of the Vice Provost for Research. Research Data Management[EB/OL]. [2023-09-16]. https://research.harvard.edu/2020/06/26/research-data-management/.
② Harvard University Office of the Vice Provost for Research. Research Integrity[EB/OL]. [2023-09-16]. https://research.harvard.edu/2021/02/17/research-integrity/.
③ U.S. Department of Health and Human Services. Office for Human Research Protections[EB/OL]. [2023-09-16]. https://www.hhs.gov/ohrp/regulations-and-policy/belmont-report/index.html#.

认之前,研究不能开始。其目的是帮助研究人员合规地进行科学研究,明确伦理认定与批准的基本原则,熟悉社会研究的各种监管流程,确保大学中涉及动物、人类受试者的研究能够合规、合法地进行。另外,部分学院也出台了自己的科研伦理政策,例如技术学院(School of Technology)制定了《科研伦理守则》(Ethical Code for Research)。

表7-2　案例高校研究生科研伦理的政策制度

哈佛大学	剑桥大学
① 人类受试者:《哈佛大学关于在研究中使用人类受试者的政策和程序声明》(Statement of Policies and Procedures Governing the Use of Human Subjects in Research at Harvard University)等① ② 动物研究:《人道护理和使用实验动物的政策》(Policy on Humane Care and Use of Laboratory Animals)、《实验室动物护理与使用指南》(Guide for the Care and Use of Laboratory Animals)等②、《人道实验技术原理》(Humane Experimental Technique)③ ③ 环境安全:《环境健康与安全政策》(Environmental Health and Safety Policy)④ ④ 胚胎干细胞:《干细胞和 ESCRO 政策》(Stem Cells & ESCRO Policy)⑤ ⑤ 重组 DNA(rDNA)或生物危害:包括《液体废物》16 项具体政策⑥	① 人类受试者:《涉及人类参与者和个人数据的科研伦理政策》(University Policy on the Ethics of Research Involving Human Participants and Personal Data) ② 动物研究:《在研究和教学中使用动物的政策》(University Policy on the Use of Animals In Research and Teaching)

资料来源:1. Harvard University Office of the Vice Provost for Research. Research Integrity[EB/OL].[2023-09-16]. https://research.harvard.edu/2021/02/17/research-integrity/; 2. University of Cambridge. Research Ethics[EB/OL].[2023-09-16]. https://www.research-integrity.admin.cam.ac.uk/research-ethics.

---

① Harvard University. Use of Human Subjects in Research[EB/OL].[2023-09-13]. https://provost.harvard.edu/use-human-subjects-research.

② Harvard University. Institutional Animal Care and Use Committee[EB/OL].[2023-09-13]. https://iacuc.fas.harvard.edu/.

③ Harvard University. Animal Studies[EB/OL].[2023-09-13]. https://research.harvard.edu/2021/02/04/animal-studies/#iacucs.

④ Harvard University. FAS Research Administration Services,Environmental Health and Safety Policy[EB/OL].[2023-09-13]. https://research.fas.harvard.edu/policies/environment-and-safety-plan.

⑤ Harvard University. Stem Cells & ESCRO Policy[EB/OL].[2023-09-13]. https://research.harvard.edu/2021/06/03/stem-cells-escro-policy/.

⑥ Harvard Medical School. Committee on Microbiological Safety[EB/OL].[2023-09-13]. https://hms.harvard.edu/departments/committee-microbiological-safety.

(三) 研究生学术规范的政策制度

哈佛大学学术规范政策文件涉及研究过程以及学术写作的各个方面,除了正文规范、引文规范和参考文献规范等有关学术写作的学术规范政策,还针对人工智能的应用以及实验室安全规范进行了专门规定(表7-3)。其中,《关于学生使用生成式人工智能进行课程作业的政策》指出"除非另有说明,否则将主要由 AI 生成的文本纳入课程作业是违反学术规范的行为",类似于从书籍或文章中复制,简单地重写人工智能生成的草稿也是不合适的。除此之外,个别任课教师还可能会制定与一般准则不同、针对特定课程的政策。就实验室安全规范而言,哈佛大学副教务长办公室和环境健康与安全部协商制定了《实验室安全政策》(Laboratory Safety Policy),并经全校实验室安全委员会审查和批准。[①] 剑桥大学学术规范政策文件主要集中于《大学研究不端行为政策》(University Policy on Misconduct in Research)和《学术优行和学术剽窃》(Good Academic Practice and Plagiarism)中。[②]

表7-3 案例高校研究生学术规范的政策制度

哈佛大学	剑桥大学
①《哈佛研究指导原则》(Principles Governing Research at Harvard) ②《哈佛参考文献注释规范》(Harvard Specification for Annotated References) ③《哈佛指南之资料来源使用》(Harvard Guide to Using Sources) ④《实验室安全政策》(Laboratory Safety Policy) ⑤《实验室个人防护装备(PPE)政策》(Laboratory Personal Protective Equipment [PPE] Policy):确保所有人员可以随时获得所需的个人防护设备,并且所有防护设备都在实验室中正确使用 ⑥《实验室未成年人政策》(The Minors in Labs Policy):规定了大学范围内未成年人进入大学实验室的要求	①《大学研究不端行为政策》(University Policy on Misconduct in Research) ②《学术优行和学术剽窃》(Good Academic Practice and Plagiarism) ③ Turnitin 的使用政策(the University's Policy on the Use of Turnitin)

二、知责:研究生学术道德与规范的教育培训

政策制度明确后,如何让相关责任主体知晓,还需要采取一些措施予以推

---

① Harvard University Office of the Vice Provost for Research. Lab Safety[EB/OL]. [2023-09-13]. https://research.harvard.edu/2021/02/17/lab-safety/.

② University of Cambridge. Research Misconduct[EB/OL]. [2023-09-16]. https://www.research-integrity.admin.cam.ac.uk/research-misconduct.

动，以便让政策制度的相关要求深入人心、落实到位。知责就是通过教育或培训将颁布的学术道德与规范的相关制度告知科研人员和科研机构。

(一) 研究生科研诚信的教育培训

哈佛大学与剑桥大学十分重视科研诚信教育体系的建设，对校内外科研诚信教育资源进行了详细梳理与呈现。就校内科研诚信教育培训而言，多以讲座、研讨会或课程等方式进行。例如，哈佛大学将"负责任的研究行为"(RCR)网站作为科研诚信教育培训的重要平台。RCR 课程众多，包括线上和线下课程等多种形式，涵盖科研诚信的多个模块，能够满足本科生、研究生、博士后的培养需求（表 7-4）。① 学生必须在每个学业阶段至少接受一次教育培训，RCR 将为成功完成课程的学生颁发结业证书，有效期为四年。② 值得注意的是，由美国国立卫生研究院(National Institutes of Health, NIH)、美国国家科学基金会(National Science Foundation, NSF)和美国国家食品与农业研究所(National Institute of Food and Agriculture, NIFA)资助的科研项目都对被资助人参与 RCR 培训有具体要求。另外，除了 RCR 教育培训，哈佛大学在"研究合规培训项目"(Research Compliance Program, RCP)中也专门设置了科研诚信培训模块。③

除了讲座、研讨会等形式，剑桥大学也提供了许多科研诚信课程，课程分为校级和院系两个层级。校级课程主要由研究战略办公室（Research Strategy Office)的研究治理和诚信团队讲授。另外，个人和专业发展办公室(The Office of Personal and Professional Development)、图书馆等机构也提供了科研数据、成果出版等相关主题的课程。④ 研究生选课时可以清晰地看到课程简介、适用群体、授课时间地点、主讲人、涵盖主题、教学方式、课程持续时间、课程频率、相关教材等一系列详细内容。此外，剑桥大学许多科研诚信课程是由院系进行的，院系在科研诚信教育培训中担任了重要角色。

---

① Harvard University. Responsible Conduct of Research Course[EB/OL]. [2023-09-13]. https://research.fas.harvard.edu/responsible-conduct-research-course.
② Harvard School of Public Health. Responsible Conduct of Research (RCR)[EB/OL]. [2023-09-13]. https://www.hsph.harvard.edu/regulatory-affairs-and-research-compliance/responsible-conduct-of-research-rcr/.
③ Harvard university Office of the Vice Provost for Research. Education & Training[EB/OL]. [2023-09-17]. https://research.harvard.edu/education-training/.
④ University Cambridge. UCAM Research Integrity[EB/OL]. [2023-09-16]. https://www.research-integrity.admin.cam.ac.uk/internal-training.

表 7-4　案例高校科研诚信的教育培训

哈佛大学	剑桥大学
"负责任的研究行为"课程（Responsible Conduct of Research Course）①： （1）面授课程。每年 1 月和 8 月举行，该课程时长 8 小时，通过讨论和案例研究来审查研究的基本道德和监管要求。涵盖的主题包括：① 研究不端行为；② 负责任的作者和出版；③ 导师与学员的关系；④ 利益冲突；⑤ 同行评审；⑥ 数据采集和管理；⑦ 数据和生物样本的所有权；⑧ 涉及人类和动物主题的研究。 （2）在线培训。课程内容丰富，是面向研究生免费提供的公共课程。	（1）校级课程。例如"研究诚信：探索案例研究和最佳实践"（Research Integrity: Exploring Case-studies and Best Practice），课程分为两个部分。第一部分是在线自定进度模块，也是进行第二部分的基础，分三个学科进行：① 临床医学与生物科学；② 艺术、人文和社会科学；③ 技术与物理科学。以更好地适应学科差异。第二部分是互动研讨会，主要以线下形式进行。 （2）院系课程。例如化学系开设了"研究伦理与诚信"（Research Ethics and Integrity）课程，主要介绍大学研究人员的道德责任、出版规则和研究诚信等，适用群体为化学系一年级研究生。

资料来源：1. Harvard University. RCR Resources[EB/OL]. [2023-09-13]. https://projects.iq.harvard.edu/ras-rcr/rcr-resources；2. University of Cambridge. UCAM Research Integrity[EB/OL]. [2023-09-13]. https://www.research-integrity.admin.cam.ac.uk/internal-training.

（二）研究生科研伦理的教育培训

为确保研究生能够明晰并遵守科研伦理的相关要求，哈佛大学与剑桥大学开展了多样化的培训课程与活动，以加强研究生对于科研伦理的认知，敦促其自觉维护研究伦理的相关要求。其中，哈佛大学主要围绕科研伦理政策相关主题开展教育培训，所有可能与研究数据接触的研究团队成员均须完成科研伦理培训，频率不低于三年一次，完成培训后获得的培训证书应提交给机构审查委员会（Institutional Review Board，IRB）。② 哈佛大学提供的在线伦理课程包括美国国立卫生研究院校外研究办公室——人体受试者培训（NIH Office of Extramural Research—Human Subjects Training）、CITI 实验室动物福祉课程（CITI Laboratory Animal Welfare Course）等。此外，AALAS 图

---

① Harvard University. Responsible Conduct of Research Course[EB/OL]. [2023-09-13]. https://research.fas.harvard.edu/responsible-conduct-research-course.

② Harvard School of Public Health. Human Research Training[EB/OL]. [2023-09-13]. https://www.hsph.harvard.edu/regulatory-affairs-and-research-compliance/education-and-training/.

书馆为学生提供了许多动物护理和研究等课程。"研究合规培训项目"(RCP)中也涵盖了科研伦理模块,文理学院和研究副教务长办公室已经建立了共享的研究合规计划。① 培训内容包括科研道德的一般准则、管理主题或研究中材料的使用规范(例如人类受试者规范、动物护理规范、化学品和化学物质规范),具体模块有动物研究和校级动物护理与使用委员会(Institutional Animal Care and Use Committees,IACUC)培训、人类受试者和 IRBS 培训、干细胞和 ESCRO(The Embryonic Stem Cell Research Oversight)培训等。② 剑桥大学的在线伦理课程包括与受试者合作、良好研究伦理实践课程等。在课程中,科研人员将通过演讲、讨论或个案研究的方式,探讨正确的科研道德原则,以及如何将这些原则应用于自己的工作。

(三)研究生学术规范的教育培训

哈佛大学按照专题对学术规范行为进行教育培训,专题内容涵盖学术不端行为,学术造假、篡改数据与剽窃,政府与研究机构关于学术不端行为的政策法规,学术不端行为的认定与指控,学术不端行为的处理程序等。③ 这些专题培训主要通过对相关案例的讨论,帮助研究生了解、认识相关学术规范,以降低学术失范行为的发生率。学校强烈鼓励培训教师和导师担任研讨的发起者、专题演讲者或课程主任。剑桥大学研究生学术规范的教育培训分为校内培训与校外培训。校内培训课程线上与线下同时进行,还包括与之配套的案例研究、实践活动和研讨会;校外在线培训课程主要是由不同的研究机构提供特定主题的相关课程,例如卫生研究局(Health Research Authority)开设的"人体组织法"(the Human Tissue Act),学生可依据专业要求和个人兴趣自行选择。

三、察责:研究生学术道德与规范的管理体系

察责是指对遵循政策制度情况进行预防、检查或处理,主要涉及学术道德

---

① Harvard University. Conflict of Interest[EB/OL]. [2023-09-13]. https://research.fas.harvard.edu/conflicts-of-interest.
② Harvard university Office of the Vice Provost for Research. Education & Training[EB/OL]. [2023-09-17]. https://research.harvard.edu/education-training/.
③ Harvard University. Update on the Requirement for Instruction in the Responsible Conduct of Research[EB/OL]. [2023-09-02]. https://grants.nih.gov/grants/guide/notice-files/NOT-OD-10-019.html.

与规范的管理体系,是为实现学术道德与规范的目标而建立的组织架构、管理程序等。

(一)研究生科研诚信的管理体系

美国采用的是政府主导监管的科研诚信管理体系,而英国采取的是高校、科研机构和非政府机构等科研团队承担的非政府科研诚信管理体系(表7-5)。[1]具体而言,哈佛大学研究生科研诚信管理体系涵盖国家、学校以及院系三个层面。从国家层面看,哈佛大学接受美国研究诚信办公室(US Office of Research Integrity)对校内研究项目的监察以及对科研诚信案件的处理。从学校层面看,哈佛大学研究副教务长办公室(Office of the Vice Provost for Research,OVPR)负责审查、制定和实施哈佛大学科研诚信等相关政策。学术诚信与学生行为办公室(Office of Academic Integrity and Student Conduct,OAISC)下的荣誉委员会(Honor Council)负责处理学术诚信的相关问题。从院系层面看,以哈佛大学文理学院(Faculty of Arts and Science,FAS)为例,该学院主要通过专业行为常设委员会(Committee on Professional Conduct,CPC)和研究诚信官(Research Integrity Officer,RIO)的相互配合来进行科研诚信方面的教育培训,并加强对违规行为的预防和处理。

剑桥大学与哈佛大学的科研诚信管理体系类似,但是各院系科研诚信相关问题均由学校统一管理。从国家层面看,英国研究诚信办公室(UK Office of Research Integrity)对各级学校进行统一管理与监察。从学校层面看,任何对剑桥大学科研诚信有意见或疑问的人都可以联系学校的研究治理和诚信官员(Research Governance and Integrity Officer)或负责科研管理的副教务长。剑桥大学学术和研究诚信办公室(The Office for Academic and Research Integrity,OARI)负责涉及外部利益冲突、研究合规性、学术诚信、专业诚信等内容的培训和指导。[2]科研诚信咨询小组(The Research Integrity Advisory Panel,RIAP)是一个新的大学支持机制,由来自大学的学术志愿者组成。它按照不同学科为对科研诚信和研究实践有疑问的科研人员提供非正式的建议和支持。[3]

---

[1] 冯磊.英国学术不端治理体系的结构及特点研究[J].高教探索,2018(05):69-74.
[2] Harvard Medical School. Our Office[EB/OL].[2023-09-13]. https://ari.hms.harvard.edu/about-us/our-office.
[3] University of Cambridge. Overview[EB/OL].[2023-09-13]. https://www.research-integrity.admin.cam.ac.uk/overview.

表 7-5 案例高校科研诚信的管理体系

分类	哈佛大学	剑桥大学
行政机构	研究副教务长办公室 学术诚信与学生行为办公室 哈佛监察办公室(Harvard Ombuds Office)	学术和研究诚信办公室
学术机构	荣誉委员会 出版道德委员会(Publication Ethics Committee) 研究数据安全运营委员会(Research Data Security Operations Committee) 专业行为常设委员会 数据安全工作组(Data Safety Workgroup)	科研诚信咨询小组
个人	研究诚信官 研究合规官(Research Compliance Officer) 大学研究数据官(University Research Data Officer) 信息安全官(Information Security Officer,主要负责敏感数据)	研究治理和诚信官员(政策、诚信和治理主管) 负责科研管理的副教务长

资料来源:根据两所案例高校的官网资料整理而成。

(二) 研究生科研伦理的管理体系

就科研伦理管理体系而言,哈佛大学设有许多科研伦理审查与监督的机构和委员会,涵盖人类受试者、动物护理和使用、胚胎干细胞、环境健康与安全、微生物安全、辐射安全等多个方面,在监管事务和研究合规办公室(The Office of Regulatory Affairs and Research Compliance)以及机构审查委员会的统筹下,每个子委员会专职负责特定模块的科研伦理审查,确保伦理审查的针对性和专业性(表 7-6)。剑桥大学科研伦理管理组织主要包括 1 个大学总体科研伦理委员会(University Research Ethics Committee,UREC)、4 个校级专业科研伦理委员会,以及 24 个院系科研伦理委员会。其中,大学总体科研伦理委员会负责涉及人类被试者和科研数据相关伦理问题的政策、程序和指导;[1] 4 个校级专业科研伦理委员会具体包括人类生物学科研伦理委员会、心理学科研伦理委员会、人文社会科学科研伦理委员会、物理科学科研伦理委员会,基本涵盖学校每个学科大类科研伦理的审查。24 个院系科研伦理委员会则划分更为详细,充分确保了科研伦理审查的准确性和专业性。面对论文或

---

[1] University of Cambridge. University Research Ethics Committee[EB/OL]. [2023-09-13]. https://www.research-integrity.admin.cam.ac.uk/university-research-ethics-committee.

者研究项目中出现的伦理问题,研究生应首先咨询导师。如果问题无法得到确切解答,则需按照院系—校级—总体委员会进行逐级审查,各委员会对如何申请伦理审查进行详细说明。① 在一般情况下,伦理批准在院系级别即可完成。

表7-6 案例高校科研伦理的管理体系

哈佛大学	剑桥大学
监管事务和研究合规办公室 机构审查委员会	1个大学总体科研伦理委员会 4个校级专业科研伦理委员会 24个院系科研伦理委员会
人类受试者使用委员会(The Committee on the Use of Human Subjects,CUHS) 机构动物护理和使用委员会(Institutional Animal Care and Use Committees,IACUC)② 胚胎干细胞研究监督委员会(Embryonic Stem Cell Research Oversight,ESCRO)③ 微生物安全委员会(COMS)④ 环境健康与安全办公室(EH&S)⑤ 辐射安全委员会	动物福利和伦理审查机构(Animal Welfare and Ethical Review Board,AWERB)

资料来源:University of Cambridge. University Research Ethics Committee[EB/OL]. [2023-09-13]. https://www.research-integrity.admin.cam.ac.uk/university-research-ethics-committee.

(三)研究生学术规范的管理体系

哈佛大学科研不端行为的调查机构主要是荣誉委员会。此外,针对实验室安全,哈佛大学专门设立了校实验安全委员会、院系实验室安全委员会两级管理体系。其中,校委员会主要负责审查和颁布全校实验室安全政策、规则和程序,并负责为实验室安全各个方面提供建议,该委员会由来自全校的教师项

---

① University of Cambridge. List of UCAM RECs[EB/OL]. [2023-09-13]. https://www.research-integrity.admin.cam.ac.uk/list-ucam-recs.
② Harvard University Office of the Vice Provost for Research. Animal Studies[EB/OL]. [2023-09-13]. https://research.harvard.edu/2021/02/04/animal-studies/#iacucs.
③ Harvard University. ESCRO Committee[EB/OL]. [2023-09-13]. https://hwpi.harvard.edu/escro.
④ Harvard University FAS Research Administration Services. Biosafety Compliance[EB/OL]. [2023-09-13]. https://research.fas.harvard.edu/biosafety-compliance.
⑤ Harvard University FAS Research Administration Services. Biosafety Compliance[EB/OL]. [2023-09-13]. https://research.fas.harvard.edu/biosafety-compliance.

目负责人(Principle Investigator，PI)和安全官员组成，他们在实验室科学与安全方面拥有丰富的知识。① 院系实验室安全委员会又包括实验室安全委员会(Local Laboratory Safety Committees)、实验室安全顾问(Lab Safety Advisors,LSA)、实验室安全官(Advising Lab Safety Officers,LSO)。其中，每个研究实验室都分配有一名LSA,LSA的职责包括：(1)为LSO提供建议，确保实验室工作人员在研究和教学中安全工作；(2)促进安全委员会与LSO举行会议，讨论安全问题、最近发生的事件和最佳实践；(3)帮助解决安全相关问题。PI可以任命LSO,LSO可以通过教育、培训和指导来改善实验室安全文化并预防事故和伤害。

剑桥大学成立了专门调查学术不端行为的委员会，对学术不端行为制定了明确的认定程序、时间节点、申诉程序以及听证程序。若学生对于指控处理中存在任何疑惑，均可向学生行为、投诉及申诉办公室(Office of Student Conduct,Complaints and Appeals,OSCCA)寻求帮助。② 另外，剑桥大学鼓励所有院系使用Turnitin文本匹配软件，对不同学科领域的课程作业、形成性或总结性评估的材料进行查重，用于协助识别和检测学术不端行为。③ 该软件将提交作品的文本与其数据库中的来源(包括网络资源、相关期刊、以往学生成果等)进行比较。④ 同时，剑桥教学中心会利用专业知识对存在疑问的评估报告进行深度检测，最终确定报告的可信度。文理学院负责学校学术不端行为的整体把控，制定相应程序对研究中的不当行为或者不当行为指控进行有效判定。若FAS调查组人员涉及研究不当行为指控，则由专业行为常设委员会(CPC)负责监督。⑤

四、追责:研究生学术道德与规范的问题处理

追责是根据学术道德与规范相关政策制度，对已存在的学术失范行为进

---

① Harvard University Office of the Vice Provost for Research. Lab Safety[EB/OL]. [2023-09-13]. https://research.harvard.edu/2021/02/17/lab-safety/.
② University of Cambridge. Plagiarism and Academic Misconduct (cam.ac.uk)[EB/OL]. [2023-09-02]. https://www.plagiarism.admin.cam.ac.uk/investigating/staff-guidance.
③ University of Cambridge. Turnitin Policy[EB/OL]. [2023-09-02]. https://www.plagiarism.admin.cam.ac.uk/investigating/turnitin/turnitin-policy.
④ University of Cambridge. Turnitin Information for Students[EB/OL]. [2023-09-02]. https://www.plagiarism.admin.cam.ac.uk/investigating/turnitin/students.
⑤ Harvard University. FAS Research Misconduct[EB/OL]. [2023-09-02]. https://research.fas.harvard.edu/research-integrity.

行审查、评估、确认与处理,但其目的不是惩罚学生,而是希望学生能够提升学术道德与规范意识,以儆效尤。

(一)研究生科研诚信的问题处理

哈佛大学制定了《回应研究不当行为指控的临时政策和程序》,以确定对科研诚信问题进行审查、调查和报告的细则。① 该细则内容包括政策依据、适用范围、其他违规行为、所涉及的专有名词界定(例如抄袭、剽窃等)、一般政策和原则(包括举报不当行为的责任,指控者的权利和责任,被指控者的权利和责任,保护指控者、佐证者、研究诚信官和委员会成员等),以及具体处理程序等。其中,问题处理程序主要包括指控初步评估、封存研究记录和通知被指控人、初步调查、正式调查四个环节(表7-7),涉及的组织和人员主要包括专业行为常设委员会和研究诚信官。为了进一步保护指控者、参与佐证或调查者等相关人员免受报复,哈佛大学专门出台了《禁止报复政策》(Non-Retaliation Policy),对报复行为的定义、相关人员职责以及处理程序等进行了详细规定。② 就剑桥大学而言,其对研究生科研诚信问题的处理主要分为预调查、初步调查、正式调查三个阶段。在初步调查阶段,被指控者将被告知开展调查的决定及委员会的成员,如果被指控者能够以书面形式证明其中一名或两名成员不合适或可能存在偏见,则负责人可以更换调查委员会成员。

表7-7 案例高校研究生科研诚信的问题处理

程序	具体步骤	
	哈佛大学	剑桥大学
指控初步评估	1周内结束,除特殊情况,一般不对指控人、被指控人或其他证人进行采访,也不收集除指控时提交资料以外的任何材料,相关记录保留7年。	当收到指控后(无论是正式的还是非正式的),机构负责人对该指控进行预调查,并尽快决定是否采取进一步措施。
封存研究记录和通知被指控人	(1)研究记录的封存:向被指控者提供副本或在合理的监督下访问其研究记录。 (2)通知被指控人:书面通知。	—

---

① FAS Research Administration Services. Interim Policy and Procedures for Responding to Allegations of Research Misconduct[EB/OL]. [2023-09-13]. https://research.fas.harvard.edu/policies/procedures-responding-allegations-misconduct-research.
② HARVie Harvard Information for Employees. Non-Retaliation[EB/OL]. [2023-09-26]. https://hr.harvard.edu/staff-personnel-manual/general-employment-policies/non-retaliation.

(续表)

程序	具体步骤	
	哈佛大学	剑桥大学
初步调查	（1）调查的发起和目的：对现有证据进行初步审查，以确定是否进行正式调查。专业行为常设委员会担任调查委员会。 （2）委员会的职责和第一次会议：研究诚信官和专业行为常设委员会主席合作为调查委员会准备一份报告，内容包括调查目的、预期时间范围、委员会的职责、指控，以及初步评估期间发现的问题等，并在第一次会议上针对调查计划等进行讨论。 （3）调查流程：调查委员会约见指控者、被指控者和关键证人，并审相关调查记录和材料，任何采访都会被录音或转录，并提供给受访者进行更正，再根据相关证据决定是否进行正式调查。 （4）形成调查报告：总法律顾问办公室就该报告向调查委员会和研究诚信官提供建议。 （5）通知调查结果：被指控者可以发表任何意见并附在最终调查报告中。 （6）机构做出最终的决定和通知。 以上流程须在调查启动后60天内完成。	机构负责人成立小型委员会（至少2人）进行调查。委员会将采访指控者和被指控者以及相关证人，访谈记录将被提供给受访者以保证访谈记录的准确性。在第一次会议后的2周内编写一份报告，列出已评估的证据、访谈记录以及初步调查的结论，并告知指控者和被指控者，将报告副本发送给被指控者。被指控者需要在28天内以书面形式进行回复。
正式调查	步骤基本同初步调查，但相关规定更加严整。	步骤基本同初步调查，但相关规定更加严整。

资料来源：1. Harvard University. Interim Policy and Procedures for Responding to Allegations of Research Misconduct[EB/OL].[2023-09-13]. https://research.fas.harvard.edu/policies/procedures-responding-allegations-misconduct-research；

2. University of Cambridge. Misconduct in Research[EB/OL].[2023-11-04]. https://www.hr.admin.cam.ac.uk/policies-procedures/misconduct-research.

（二）研究生科研伦理的审查流程

研究生科研伦理问题的处理程序与科研诚信问题的处理程序基本相同，但值得注意的是，科研伦理存在前置的审查流程，即每项研究开始之前都应考虑伦理审查，包括人类受试者伦理、动物研究伦理以及环境伦理等问题，伦理审查流程结束前不得开展研究。以人类受试者研究为例，根据美国联邦受试者保护通则，凡接受美国联邦政府资助的机构都要设立一个专门的机构审查委员会,对研究方案展开独立审查,获取受试者的同意。进行人类受试者研究时需要进行三个阶段的审查:(1)研究者从机构审查委员会网站了解当前的政策和指南,填写项目人员信息、研究背景与方法、可行性分析、受试者知情同意情况等材料;(2)机构审查委员会召开会议对提交的项目材料进行审查并表决;(3)机构审查委员会向研究者告知审查结果,研究者根据意见进行调整和修正,直至审查通过。审查通过后,机构审查委员会对研究过程仍有伦理监督的责任和义务(表7-8)。

剑桥大学伦理审查是根据科研伦理风险性的大小进行的,一般经历以下几个阶段:(1)自我评估。伦理委员会建议由研究人员个人进行自我评估,可以与PI(导师)或院系代表协商来完成。[1] (2)院系代表进行简单审查。每个院系都设有自己的科研伦理审查代表,如果研究人员认为研究项目对参与者造成伤害的潜在风险较小,则需要向相应的院系代表寻求简单审查,院系代表将就研究是否需要进入院系正式审查给出意见。(3)院系审查。任何在一开始就被确定为存在重大伦理风险的项目,应首先提交院系科研伦理委员会进行审查。(4)校级审查。如果院系科研伦理委员会认为研究项目需要被进一步审查,则研究者的研究提案将被提交给校级专家小组。每项研究不必经历所有审查阶段,确认无需进行下一步审查后即可停止审查。另外,研究伦理委员会应在其相应的学科领域内运作,超出其专业知识的项目应提交给更适当的伦理审查小组。同时,在任何情况下,科研人员都可在大学研究伦理委员会网站上规定的时限或委员会秘书的安排下,向大学研究伦理委员会提出上诉。剑桥大学基本每个院系都有明确的流程来审查和批准涉及人类参与者的研究。[2] 大学研究伦理委员会将定期审查院系伦理委员会的审查决定,并可能随机选择个人审查。如果被选中审查,PI将被要求提供项目的相关文件。因此,PI和导师必须让科研人员意识到在整个项目过程中保留足够科研记录的重要性。

---

[1] University of Cambridge. Research and Finance Office, Department of Engineering[EB/OL].[2023-09-13]. https://www.researchandfinance.eng.cam.ac.uk/ethics.

[2] University of Cambridge, School of Technology. Research Ethics[EB/OL].[2023-10-04]. https://www.tech.cam.ac.uk/research-ethics.

表 7-8　哈佛大学与剑桥大学科研伦理的审查流程

哈佛大学		剑桥大学	
程序	具体步骤	程序	具体步骤
政策了解与申报	研究者个人进行	自我评估	研究者个人进行
委员会审查	伦理审查委员会召开会议审查并表决	部门代表简单审查	风险较小的涉及人类参与的研究项目,科研伦理审查代表负责
结果告知	可根据结果进行调整或修正	院级审查	重大伦理风险项目,学院科研伦理委员会负责
		校级审查	校级专家小组负责

(三) 研究生学术规范的问题处理

哈佛大学研究生学术规范的问题处理同样遵循《回应研究不当行为指控的临时政策和程序》,但对涉嫌抄袭等行为的处理流程进行了进一步的细化规定。以哈佛大学教育研究生学院(Harvard Graduate School of Education,HGSE)为例,其对课程作业涉嫌抄袭的处理流程主要包括以下几个环节:(1) 提出投诉或者指控;(2) HGSE 及其代表提出正式指控;(3) 课程讲师提供相关材料;(4) 指定人员进行调查;(5) 向他人了解情况;(6) 30 天内将未通过非正式方式解决的所有案件提交给权利和责任委员会(Committee on Rights and Responsibilities);(7) 处罚(未能完成作业、课程未通过或必须重新完成作业)。[①]

剑桥大学将学术不端行为(Academic Misconduct)与研究不端行为(Misconduct in Research)分开,研究不端行为的问题处理方式与科研诚信的问题处理方式相同。而对学术不端行为的处理,《如何调查和惩处涉嫌学术不端行为》(How to investigate and sanction suspected academic misconduct)指南解释了在怀疑学术不端行为时应采取的行动,并制定了调查和回应涉嫌学术不端行为的程序流程图(图 7-1)。[②] 任何怀疑学生有学术不端行为的个人,应通过电子邮件将不端行为、投诉及申诉办公室(OSCCA)制定的关注表

[①] Harvard Graduate School of Education. HGSE Student Handbook(2023—2024)[EB/OL]. [2023-11-04]. https://www.gse.harvard.edu/community/students/handbook.

[②] University of Cambridge. Notes for Supervisors, Staff Guidance Document-Suspected Academic Misconduct[EB/OL]. [2023-10-05]. https://www.plagiarism.admin.cam.ac.uk/files/misconduct_investigation_2023.pdf.

(Concern Form)或其他详细信息报告给相关的审查员主席(Chairs of Examiners)、高级审查员(Senior Examiners)和学位委员会主席(Chairs of Degree Committees)。通常情况下,审查员主席、高级审查员和学位委员会主席由同一个人承担。问题可以直接报告给相关人员,也可以通过邮件向OSCCA报告,OSCCA会将关注表发给相关人员。怀疑学术不端行为者应尽可能多地提供佐证信息,在收到关注表和相关证据后,审查员主席、高级审查员和学位委员会主席将根据所提供的信息确定是否进一步采取行动。

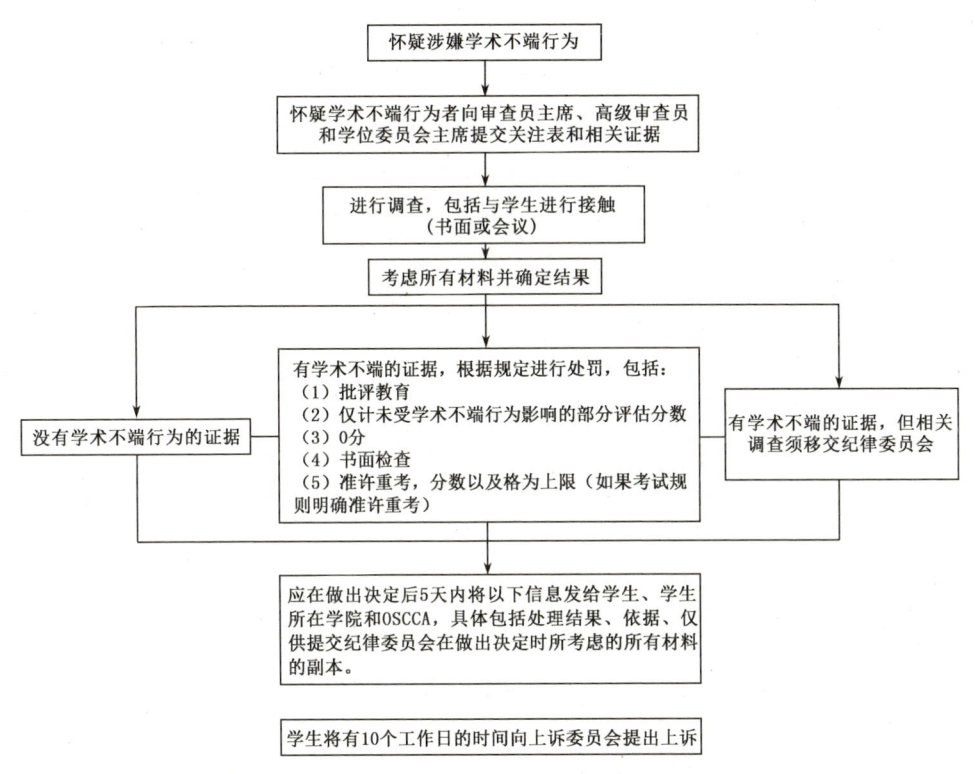

图7-1 剑桥大学调查和回应涉嫌学术不端行为的程序

五、经验借鉴

学术道德与规范是科研活动的生命线和基本准则,是塑造良好学术风气、声誉和公信力的关键。国外高校主要立足于"明责—知责—察责—追责"的问责链,通过规范化的政策制度、多样化的教育培训、系统化的管理体系、流程化的问题处理程序,建立了系统完备、科学规范、运行有效的学术道德与规范管理体系,形成了系列值得借鉴的优秀经验。

(一) 有制可依,推进政策制度建设系统化

政策制度是学术道德与规范体系建设的基础逻辑,能够确保相关工作开展"有制可依"。哈佛大学和剑桥大学十分重视校内学术道德与规范的政策制度建设,形成刚性制度约束。相关政策制度又针对性地细分为科研诚信、科研伦理以及学术规范等,为管理不同类别学术道德与规范行为提供了明确的依据,也为研究生认识和践行相关行为提供了清晰的概念和图景。我国研究生教育规模庞大,仅依靠研究生的道德自律较难实现对科研诚信、科研伦理以及学术规范等问题的规避。建立一套既适合我国研究生教育发展现状,又能与国际接轨的学术道德与规范政策体系是近年来需要受到高度重视的问题。目前,我国已相继颁布诸如《关于进一步加强科研诚信建设的若干意见》等政策文件,凸显了我国治理学术道德与规范相关问题的决心。我国高校科研诚信等管理工作已经初步搭建起了政策制度框架,但专门针对科研诚信、科研伦理或者学术规范制定政策制度的比例并不高。同时,现有的国家层面和高校层面的政策制度还存在内容不够全面、制度规范不够细化和完善、职责分工缺乏统筹等问题。为此,国家层面应进一步加强顶层设计,细化相关政策法规,高校也应加强校内学术道德与规范政策制度建设,尽快出台专门针对科研诚信、科研伦理以及学术规范等方面的制度,并进一步细化政策条款,增强可操作性,推进学术道德与规范制度向更实更细迈进。

(二) 多措并举,促进教育培训形式多样化

学术道德与规范的教育培训是引导师生熟知学术道德与规范相关政策文本和规章制度的重要途径。与"剥夺学位""取消学术荣誉称号"等惩罚性规制手段相比,教育培训是一种具有预防性、启迪性、前置性的学术道德与规范治理方式。哈佛大学与剑桥大学通过开设系统化课程、组织专题讲座以及开展系列研讨会等广泛而深入的教育培训形式,形成了多样化的学术道德与规范教育培训机制,致力于促进研究生对学术道德与规范相关内容的系统了解与学习,加强学术道德与规范的自律意识。相比而言,我国高校的学术道德与规范建设更重视惩戒而忽视宣传教育,对研究生学术道德与规范的教育培训方式仅局限于一些简单且零散的讲座和报告,并没有建立一套完整的学术道德与规范相关的课程体系。宣传和学习不到位导致不少研究生对学术道德与规范方面的问题缺少应有的认知。如有调查发现,我国42所世界一流大学中约

有三分之一的高校尚未开通科研诚信教育通道或存在施教方式尚不明确的情况。① 近200家医科大学、医院、综合性大学中,有39.8%的培养单位尚未开展科研诚信教育或未开设相关课程②,甚至在对504名科技工作者开展的调查中,有38.4%的科技工作者不了解或基本不了解科研道德与学术规范知识。③ 这些数据都表明,我国高校应该进一步加强对学术道德与规范的宣传教育。教育部2016年颁布的《高等学校预防与处理学术不端行为办法》的第七条也指出:"高等学校应当将学术规范和学术诚信教育,作为教师培训和学生教育的必要内容,以多种形式开展教育、培训。"因此,我国高校应积极承担学术道德与规范教育培训职责,特别是设立系统化的学术道德与规范专门课程,辅之以手册、书籍、刊物、网络资源、讨论会、讲座、相关培训等方式,面向全体研究生开展学术道德与规范教育,打好学术道德与规范基础。同时,可在政策制度中加强强制性要求,如将其列为研究生必修课,或作为获得资助的必要条件。④ 也可以借鉴上述案例高校的做法,在学校官网单独设立学术道德与规范宣传教育网页,公布相关手册和政策制度等,通过案例、视频等进行全面宣传,以方便相关师生随时了解查询。

(三) 监管联动,实现校内组织机构统筹化

若要把制定好的学术道德与规范政策落到实处,必须有专门的、常设的管理组织和机构。哈佛大学和剑桥大学针对科研诚信、科研伦理以及学术规范设有独立的行政机构、学术委员会和专职人员,组织架构细致合理,不仅为科研机构与科研人员减少学术不端行为、建立学术道德与规范文化提供帮助,还能及时监督学术道德与规范工作的开展以及问题行为的处理。我国目前不管是国家层面还是高校层面均缺乏专门的学术道德与规范管理机构和专职岗位,为数不多已设立的学术道德与规范机构在工作人员数量、专业知识、工作经验和投入精力等方面也都存在不足,且主要聚焦于学术道德与规范处理程序的后半段,即重在事后处理,而在监管方面处于被动地位,更多是通过严格的处理结果倒逼研究生形成学术道德与规范意识,难以使研究生意识到遵守学术道德与规范的本质。因此,不管是国家层面还是高校层面都应进一步加

---

① 袁子晗,靳彤,张红伟,等. 我国42所大学科研诚信教育状况实证分析[J]. 科学与社会,2019,9(01):50-62.
② 王飞. 当前我国科研诚信教育中的问题与对策性建议[J]. 科学与社会,2019,9(01):63-71.
③ 刘萱,王宏伟. 中国学术环境建设研究报告(2018)[M]. 北京:清华大学出版社,2019.
④ 王飞. 当前我国科研诚信教育中的问题与对策性建议[J]. 科学与社会,2019,9(01):63-71.

强对学术道德与规范的组织机构与管理队伍建设,指定或成立专门机构和专职人员统一负责学术道德与规范的制度建设、政策咨询、教育培训,以及问题处理等相关工作。

(四) 体系严整,实现审查制度流程规范化

保证良好的学术道德与规范是高校赖以生存的基本价值观之一,因此,必须以最严肃的态度对待问题行为的指控,并进行仔细和负责的审查,确保及时有效地处理学术和研究中的不当行为,维护高校在学术道德与规范方面的高标准和优良声誉。2019 年,我国科技部等二十二部门印发《科研诚信案件调查处理规则(试行)》,从国家层面对科研失信行为的调查处理原则、职责分工和过程进行了规定。目前,我国对学术道德与规范的审查则是借助"外力"来完成,主要依靠学界同行或是学术不端检测系统来发现学术失范问题。但对于一些隐蔽性的失范行为大数据是难以发现的,并且还存在对伦理审查的要求过于简单、空泛的情况,较少有期刊要求提交伦理审查证明,对相关文件的执行也不够严格和规范,审查意识还有待加强。[①] 为保障科学研究与科技应用的正当性,哈佛大学和剑桥大学设立了专门负责科研诚信、科研伦理、学术规范等的审查组织,制定详细的审查内容和严整的审查程序,确立了制度化的学术道德与规范审查机制。借鉴哈佛大学和剑桥大学体系严整的学术道德与规范审查制度,我国高校可以采用自我审查、课题组审查、院级审查以及校级审查的"四级审查"方式加强学术道德与规范审查制度建设,逐级制定相互配合、运行有力的审查制度流程。同时,高校可定期发布学术道德与规范建设报告,将违纪案例汇集整理在册并在一定范围内公开,接受监督,也可起到一定的警示作用。

第二节 学位论文质量保障

研究生学位论文是研究生教育的重要组成部分,研究生学位论文质量是研究生培养质量的重要体现,关乎高校学术声誉和学位授予的公信力。近年

[①] 刘文华,张琴,孙玉花.医学期刊伦理审查的问题调研与对策探讨[J].编辑学报,2023,35(04):412-415.

来,中国研究生教育规模突飞猛进,但研究生学位论文质量却不容乐观,[①]频频被媒体曝光的学位论文失范事件,充分暴露了我国学位论文质量保障的缺失。英美研究生教育具有较高质量水平和较强吸引力,其研究生学位授予质量更是有目共睹。本节选取美国密歇根大学和英国爱丁堡大学作为案例高校,围绕研究生学位论文质量保障主体、制度以及过程等方面,分析世界高水平大学学位论文质量保障的举措和特点,以期为深化我国研究生学位论文质量保障体系的改革提供借鉴与思考。

一、各司其职——多元化的质量保障主体

学位论文质量保障主体是指在学位论文的选题、撰写、评审、答辩等各个环节中,对学位论文质量进行监督、指导、审核、评价等的相关主体,这些主体共同保证学位论文的质量和水平。案例高校学位论文质量主体包括研究生、导师/指导小组、各类委员会以及研究生院等(表7-9)。

(一)研究生

研究生是其学位论文的直接责任人,是学位论文质量的第一主体。研究生需具备初步的学术素养和科研能力,认真负责开展研究工作,确保学位论文的学术水平和内容质量。

(二)导师或指导小组

指导教师是研究生培养的第一责任人,需加强对研究生学位论文的学术指导和质量把关。国外高校多采用导师主导下的指导小组形式,集体对研究生学位论文进行指导。指导小组在研究生论文选题、论文写作和检查等环节中进行全过程指导。在某些情况下,学生可以选择请两名教师担任其论文的共同导师。[②]爱丁堡大学导师类型则更为丰富,具体包括三种类型:(1)首席导师(Principal/Lead Supervisor)。有时被称为共同监督小组的首席导师,主要负责研究生整个学习计划的监督安排和指导。(2)联合导师(Co-Supervisor)。当研究生的科研活动明显涉及跨学科研究时,可以选择共同监督模式。研究生

---

① 王颖,徐雷.研究生学位论文质量的管、评、控治理模式研究——以对外经济贸易大学实践做法为例[J].国际商务(对外经济贸易大学学报),2012(04):113-120.
② University of Michigan. The Dissertation Handbook: A Guide to Submitting Your Doctoral Dissertation and Completing Your Doctoral Degree Requirements[EB/OL].[2023-06-29]. https://rackham.umich.edu/wp-content/uploads/2020/09/dissertation-handbook.pdf.

或首席导师与联合导师之间的职责分工，必须在共同监督安排开始时确定。（3）助理导师（Assistant Supervisor）。职责比首席导师少，但在某些情况下，可能会更密切地参与研究生的日常研究。助理导师还可以帮助研究生补充专业知识，如特定技术的专业知识。①

（三）各类委员会

国外高校每个学院基本上都有专门的学院委员会（The College Committee），全面负责监督研究生的科研活动、审查学业年度进展、授权休假时间、更改学习期限等研究生事务。学院委员会根据职能不同下设论文委员会、机构审查委员会、学术纪律委员会、申诉委员会、研究生审查委员会、学术政策和法规委员会等。其中，论文委员会在学位论文质量保障中至关重要，其成员是根据首席导师的建议挑选的，研究生除必须定期咨询自己的首席导师之外，也要在适当的情况下，咨询论文委员会的其他成员。其中，论文委员会在研究生学位论文质量评估与保障中扮演"守门人"角色。研究生，特别是博士研究生，完成第一阶段基本课程学习后，一般在第二年或第三年组建自己的论文委员会，研究生对委员任命具有一定参与权和话语权。论文委员会一般由校内外专家组成，应重视对研究生的过程性评价，必须深度参与到研究生学位论文主要考核环节中，包括开题答辩、过程指导、年度审查、预答辩以及答辩等。

（四）研究生学院

研究生学院（The Graduate School）在研究生学位论文质量保障过程中也有着举足轻重的作用，其对学位论文相关的诸如博士研究生的论文委员会、研究资源、论文手册、论文格式、论文指导、论文评审、答辩等内容进行了详细规定与说明，研究生可以获得有关学位论文各方面信息的详细指导。学位论文的正式批准（例如论文定稿）和学生的毕业申请也由研究生学院负责。

---

① The University of Edinburgh. Code of Practice for Supervisors and Research Students[EB/OL]. [2023-06-29]. https://www.ed.ac.uk/academic-services/students/code-of-practice.

表 7-9　案例高校研究生学位论文质量保障主体

质量保障主体	具体职责
研究生	毕业论文/研究项目是一项需要独立完成的成果,研究生对其学位论文工作负责。
导师团队	1. 导师/指导小组 (1) 首席导师或联合导师对研究生正在进行的论文工作做出相应指导。 (2) 在院系休假或其他休假期间,导师或联合导师持续监督其研究生的学位论文。 (3) 确保研究生的学位论文研究工作能够取得令人满意的进展。 (4) 担任学生的学位论文委员会主席。 2. 专业导师① 提供学术和职业指导。负责讨论研究生可能遇到的任何学术问题,如果无法提供帮助,将协助研究生找到合适的支持。在整个学习过程中,研究生可以随时向其专业导师寻求指导和支持。 无论责任如何分配,所有的导师都在监督中发挥积极的作用,需对研究生负有责任。
专业委员会	(1) 学术指导委员会(成为博士候选人之前)/论文委员会(成为博士候选人之后) 每个博士生都会成立自己的论文委员会,负责帮助其进行学位论文开题、年度进展审查、预答辩以及最终答辩等。 (2) 机构审查委员会 联邦法规和大学政策要求所有以人类为研究对象的调查在开始之前都必须经过机构审查委员会的关于研究伦理的审查和批准。 (3) 学术纪律委员会 取得不令人满意的进展可能会导致研究生暂停学位论文进程,终止经济支持的保障,严重者甚至会被分流淘汰。 (4) 申诉委员会 (5) 研究生审查委员会 每个研究生学位、文凭或证书考试都有一个审查委员会,负责确定文凭/硕士学位论文的升读并确定资格的最终授予。② (6) 学术政策和法规委员会 任命一名或多名法规专家来负责整个学校与学术相关的法务工作,为科研人员提供大学相关法规的指导及其学术应用所需的知识和建议。③
研究生学院	负责学位论文的正式批准(例如论文定稿)和学生的毕业申请。

---

① The University of Edinburgh. Professional Mentors[EB/OL]. [2023-06-29]. https://www.ed.ac.uk/vet/studying/undergraduate/student-support-team/professional-mentors.

② The University of Edinburgh. Academic Services[EB/OL]. [2023-06-29]. https://www.ed.ac.uk/academic-services/policies-regulations/regulations/assessment-regulations/taught/section-e.

③ The University of Edinburgh. Handbook for Boards of Examiners for Taught Courses and Programs[EB/OL]. [2023-06-28]. https://www.ed.ac.uk/sites/default/files/atoms/files/boe_handbook.pdf.

二、刚柔并济——多途径的质量保障制度

国外高校的质量保障制度包括学位论文过程管理制度、学位论文经费资助制度、学位论文写作帮扶制度等。这些制度往往具有系统性、针对性和常态化的特点,为研究生在学位论文撰写过程中根据不同的写作需求建立精准识别及支持机制。

(一)学位论文过程管理制度

国外高校研究生学位论文管理制度主要涉及开题报告制度、年度报告制度、预答辩制度及答辩制度,以及由于学位论文进展不达标触发的分流淘汰制度等。每个制度相互衔接配合,形成了研究生学位论文全过程管理的制度体系,完整的过程管理流程如下。在开题环节,学院或导师会提前帮助研究生成立论文委员会,由其负责学位论文开题报告的审查和答辩。开题报告没有统一的固定格式,但通常需要包括研究目的、研究意义、研究目标、假设/问题、理论框架、文献的全面回顾和研究方法等。在过程管理环节,研究生通过论文开题后,应每年至少与论文委员会举行一次正式会议。在最后的环节中,研究生在完成学位论文后可按照预答辩制度相关规定申请预答辩,通过后可申请答辩。在此过程中,任何环节被判定为进展不达标都可能引发分流淘汰。每个制度环节都会对申请条件、举行时间、专家名单确定、组织流程和结果处理等方面做出明确规定(表7-10)。

表7-10 案例高校研究生学位论文过程管理制度

过程管理制度	具体内容
开题报告制度	主要包括申请条件、时间要求、开展方式、出席委员会名单、报告内容以及结果处理等
年度报告制度	主要包括年度报告审核的步骤等
预答辩制度	主要包括申请条件、时间要求、出席委员会名单、组织程序以及结果处理等
答辩制度	主要包括申请条件、时间要求、出席委员会名单、组织程序以及结果处理等
分流淘汰制度	研究生如果在学位论文进展过程中处于怠惰状态,会被暂停学位论文工作,甚至被分流淘汰

(二)学位论文经费资助制度

除了奖学金和助学金之外,密歇根大学设有专门的学位论文完成补助金。博士生有资格向拉克姆研究生院(Rackham Graduate School)和学院申请论

文资助，补助金通常从 3 000 美元到 6 000 美元不等。学生可以使用这笔资金来支付与学位论文研究相关的成本开支（例如学科奖励、设备和材料、计算机软件、出版费）。① 论文委员会的年度反馈机制建立在研究生的整个研究进程中，会对研究生学位论文进展情况进行年度审查，下一年的经费预算取决于年度审查的结果。②

（三）学位论文写作帮扶制度

写作帮扶制度主要体现在为研究生提供的一系列常态化的学术资源与技术支持（表 7-11），为建立支持型的学位论文质量保障范式奠定了一定的制度基础。例如，在学位论文开题、答辩等关键的时间节点，国外高校会提供关于学位论文选题、答辩技巧的讲座、论坛、工作坊及研讨会等。

表 7-11　案例高校研究生学位论文写作帮扶制度

写作帮扶制度	具体内容
"时间管理"③	用于组织学习的时间管理技巧和工具，还设有专门的学位论文规划师
学术技能发展与支持④	有专门的工作人员团队满足研究生的个性化需求，可以通过旁听或者个人预定课程的方式提供专门的学术技能和发展建议
论文编辑与校对⑤	提供编辑与校对方面的建议和指导
各类研讨会	学术写作辅导计划⑥、写作工作坊、写作静修会、写作实验室、一年一度的写作节⑦
博士生日记	爱丁堡大学将博士生分享的经验进行了整理汇总，通过个人案例的形式呈现

---

① University of Michigan. School of Nursing Ph. D. Program Info[EB/OL]. [2023-06-28]. https://nursing.umich.edu/academics/phd/program-info.
② University of Michigan. Graduate Handbook[EB/OL]. [2023-06-28]. https://lsa.umich.edu/mcdb/graduate-students/graduate-handbook.html.
③ The University of Edinburgh. Institute for Academic Development[EB/OL]. [2023-06-28]. https://www.ed.ac.uk/institute-academic-development/study-hub/learning-resources/time.
④ The University of Edinburgh. Academic Skills Development & Support[EB/OL]. [2023-06-28]. https://www.ed.ac.uk/vet/studying/undergraduate/student-support-team/study-skills.
⑤ The University of Edinburgh. Institute for Academic Development[EB/OL]. [2023-06-28]. https://www.ed.ac.uk/institute-academic-development/study-hub/learning-resources/editing-and-proofreading.
⑥ The University of Edinburgh. Institute for Academic Development[EB/OL]. [2023-06-28]. https://www.ed.ac.uk/institute-academic-development/study-hub/learning-resources/writing.
⑦ The University of Edinburgh. Institute for Academic Development[EB/OL]. [2023-06-28]. https://www.ed.ac.uk/institute-academic-development/research-roles/writing-support-for-researchers/writefest.

(续表)

写作帮扶制度	具体内容
一流的写作中心①	写作中心的老师将为学生提供写作过程每个阶段的帮助与支持
同伴辅导委员会	提供个性化的、一对一的建议,研究生可以申请成为学员接受帮助,也可以申请成为同伴导师提供帮助

三、有始有终——全过程的质量保障流程

在高标准完成课程学习、资格考试后,研究生将正式步入学位论文写作阶段。以博士研究生为例,学位论文保障过程涵盖源头监控、过程监控和末端监控三个阶段。具体环节包括制订共同期望表(Student and Advisor Shared Expectation Form)、资格考试、论文开题、年度审查、预答辩、论文审查、最终答辩等,环环相扣的质量监控环节形成了严格进阶的学位论文质量保障流程。

(一) 源头监控

源头监控包括制订共同期望表、资格考试和开题报告三个环节,每个环节都有自己独特的内容规定(表 7-12)。其中,共同期望表为博士研究生的学业规划与研究方向。资格考试需在开题前进行,构成了课程学习和学位论文研究之间的质量关卡,是博士研究生获取候选人资格的重要环节。通过资格考试后,研究生应在学院或导师的帮助下组建一个由 4—5 名教师成员组成的论文委员会,并开始撰写博士学位论文的开题报告。未通过首次学位论文开题的博士研究生可在 6 个月内申请第二次开题,经过两次尝试后仍未通过的博士研究生将被分流清退。

表 7-12 案例高校研究生学位论文源头监控

源头监控	具体内容
共同期望表	计划里程碑、沟通期望,研究生和学业顾问制订共同期望表、指导计划表
资格考试	包括笔试和口头答辩,学生必须通过资格考试的所有部分才能继续攻读学位②
开题报告	包括书面研究计划和口头答辩

---

① University of Michigan. Prepared for Success[EB/OL]. [2023-06-28]. https://fordschool.umich.edu/prepared-for-success.
② University of Michigan. Ph.D. in Architecture[EB/OL]. [2023-06-28]. https://taubmancollege.umich.edu/academics/architecture/phd-in-architecture/.

（二）过程监控

过程监控包括年度审核和预答辩两个环节。密歇根大学研究生院规定，各学院应对博士研究生的学业进展进行年度评估（Annual Assessment）。通常，学术指导委员会（博士研究生成为候选人之前）或论文委员会（博士研究生成为候选人之后）会在每学期结束前组织召开年度评估会议，审核博士研究生的学习进展与科研情况，且不同学年评估的重点也有所不同。① 以商学院为例，在前两年，年度评估重点考察博士研究生的课程表现、学业进展是否满足候选人资格要求，以及学生进行原创研究的潜力。在随后几年，评估的重点转向博士研究生的教学能力和科研表现。② 针对博士研究生出现的问题，委员会会给予具有建设性的书面反馈意见，并为有学业困难的博士研究生制定改进计划。③ 预答辩是正式答辩前的预演，需要在正式答辩至少 8 周前召开，其主要目的是帮助研究生进一步完善学位论文，以确保最终学位论文的内容和质量符合学位要求。

表 7-13　案例高校研究生学位论文过程监控

过程监控	具体内容
年度评估	根据《研究学位研究生评估条例》(Postgraduate Assessment Regulations for Research Degrees)的规定，博士研究生要接受年度进展审查，年度进度报告将由导师、博士候选人和校长或其提名人联合提交。④ 个人发展计划（Individual Development Plans, IDP）作为重要的审查工具，用于跟踪博士研究生在过去一年中的成就、目标和表现。博士研究生将在培养开始后第一年的 4 月底与其导师一起完成 IDP，并每年进行更新和修改，需要遵循博士研究生、导师和论文委员会的意见，完成的 IDP 表格将被发送给研究生协调员（graduate coordinator）。⑤
预答辩	当论文委员会主席和成员认为论文终稿可接受后，应安排论文答辩。

---

① Rackham School of Graduate Studies. Rackham Graduate School Academic Policies[EB/OL]. [2021-08-02]. https://rackham.umich.edu/wp-content/uploads/2021/02/rackham-academic-policies.pdf.
② Ross School of Business. PhD Student Handbook[EB/OL]. [2021-08-03]. https://michiganross.umich.edu/sites/default/files/uploads/Programs/PHD/pdfs/phd_handbook_2018-19.pdf.
③ Rackham School of Graduate Studies. Rackham Graduate School Academic Policies[EB/OL]. [2021-08-02]. https://rackham.umich.edu/wp-content/uploads/2021/02/rackham-academic-policies.pdf.
④ The University of Edinburgh. Postgraduate Assessment Regulations for Research Degrees Academic Year 2022/23[EB/OL]. [2023-06-28]. https://www.ed.ac.uk/files/atoms/files/pgr_assessmentregulations.pdf.
⑤ University of Michigan. Graduate Handbook[EB/OL]. [2023-06-28]. https://lsa.umich.edu/mcdb/graduate-students/graduate.

(三) 末端监控

末端监控包括论文评审和最终答辩两个环节。就论文评审而言，两所案例高校并不完全一致。密歇根大学一般指定校内 2—3 名评阅人对论文进行评阅，其中导师为主评阅人。评阅人须向论文委员会提交论文评阅意见，通过论文评审后方可进行答辩。而爱丁堡大学则要求每篇论文都由学院任命的至少一名校外评阅人和一名校内评阅人员进行评估，评阅人均需拥有与论文相关的专业知识。在特殊情况下，可以任命多名校内外评阅人。① 学位论文的正式答辩一般会对公众开放，并同时接受论文委员会专家和旁听人员的提问（表 7-14）。

表 7-14 案例高校研究生学位论文末端监控

末端监控	具体内容
论文评审	通常采用"同行评议"，且以内部评审为主。
最终答辩	论文过程的最后一步是向论文委员会陈述并对质疑进行辩护。答辩对任何公众开放，但未经候选人和所有委员会成员事先同意不得录音或录像。答辩时间为 2 个小时，其中个人汇报 45 分钟，剩余时间为观众提问、委员会提问。

四、经验借鉴

随着我国研究生教育从"外延式"发展转向"内涵式"发展，研究生教育进入"新时代"，建立和完善研究生学位论文质量保障体系成为实现研究生教育高质量发展的内在要求。"站在巨人肩膀"上向世界一流大学借鉴学习是改进与加强我国研究生学位论文质量保障体系建设的有效路径。通过梳理与总结两所案例高校研究生学位论文质量保障主体、制度以及流程，发现密歇根大学和爱丁堡大学以提高质量为目标，以研究生、导师/指导小组、各类委员会、研究生院等为主体，以学位论文过程管理制度、学位论文资助支持制度、学位论文写作帮扶制度等系列规章制度为基础，构建了"源头监控—过程监控—末端监控"的贯通式学位论文质量保障模式，形成了一流的研究生学位论文质量保障体系。该体系对有效评验研究生学术水平、保障学位论文质量和所授学位的国际认可度发挥了关键性的把关作用。

---

① The University of Edinburgh. Academic Services[EB/OL]. [2023-06-28]. https://www.ed.ac.uk/academic-services/policies-regulations/regulations/assessment-regulations/postgraduate-research/section-a.

（一）质量保障主体多元化，聚力协同担负"守门人"职责

国内研究生学位论文质量保障主体分为三个层次，包括教育部、地方教育主管部门和研究生培养单位，三个层次共治，形成了多方互动的管理过程。国家和地方管理部门主要负责行政监管，各研究生培养单位作为研究生学位论文质量管理的核心层主要包括研究生、导师、院系、学位评定分委员会、答辩委员会、研究生院等。院系层面主要实行单一导师制，并通过成立委员会或考核小组的形式，在研究生资格考试、开题报告、中期检查、年度进展等环节对研究生学位论文进展进行督促和质量把关。整体而言，我国研究生学位论文质量保障体现为一种外部问责、内部监控的特性，评判主体和责任主体分离，以一种"刚性问责制"的形式出现。

相较于国内高校，国外高校研究生学位论文质量保障措施主要有两点不同。一是其研究生学位论文管理属于"柔性问责制"，对学位论文的管理决策主要以校内论文委员会的集中评议为依据，强调高校在研究生学位论文质量评价中的自主地位。主要依靠对话和协商来解决学术观念分歧和价值冲突，并在此基础上增强研究生学位论文管理的透明度，形成在社会"凝视"下的自律发展。换言之，国外研究生论文质量保障主要属于高校内部质量保障部分。二是为突破单个导师在学术视野和知识背景上的局限，国外高校采用导师组或者委员会负责制，集体承担培养责任，对研究生的学位论文采取集体指导与共同诊断的方式，以便研究生接受不同学术背景、知识结构和学术观点的指导，开阔视野，促进创新思维的迸发。[1] 同时，也可以避免导师在学位论文指导过程中"一言堂"的弊端，弥补单一关系的脆弱性，形成多主体共治与交流。最后，还能发挥组织联动功能，防止将压力集中在一个导师身上，减轻导师在指导过程中的工作负担和心理压力。

（二）质量保障制度精细化，强化学位论文自主化管理

国内外高校对研究生学位论文质量保障制度建设均给予了高度重视，但相对而言，我国高校研究生学位论文质量保障制度主要集中于学位论文过程管理制度，学位论文经费资助制度以及学位论文写作帮扶制度等仍需加强。并且，相比于国外高校，我国高校研究生学位论文过程管理制度精细化程度仍不高，需要针对每个过程管理环节形成更为精细和可操作的制度规范，确保过

---

[1] 刘丽娜. 发达国家高校研究生教育质量管理研究与借鉴[J]. 黑龙江高教研究，2014(01)：99-102.

程管理中所有环节的开展有据可依、有序进行。加强过程管理制度精细化建设还有另一层考量,当前国内对研究生学位论文质量的审查主要依靠专家盲审意见和教育主管部门统一抽检来实现,在这样以"外部审查"为主的体系下,专家的个体决断权容易被过度放大,尤其是对于一些人文社科类的学科,难以避免出现"观点之争",难以形成统一的论文评审尺度,被认定为不合格的论文未必是因为质量不高,可能只是未被理解。① 此外,论文抽检也存在一定的公平性问题。首先,论文抽检只能覆盖一定的比例,存在问题论文被漏检的可能性;其次,对于抽检中发现的问题论文,导师和培养单位往往申诉无门,过于被动,没有形成有效的争议解决机制。

相比之下,国外高校是将学位论文质量审查的责任前移,交由学校自主审查,由最了解学位论文研究内容、最有发言权的责任主体守好质量底线,避免"外部审查"可能带来的无效争端。比如,密歇根大学会指定校内评阅人来完成学位论文评审工作,并且导师是主评阅人。爱丁堡大学则是多任命一名校外评阅人,和校内审查员共同完成学位论文评阅工作,但要求校外评阅人必须拥有和学位论文内容相关的专业知识。可见,国外高校在学位论文的审查中拥有充分的自主权,可以主导学位论文质量保障工作,让最专业的人做最专业的事,提高论文审查的效率和有效性。但也应看到,在国外高校自主审查的体系中,还涉及监督团队、审查委员会和研究生院等多个主体,并且在各个流程严格执行保障学位论文质量的相关制度。这样严密的内部过程质量控制体系是实行学位论文学校自主审查的前提,否则责任前置只能流于形式。

(三)质量保障过程链条化,实现学位论文监控全覆盖

学位论文质量的形成是一个过程,因此对过程进行监控尤为重要。我国高校近年来十分关注研究生学位论文的过程管理,不同高校采用的方式虽然有差异,但基本涵盖开题报告、中期检查、预答辩、同行专家评审、正式答辩、论文抽检等关键环节。② 但在实际操作中,这些过程管理环节主要存在一些问题。一方面,国内的这种"链式"学位论文管理呈现出一种"质量检查"式的管理样态,开题报告、中期检查、论文答辩等往往演化为一种"检查式"的过关机

---

① 曹雷,邢蓉,才德昊.研究生学位论文抽检中的问题预判与解决对策[J].学位与研究生教育,2016(01):52-55.
② 英爽,康君,甄良.对研究生教育质量客观评价体系构建的思考——基于推动学科形成自身特色的研究生教育[J].研究生教育研究,2015(04):58-62,85.

制,且多流于形式,过程管理未起到真正的监管作用。① 另一方面,由于每个环节所涉及的委员会人员并不固定,而不同学者之间学术立场观点、思维方式或学术偏好相左的情况必然存在,评审专家在比较有限的时间内要准确评判高达数万甚至几十万字的研究生学位论文并不容易,最终可能会导致给出的指导意见呈现阶段性和片段化特征,甚至出现不同专家的修改建议相互矛盾的情况,一定程度上加重了研究生的困惑与负担。

国外高校形成了全链条化的研究生学位论文质量保障过程,这个过程涉及的关键节点和我国基本一致,但由于学位论文委员会的存在,国外高校能够做到不局限于开题报告、中期考核、论文答辩等节点,对研究生学位论文的指导保持良好的连续性,使研究生学位论文质量保障过程由点成线,实现质量监控全覆盖。如果能够科学借鉴国外高校的有益经验,在形成学位论文质量保障过程链条化的同时,形成连续且稳定的研究生学位论文管理与指导信息流,将能有效保障与提高我国学位论文的质量。

(四) 质量保障范式生本化,聚力研究生学术能力提升

"生本化"是指"真正以学生为主人,为学生好学而设计的教育",一切为了学生、高度尊重学生、全面依靠学生。目前,我国高校研究生学位论文的外部质量保障体系和内部质量保障体系,均呈现出鲜明的问责逻辑。我国已经建立以校外盲审、政府抽检等为基础的问责型学位论文质量保障范式。随着外部问责压力向学位授予单位的传导,我国各研究生培养单位纷纷建立了基于问责范式的内部学位论文质量保障体系,一些过程管理制度也异化为"质量检查"式的问责手段。这种问责范式虽然可以最大限度地挤掉学位论文中的"水分",保障学位论文的质量底线。但随着研究生教育进入高质量发展阶段,问责逻辑所保障的"底线"质量已无法满足新时代对于研究生学位论文的高质量要求,支持型质量保障范式亟待建立。② 支持范式更多的是指向质量保障范式生本化,关注研究生个体成长和发展需要,为研究生的全面发展建立支持型环境。

国外高校围绕学位论文全过程,建立以研究生为中心的支持型环境,为每

---

① 侯延斌,陈地龙,陈怡婷,等.学术型临床医学研究生质量保障体系的构建[J].研究生教育研究,2014(04):6-9.
② 毛金德,蒋竺均,朱国利,等.从"问责"到"支持":学位论文质量保障范式转换[J].学位与研究生教育,2023(01):47-55.

一位研究生提供精准帮扶,不仅保障"质量底线",更追求"学术卓越"。例如通过访谈发现,密歇根大学对预答辩制度的功能进行了进一步优化,这种预答辩是相关专家对研究生学位论文答辩前的一次会诊、一次集体指导,重点是查找论文的不足和问题,进而有利于论文质量与水平的大幅提升。答辩制度在实践中也进一步削弱了其中的"考试"成分,逐渐成为讨论研究生是否能够获取某领域学术地位的一次学术对话和指导论文修改的"集体编辑会议"。当然,强调学位论文质量保障从问责走向支持,并不意味着支持范式对问责范式的替代,也不意味着在支持范式下不需要问责,在这个过程中,研究生依旧需要面临被分流淘汰的风险。从问责到支持强调的是质量保障主导逻辑的转换,这意味着问责范式走向幕后,支持范式走向前台,发挥更鲜明、更直接的作用。因此,未来各高校应及时顺应新时代研究生教育高质量发展要求,促进研究生学位论文质量保障范式生本化,不断帮助研究生提升学术能力。

江苏省研究生教育重要事件纪要

1月13日

327个学科被遴选为"十四五"江苏省重点学科。各单位认真组织编制各立项学科《"十四五"江苏省重点学科建设任务书》，贯彻落实国家有关学科布局调整和重点领域急需学科建设要求，准确把握省重点学科的发展定位，进一步细化量化建设目标、建设任务和保障措施。加强建设管理，统筹安排建设经费，实施人才培养、科学研究、队伍和平台建设等任务，确保高质量完成建设任务，提升学科发展水平。

7月6日

召开新一届江苏省学位委员会会议，时任省学位委员会主任、副省长马欣出席会议并讲话，省学位委员会副主任、省政府副秘书长刘建主持会议，时任省教育厅厅长葛道凯、副厅长杨树兵出席会议。部分在宁新一届省学位委员会委员在主会场参加会议，其余委员通过视频形式参会。会议听取了江苏学位工作情况汇报，三位委员代表作了发言。会议强调，新一届省学位委员会要胸怀"两个大局"、牢记"国之大者"，以更高站位谋划推进学位和研究生教育工作，推动全省高等教育事业又好又快发展。

7月11日

第四期江苏高校学科建设与研究生教育管理干部学习班在南京举行，时任江苏省教育厅厅长葛道凯出席开班仪式并讲话。本期学习班采用线下线上相结合的方式，全省研究生培养单位的分管校领导、学科和研究生管理部门负责人等140余人参加了学习班。南京大学、东南大学、苏州大学、南京工业大学4所高校分别围绕基础学科人才培养、急需紧缺人才培养、学科交叉与交叉学科建设、江苏高水平大学建设高峰计划高质量实施等热点主题进行交流。

7月31日

江苏高水平大学建设领导小组办公室组织开展了江苏高校优势学科建设工程三期项目期满验收工作，经资金审计、高校自评、初步审查、专家审核、综合认定等程序，178个学科全部通过期满验收，其中70个学科为"优秀"，其余学科为"合格"。

✉ 8月21日

为深入学习习近平新时代中国特色社会主义思想和习近平总书记关于教育的重要论述，贯彻全国、全省研究生教育会议精神，推动研究生导师更好地落实立德树人根本任务，第九期江苏省研究生导师（管理干部）高级研修班在南京举行。研修班由江苏省学位委员会、江苏省教育厅主办，河海大学承办，来自全省研究生培养单位的80余名研究生导师和研究生管理干部参加了此次研修班。此次研修班采取理论讲授和实践教学相结合的方式，邀请了来自浙江大学、南京大学等省内外知名专家学者为学员带来多场专题报告。参训学员还认真学习了江苏省"十佳研究生导师""十佳研究生导师团队"的丰富经验，组织了主题班会和小组研讨，赴溧水红色李巷开展"传承红色基因，赓续红色血脉"现场教学活动等。

✉ 8月26日

中国学位与研究生教育学会地方研究生教育管理工作委员会2022年工作会议在南京召开。教育部学位管理与研究生教育司副司长（国务院学位委员会办公室副主任）栾宗涛和相关处室、中国学位与研究生教育学会负责人出席会议并部署重点工作，江苏省教育厅副厅长杨树兵出席会议并致辞。会议采用线上线下相结合的方式召开，全国各省（区、市）教育厅分管负责人、学位办负责人50余人参加会议。黑龙江省、上海市、浙江省、江西省、广东省、陕西省学位办作了主题交流发言。

✉ 9月27日

江苏省教育厅、江苏省科协在南京举办2022年江苏研究生"开学第一课"活动，省教育厅副厅长潘漫、省科协副主席方胜昔出席并讲话，南京大学副校长王振林致辞。中国科学院院士、南京大学祝世宁教授为全省研究生作主题报告。"开学第一课"活动采用视频和演讲方式展现我省研究生刻苦钻研、攀登科学高峰、争做时代新人的风采。全省近30万名在学研究生在主会场、各研究生培养单位分会场及网络客户端参加、收看此次活动。

✉ 11月1日

根据《江苏省研究生教育指导委员会章程》有关规定，江苏省学位委员会、江苏省教育厅组织开展了江苏省研究生教育指导委员会换届工作，结合新版目录变化和学科发展需要,新增"交叉学科教指委",共设置 15 个教指委。同时,经过推荐、遴选、确认等程序,形成了新一届教指委委员。教指委在学位与研究生教育的研究、咨询和指导等方面发挥积极作用,有力推动了全省研究生教育的高质量发展。

后　记

　　2022年是党和国家发展历程中具有非凡意义的一年。这一年，中国共产党第二十次全国代表大会胜利召开，开启了全面建设社会主义现代化国家的新征程。二十大报告描绘了全面建设社会主义现代化国家、以中国式现代化全面推进中华民族伟大复兴的宏伟蓝图，对教育、科技、人才工作进行一体化部署，为中国研究生教育改革和发展指明了前进的方向。这一年，江苏省研究生教育坚持以习近平新时代中国特色社会主义思想为指导，全面贯彻落实二十大会议精神，以培养高层次创新人才为核心，把二十大的战略部署转化为发展理念、工作思路、具体对策和实际行动，落实到推进研究生教育强省建设的各方面和全过程。

　　自《江苏省研究生教育质量提升工程（2021—2025年）实施方案》（以下简称《方案》）颁布以来，江苏省始终坚持贯彻国家关于研究生教育发展的重要指示，深化研究生教育改革，推进研究生教育的高质量发展，着力造就拔尖创新人才，擘画新时代江苏研究生教育的新图景。为保证研究生教育质量提升工程各项计划的顺利推进和《方案》的全面落地，江苏省持续强化组织领导，通过资源条件保障的提升和评价机制的优化，进一步加快江苏高水平大学建设工程、优势学科建设工程、研究生培养创新工程的实施进程。撰写和发布研究生教育发展年度报告是江苏省保障研究生教育质量工作的有效举措之一。江苏省教育厅发布的《江苏省研究生教育发展年度报告2023》，全面系统地呈现了2022年全省学位与研究生教育概况，深入分析了江苏研究生教育服务经济社会发展的状况，全面总结了各高校研究生教育的特色举措，客观评价了研究生教育质量的相关问题。通过公布最新数据、推介重要举措、呈现建设成效、展示优秀案例和分析发展趋势，为政府、高校、学者和公众了解江苏研究生教育发展状况提供准确的信息来源和参考依据。

　　南京大学教育研究院汪霞教授团队受江苏省教育厅委托承担了报告的研究和撰写工作。为确保报告内容的时效性与质量，团队深入一线开展调研，收集高校人才培养的大量资料，对相关官方数据材料进行细致分析，并广泛听取管理者和专家学者的意见建议,不断完善报告的体例规范、框架结构、内容体系和调研方法。江苏省教育厅的相关领导和工作人员给予了细致指导和有力支持,江苏省教育厅研究生教育处(江苏省学位委员会办公室)、发展规划处、江苏省教育考试院、江苏省教育评估院和江苏省高校招生就业指导服务中心多次协助解决调研和报告撰写过程中遇到的各种难题,共同探讨报告编撰的有关事项。本报告中相关案例的基本文字材料均由相关高校研究生院、学科建设处或发展规划处提供。全省37所高校的相关研究生院(处)领导和管理人员、相关院系领导、教师、工作人员,以及研究生均为报告调研和编撰提供了大力支持,不仅为课题组调研提供了诸多便利,给出了非常宝贵的意见和建议,而且部分人员还直接参与了案例的编写工作。

本报告是集体智慧的结晶和多方努力的成果。框架制定和文本审稿工作由江苏省教育厅副厅长袁靖宇、南京大学课程与教学研究所所长汪霞教授,以及江苏省教育厅研究生教育处全体人员负责。具体撰写工作分工如下:第一章由孙俊华负责;第二章由周寅、郭政(南京医科大学)负责;第三章由汪雅霜负责;第四章由张璐(江苏省教育评估院)、王欣蕊(江苏省教育评估院)、周寅负责;第五章由霍亚丽(江苏省高校招生就业指导服务中心)负责;第六章由汪霞、郑毅、何家琪、黄蓓蓓、师悦负责;第七章由汪霞、师悦、黄蓓蓓、郑毅负责。全书统稿工作由汪霞、周寅负责,课题组成员共同参与书稿的校对工作。

受限于课题组的人力与水平,报告难免存在疏漏与不当,敬请读者批评指正。

编写组

2023年8月